Andreas Sieren|Frank Sieren

Der Afrika-Boom

Andreas Sieren | Frank Sieren

Der Afrika-Boom

Die große Überraschung des 21. Jahrhunderts

HANSER

MIX
Papier aus verantwor-
tungsvollen Quellen
FSC® C014889

Bibliografische Information der Deutschen Nationalbibliothek
Die Deutsche Nationalbibliothek verzeichnet diese Publikation in der
Deutschen Nationalbibliografie; detaillierte bibliografische Daten
sind im Internet über http://dnb.d-nb.de abrufbar.

1   2   3   4   5   19   18   17   16   15

© 2015 Carl Hanser Verlag München
Internet: http://www.hanser-literaturverlage.de
Lektorat: Sonja Banze, Martin Janik
Herstellung: Andrea Reffke
Umschlaggestaltung und Motiv:
Hauptmann & Kompanie Werbeagentur, Zürich
Satz: Kösel Media GmbH, Krugzell
Druck und Bindung: Friedrich Pustet, Regensburg
Printed in Germany
ISBN 978-3-446-44306-8
E-Book-ISBN 978-3-446-44321-1

*Für Anna und Michael in Johannesburg
und Leo und Tim in Peking,
für die das boomende Afrika
selbstverständlich sein wird*

Inhalt

Nachruf Peter Scholl-Latour

Wir haben uns vor Jahren im Flugzeug von Peking nach Frankfurt kennengelernt. Ich saß zufällig neben Dir. Eigentlich wollten wir uns beide nicht unterhalten. Doch es kam anders. Wir sprachen über China. Stunden vergingen. »Wir essen nichts«, sagtest Du irgendwann der Flugbegleiterin, »aber den Kaviar und den Wodka können Sie hierlassen.« In Frankfurt hast Du das Flugzeug in einem viel aufrechteren Gang verlassen als ich. Aber aufrechter Gang war eh Dein Ding.

Es war der Beginn einer ungleichen Freundschaft, die ich nun vermisse. Ich habe viel von Dir gelernt: Zum Beispiel, dass man schon selbst vor Ort nachschauen muss und erst danach urteilt. Oder dass es sehr nützlich ist, nicht darauf zu schauen, was die anderen glauben und meinen.

Der qualifizierte Widerspruch hat Dich dennoch immer interessiert. Auch deshalb hast du Eva geheiratet. Du konntest so herrlich schmollen, wenn sie am Ende doch wieder einmal recht hatte. Peter, das wird jetzt schwer ohne Eva.

Deine scharfen Töne waren die leisen. Und scharfsichtig warst Du bis zum Schluss. Auch mal ungehalten, wenn es sein musste. Am besten waren Deine genuschelten Schärfen voller Urteilskraft. Bis zuletzt warst Du erbost über den Unwillen Deiner Kollegen und vieler Politiker, wenigstens die einfachste Übung der Globalisierung zu versuchen: den Perspektivwechsel. Erst einmal herauszufinden, warum Menschen so denken und handeln, wie sie denken und handeln. Das war Deine Methode. Und mit jedem Jahr, in dem die Welt sich enger vernetzte, erschienst Du damit zeitgemäßer.

Die deutschen Romantiker unter den Politikern und Journalisten mochtest Du nie. Sie hatten im Arabischen Frühling ihren Ringelpiez. Du lagst richtig mit Deinen düsteren Prognosen. Wieder einmal. Wie schon im Irak und Afghanistan oder damals mit den Amerikanern in Vietnam. Nun geht es den Menschen, wie Du von Anfang an befürchtet hast, schlechter denn je in Libyen und Ägypten. Und wie es den Menschen am Ende geht, war Dir immer wichtig, schon in deinem allerersten Buch Anfang der 1960er-Jahre *Matata am Kongo*. Afrika hast du nie im Stich gelassen.

Auch die deutschen Soldaten in Afghanistan waren Dir näher als die Beamten im Verteidigungsministerium. Angesichts der Naivität und Gleichgültigkeit vieler Politiker hat es Dir am Ende keinen Spaß mehr gemacht, richtigzuliegen. Recht haben wolltest Du sowieso nie. Deine Mischung aus Bescheidenheit und Aufmüpfigkeit ist selten. Jetzt ist sie noch seltener. Im Journalistenrudel hast Du Dich nie wohlgefühlt. Aber Deine Meinung war unter den Kollegen sehr gefragt.

Dein Lehrling bin ich gerne gewesen, immer wieder auch, was China betrifft, ohne dass Du Dich auch nur eine Sekunde als Meister empfunden hättest. Und das, obwohl Du über 40 Jahre älter warst. Unsere Gespräche waren immer Gespräche, keine Lehrstunden.

Es ging einmal um die Welt, wenn wir zusammensaßen, ob im Berliner Borchardt, in Ding Dings kleinem Hofhausrestaurant in der Pekinger Altstadt, in Rhöndorf am Rhein oder in Tourrettes-sur-Loup in den Bergen von Nizza, in einer dieser lauen Nächte. Und auf der Frankfurter Buchmesse haben wir bei einem Glas Champagner in einer dieser Verlagskabinen gehockt, kaum größer als eine Umkleidekabine. Gespräche waren Dir immer lieber als Interviews. Wir gingen erst wieder raus, als der Sauerstoff knapp wurde. Menschenmassen hast Du geduldig ertragen, gemocht hast Du sie nie.

Die Etikette von Talkshows hat Dich nie interessiert. Wenn Dich eine Talkerin mal wieder über ihr Stöckchen springen lassen wollte, hast Du Dich ihr verweigert und gerade mit Deiner Einsilbigkeit allen klargemacht, was Du denkst.

Gehört werden wolltest Du aber schon. Bis zuletzt. Jedes Jahr hast Du ein Buch geschrieben. Dazu musste Dich Dein Verleger nicht zwingen. Jedes Mal hast Du dafür gearbeitet, als gebe es kein nächstes, und warst am Ende stolz darauf, als sei es Dein erstes.

Genau so habe ich Dich vor einigen Wochen zuletzt gesehen, körperlich vom Krebs geschwächt, aber geistig wach wie stets und vertieft in Dein Manuskript über den Dächern von Charlottenburg. Es ging wieder einmal um das Scheitern des Westens im Orient. *Der Fluch der bösen Tat* ist jetzt tatsächlich Dein letztes.

Doch immerhin hast Du es im März zu Deinem 90. Geburtstag im Berliner China Club noch mal richtig krachen lassen. Es war meine erste Ü-90-Party mit Reinfeiern. Nicht schlecht. Helmut Schmidt und Du, ihr habt im Duett über die Weltpolitik gewettert und dabei die beiden Alten auf dem Balkon der Muppet Show um Längen geschlagen. Immer wieder habt ihr euch getroffen. Einmal, hast Du mir schmunzelnd erzählt, habt ihr eine Stunde über die Weltlage und eine Stunde über Hörgeräte gesprochen. Dabei fällt mir Dein TV-Gespräch mit Schmidt bei Beckmann ein. Das war großes Fernsehen. Da konnte jeder sehen, was Respekt bedeutet. Das ist ja nicht immer so unter den großen Alten, die übrig bleiben. Und dem ironischen Zusammenschnitt eures Auftrittes von Harald Schmidt unter dem Titel »Schweigen ist Gold« wünsche ich noch viele Klicks auf YouTube: Du hast sehr gelacht über Dich, als wir das angeschaut haben.

Das eine oder andere Buch von Dir hätte ich schon noch gelesen und gerne das ein oder andere Steak Tartare mit Dir gegessen. Und ich hätte mir gewünscht, dass Du dieses Buch noch gegenliest. Das geht nun leider nicht mehr.

Mein lieber Scholli – Du bist viel zu früh von uns gegangen.

Frank Sieren, Peking, 16. August 2014

Die große Überraschung des 21. Jahrhunderts

Afrika ist fast so groß wie der Mond. Die Fläche des Kontinents ist größer als die der USA, Chinas, Indiens, Japans und Europas zusammen. In Afrika leben heute 1,1 Milliarden Menschen. 2050 könnten es schon zwei Milliarden sein. Eine Mittelschicht von 300 Millionen Menschen ist inzwischen entstanden, die konsumieren wie die Menschen anderswo auch. Sie ist größer als die Mittelschicht Indiens. In keinem anderen Kontinent wachsen die Mobilfunkkunden so schnell wie in Afrika. Neue moderne Megastädte entstehen. Sechs von zehn der am schnellsten wachsenden Ökonomien der Welt liegen in Afrika. Die Wirtschaft in den afrikanischen Vorreiterstaaten wächst heute schon dynamischer als in Asien. Seit einer Dekade legt Subsahara-Afrika mit jährlich über fünf Prozent zu. 2014 waren es sogar über sechs, bei einer moderaten Neuverschuldung in Subsahara-Afrika von 3,9 Prozent des BIP und einer mäßigen Inflation von sechs Prozent. Auch die Auslandsverschuldung ist nicht mehr belastend, seit dem großen Schuldenerlass 2005. Der Grund: Der Kontinent ist eines der wichtigsten Rohstofflager der Welt, das nicht nur vom stark schwankenden Ölpreis abhängig ist. Öl, Gold, Diamanten, Platin, Uran, Nickel und Kupfer gibt es in Afrika ebenfalls in Hülle und Fülle – von einigen ist Afrika weltweit der Hauptproduzent. Alles Rohstoffe, die vor allem die asiatische Industrie als Fabrik der Welt dringend braucht. Und kaum jemand im Westen weiß, dass 60 Prozent der heute weltweit nicht genutzten Landwirtschaftsflächen in Afrika liegen. Um ein Gefühl für das Potential zu bekommen, was sich hinter modernen Anbaumethoden verbirgt: Seit 1960 wuchs die weltweite Agrarproduktion pro Ackerfläche um 145 Prozent, in Afrika schrumpfte sie im gleichen Zeitraum um zehn Prozent.

Um es kurz zu machen: Der Afrika-Boom war überfällig. Er ist nur eine historische Überraschung für diejenigen, die bisher keine Zeit fanden, sich mit dem Kontinent zu beschäftigen. Aber auch sie kommen um Afrika nicht mehr herum. »Ich sehe Afrika als die nächste große Erfolgsstory der Welt«, sagt inzwischen selbst US-Präsident Barack Obama, der als erster Präsident afroamerikanischer Herkunft aus innenpolitischen Erwägungen mit solchen Äußerungen leider vorsichtig sein muss. Die konservativen Weißen sind schnell dabei, ihn der Vetternwirtschaft zu bezichtigen. Mit großen Erfolgsaussichten.

Die meisten Menschen im Westen können nach wie vor nicht glauben, dass Afrika boomt. Mit dem Schwarzen Kontinent verbinden die meisten Europäer und Amerikaner noch immer Armut, HIV/Aids, Ebola, Krieg und Terrorismus. Sie nehmen die aktuelle Entwicklung nicht wahr – während die Asiaten, allen voran die Chinesen, aber auch die Inder und Südkoreaner, schon lange und eng mit den Afrikanern zusammenarbeiten und Geschäfte machen. Die Asiaten haben keine Anwandlungen postkolonialer Herablassung. Viele kommen aus Ländern, die selbst einmal kolonisiert waren. Sie sind nachsichtiger gegenüber den Schwächen Afrikas, weil bei ihnen selbst noch nicht alles perfekt läuft und sie in Aufbruchszeiten leben. Umgekehrt sind die Emerging Markets den Afrikanern denn auch näher als die westlichen Gesellschaften, die ihren Zenit erreicht haben, bei denen die Schulden so hoch und die Sozialsysteme so teuer sind und die Wirtschaft so schwach ist, dass man sich Neuem nicht mehr öffnen mag, selbst wenn das Neue mit großen Chancen verbunden ist.

Vor allem jedoch kennen die Chinesen und Inder das, was die Afrikaner jetzt erleben, noch aus eigener Erfahrung. Sie haben einen ähnlichen Aufstieg von großen Teilen der Bevölkerung aus einer einfachen Bauerngesellschaft in eine Industriegesellschaft erlebt. Sie wissen noch sehr genau, was dies bedeutet und was man in relativ kurzer Zeit schaffen kann. Allein die zwanzig Jahre chinesischer Investitionen in Afrika haben dem Kontinent mehr geholfen als ein halbes Jahrhundert westlicher Entwicklungshilfe.

Am Westen dagegen geht der Afrika-Boom weitgehend vorbei. Nicht nur an den Medien und damit an der Aufmerksamkeit der Europäer und Amerikaner, sondern auch an weiten Teilen der Wirtschaft – vor allem der Deutschen. Überraschungen sind nett bei Kindergeburtstagen. Im geostrategischen Kräftespiel können sie sehr unangenehm sein. Paart sich Ahnungslosigkeit mit Arroganz, macht sie den Überraschten zum Düpierten, der nichts mitbekommen hat und dadurch in die Defensive gerät. Im Falle Afrikas müssen sich die Düpierten nun eingestehen, dass der Aufstieg des Kontinents eine Normalität ist, die nur lange auf sich warten ließ.

Ja, Afrika ist unübersichtlich: Die 20 Länder mit der größten ethnischen Diversität weltweit liegen ausnahmslos in Afrika. Kein Kontinent hat mehr Religionen und mehr Sprachen als Afrika. Aber die Afrikaner sind nicht – wie es viele im Westen glauben, die Afrika als hilflosen Sonderfall der Geschichte sehen – schlechter geeignet, einen Boom zu entfachen, als andere Menschen. Nur müssen wie anderswo in der Welt auch die Voraussetzungen dafür vorhanden sein. Es lohnt wieder ein Blick auf die historische Parallele: Unter Mao Zedong war ein Wirtschaftswachstum wie in den 1980er-Jahren in China auch nicht möglich. Noch in den 1970ern waren die Zweifel im Westen sehr groß, ob die Chinesen das je schaffen würden. Damals konnte sich kaum jemand vorstellen, dass die besten Hightech-Produkte der Welt einmal in der Volksrepublik hergestellt werden würden und westliche Unternehmen Schlange stehen, um ihre Produkte in China verkaufen zu dürfen.

Die Skeptiker sollten nicht vergessen: Von Ausnahmen abgesehen, wie Ghana in den 1950er Jahren, waren in Afrika die Umstände sehr lange sehr viel ungünstiger als in anderen Weltregionen. Woran der Westen mit seiner Kolonial- und Postkolonialpolitik nicht unschuldig ist. Mag der Aufschwung in Afrika ein wenig länger dauern als in Asien. Mag China die viel effizientere Verwaltung haben, mag es bremsen, dass Afrika aus 54 einzelnen Ländern besteht – der Weg nach oben wird der gleiche sein.

Wir erleben derzeit den Befreiungsschlag. Und dass die Jüngsten in einer Familie zu den Verwöhntesten gehören, aber gleichzeitig auch die Pfiffigsten sind, gilt auch für den Aufstieg von Ländern. Das sind die Umstände, unter denen Afrika gegenwärtig aufsteigt, und die Mentalität, die den Boom begleitet.

Der Kontinent wird ein Teil der eng vernetzten Weltwirtschaft. Neue Megastädte entstehen, wie Modderfontein in der Nähe der südafrikanischen Metropole Johannesburg, eine Acht-Milliarden-US-Dollar-Investition für 100 000 Menschen. Oder Konza Techno City, eine 15-Milliarden-US-Dollar-Investition in Kenia für 185 000 Menschen, eine halbe Autostunde von der Hauptstadt Nairobi entfernt. Dabei gibt es schon jetzt 46 Millionenstädte in Afrika, in Europa dagegen nur 23. Eisenbahnlinien werden nun endlich saniert, wie die vor 120 Jahren gebaute Strecke zwischen Mombasa und Nairobi, die in dem Film *Jenseits von Afrika* weltberühmt wurde. Häfen wie Durban Dig-Out Port in Südafrika und Bagamoyo in Tansania werden mit Milliardeninvestitionen errichtet, um nur einige Beispiele zu nennen. Die selbstbewusste Mittelschicht nimmt ihren Aufschwung nun in die Hand. Sie zelebriert ihren wirtschaftlichen Erfolg und konsumiert mit noch größerer Lust als die Mittelklasse im Westen. Gleichzeitig fordert sie ihre Regierungen. Sie sollen sich nun gefälligst an allgemeingültige Spielregeln halten und im Dienst des Volkes stehen, statt sich selbst zu bereichern. Sie warten nicht mehr auf die Hilfe des Westens, sondern entwickeln sich ihre Hightech-Produkte inzwischen selbst. Produkte, die ihr Leben beschleunigen und ihre Chancen erhöhen.

Mit dem in Kenia entwickelten Banking Tool M-Pesa überweisen inzwischen 18 Millionen Menschen ihr Geld über Handys, ohne dass sie über ein reguläres Konto verfügen müssen. Das sind mehr als zwei Drittel der erwachsenen Bevölkerung, die Geld im Wert der Hälfte des Bruttoinlandsprodukts Kenias herumschicken. Und Technologietransfer ist nun auch für Afrika keine Einbahnstraße mehr. M-Pesa trat aus Kenia seinen Siegeszug um die Welt an. Inzwischen kann man in Afghanistan damit bezahlen, und in Indien hat das Programm bereits über eine Millionen Kunden. Seit 2014 ist M-Pesa auch in Europa erfolgreich: Es wurde in Rumänien eingeführt. M-Pesa ist kein Einzelerfolg: Ein ähnliches System in Nigeria hatte 2014 bereits über 1,3 Millionen User. Im Sudan und in Gabun wickeln bereits jeweils die Hälfte der Erwachsenen ihre Geldgeschäfte mobil ab. Das sind die neuen Geschichten aus Afrika. So wie die eines jungen 28-jährigen angehenden Arztes aus Ghana namens Bright Simon. Er hat eine simple Text-Message-Lösung erfunden, mit der man gefälschte Medikamente entlarven kann. Die Medikamente werden mit einer Nummer versehen, die man aufrubbeln kann und zur Echtheitsprüfung dann ins Handy eingibt. Laut Schätzungen der Weltbank sind etwa ein Drittel der Medikamente in Afrika gefälscht. »In zehn kurzen Jahren«, sagt Ruandas Präsident Paul Kagame »wurde aus dem Luxusprodukt Mobiltelefon in Afrika ein grundlegendes alltägliches Gebrauchsgerät.«

Die westliche Berichterstattung über den Kontinent trägt währenddessen eher dazu bei, die Klischees des Kontinents zu festigen, als seinen Wandel zu dokumentieren. Boatpeople, Terrorismus, kriegerische Konflikte, die Klischees halten sich hartnäckig.

Das gilt 2014 für die Berichterstattung über Ebola. Ebola wird Afrika nicht um »Jahrzehnte zurückwerfen«, wie in einer deutschen Zeitung zu lesen war. Nicht einmal das Wachstum des Kontinents im Jahr 2014 hat die Epidemie groß beeinflusst. Und selbst in den betroffenen Ländern wird der Wirtschaftsaufschwung nur kurz einbrechen. In Südafrika war Ebola, im Unterschied vor allem zu Deutschland und den USA, im Herbst 2014 kein wichtiges Thema in den Medien. Ein Kontinent, der jährlich 500 000 Malaria-Tote aushalten muss, wird auch 10 000 Ebola-Tote seit 1976 aushalten können, so tragisch diese Entwicklung auch ist, vor allem, weil sie hätte vermieden werden können.

Der Terrorismus ist ebenfalls kein Zeichen, dass der Kontinent es nicht schaffen wird. Der Terrorismus ist im Gegenteil eine brutale Reaktion auf Staatsversagen, aber eben auch auf die erfolgreiche Modernisierung. Zum Glück ließen sich die afrikanische und internationale Wirtschaft von der Berichterstattung nicht in die Irre führen. Die Global Pulse Confidence Index-Umfrage unter über 2400 Geschäftsführern weltweit, darunter 152 aus Afrika, zeigte, dass sich die sehr positive Einstellung zum Kontinent im 3. Quartal 2014 nicht verändert hat, während sie in Asien, Europa und Amerika leicht absackte. Die Terroristen morden in Ländern wie Kenia oder Nigeria, die wirtschaftlich an der Spitze der Entwicklung in Afrika stehen. Die Boko-Haram-Bewegung, deren Name so viel bedeutet wie »westliche Bildung ist Sünde«, schreckt sogar nicht davor zurück, große Gruppen von Schulkindern zu entführen, um so die Einführung der Scharia in ganz Nigeria und das Verbot westlicher Bildung durchzusetzen. Diese Terroristen sind ja angetreten, um die Moderne zu bekämpfen. Sie wollen den dunklen, stromlosen Kontinent, den Analphabetismus, weil sie in diesem Umfeld einfacher Gläubige für ihren Fanatismus rekrutieren können.

Und auch die kriegerischen Auseinandersetzungen sind längst nicht mehr so beherrschend, wie sie es mal waren. Zweifellos waren die afrikanischen Kriege brutal, langwierig und unübersichtlich. Der Guerillakrieg in Uganda beispielsweise, der erst 2008 beendet wurde, galt als einer der weltweit brutalsten und blutigsten. Und manche Konflikte wie der Krieg in Mali dauern seit der vorkolonialen Zeit bis heute an. In Mali kämpfen die Tuareg sogar untereinander, generell kämpfen die Nomaden gegen die Sesshaften. Doch 90 Prozent der Afrikaner leben inzwischen in Frieden. Und wo es Krieg gibt, wie etwa an der Grenze zwischen Südsudan und Sudan, liegt das nicht zuletzt daran, dass der Westen mit seinen Interessen hier seine Finger im Spiel hat. Frieden war dabei nicht immer das erste Ziel der westlichen Politik.

Afrika ist zudem – um auch mit diesem Klischee aufzuräumen – längst nicht mehr gleich Armut. Die Armut geht zurück, wenn auch nicht so schnell, dass die ehrgeizigen Millenniumsziele der Vereinten Nationen erreicht wurden. Die sahen vor, zwischen 1990 und 2015 den Anteil der Menschen zu halbieren, die von weniger als 1,25 US-Dollar pro Tag leben müssen. Das war nicht zu schaffen. Aber trotzdem gibt es Erfolgsmeldungen: Der afrikanische Anteil der sehr Armen ist von 56 Prozent im Jahr 1990 auf 48 Prozent im Jahr 2010 gefallen. 2000 hatten 60 Prozent der afrikanischen Kinder eine Grundschulausbildung, inzwischen sind es bereits 78. Tendenz steigend. Die Kindersterblichkeitsrate hat sich zwischen 1990 und 2012 auf knapp zehn Prozent halbiert. Auch die HIV/Aids-Infektionsraten haben sich zwischen 2001 und 2012 halbiert. Epidemien sind viel seltener geworden (Kapitel 5).

Afrika ist nicht mehr gleich Armut. Aber Afrika ist auch nicht gleich Afrika. Dass Flüchtlinge und Migranten in Schlauchbooten versuchen, die italienische Küste zu erreichen, ist noch ein sehr deutliches Zeichen, dass der Aufschwung längst nicht alle Menschen auf dem Kontinent erfasst hat. Der Entwicklungsabstand zu China, dem Spitzenreiter der aufsteigenden Länder, ist noch sehr groß. Chinas Wirtschaft ist viermal so groß wie die ganz Afrikas. Niemand flüchtet mehr aus China. Allerdings geben die afrikanischen Flüchtlinge nicht den Entwicklungstrend des ganzen Kontinents wieder, auch wenn ihre Zahl 2014 mit weit über 50 000 stark angestiegen ist. Dies hat vor allem mit

Entwicklungen in Nordafrika zu tun und mit falschen Informationen der Schlepperbanden über Europa, wo angeblich Milch und Honig fließt, aber nicht mit der Verschlechterung der Lage des gesamten Kontinents.

Im Gegenteil: Der wirtschaftliche Aufschwung sorgt dafür, dass es der Mehrheit der Afrikaner jedes Jahr besser geht.

Aufschwung statt Aufpäppeln, Investitionen statt Entwicklungshilfe – an diesem Punkt sollte die europäische Afrika-Politik ansetzen. Auch im eigenen Interesse. Licht und Strom, Entwicklung und Aufschwung sind die besten Mittel gegen Krankheiten, Terrorismus und Flüchtlingsströme. Der Westen sollte alles tun, Afrika in dieser Frage zu helfen. Weltbank-Chef Jim Yong Kim, ein Amerikaner südkoreanischer Herkunft, geht ein wenig zu weit, wenn er von einer »Energieapartheid« in Afrika spricht. Denn dieser Begriff unterstellt, dass die Welt Afrika absichtlich nicht ans Licht lassen will. Aber Fahrlässigkeit oder auch nur Gleichgültigkeit der entwickelten Welt in Verbindung mit schlechter lokaler Regierungsführung haben schon dazu geführt, dass es in Afrika heute noch dunkler ist, als es sein müsste. Die über eine Milliarde Afrikaner haben so viel Strom wie elf Millionen Belgier. Erschwerend kommt hinzu, dass in Ländern wie der Demokratischen Republik Kongo, deren Infrastruktur in einem langen Bürgerkrieg sehr gelitten hat, es nur knapp 50 Prozent des Stroms in die Steckdosen schaffen. Deshalb kochen 80 Prozent der Menschen in Subsahara-Afrika noch mit Holz oder anderer Biomasse, in Licht aus Öllampen oder manchmal mit Strom aus Dieselgeneratoren, die mit teurem Diesel gefüllt werden müssen. Sicherlich liegt es auch am Unvermögen und der Korruption von afrikanischen Regierungen, in den vergangenen Jahrzehnten in ihren Ländern die Infrastruktur aufzubauen. Aber es wurde auch zu wenig investiert, vor allem der Westen hat sich sehr zurückgehalten. Das ändert sich nun. Die Weltbank schätzt, dass bisher 600 Milliarden US-Dollar aus dem Ausland in Infrastruktur investiert wurden. Führend sind die Chinesen, gefolgt von Indien und im Maghreb den Golfstaaten. Nun zieht der Westen nach (Kapitel 3 und 4). Doch die Chinesen warten nicht auf den Westen. Im November 2014 unterzeichnete China einen Vertrag über den Bau einer Eisenbahnlinie entlang der Küste Nigerias. Mit fast 12 Milliarden US-Dollar ist es das größte Infrastrukturprojekt, das die Chinesen in Afrika stemmen. Der Bau der rund 1400 Kilometer langen Strecke soll während der Bauphase 200 000 Stellen und dauerhaft 30 000 Jobs für Nigerianer schaffen.

Manche pfiffige Deutsche spielen noch mit. In Algerien baut KSP Jürgen Engel Architekten, eines der führenden deutschen Architektenbüros, seit 2013 mit dem chinesischen Baukonzern China State Construction Engineering Corporation (CSCEC) die größte Moschee Afrikas, und nach Mecca und Medina in Saudi Arabien die drittgrößte der Welt. Chinesen haben sich gegen einen libanesisch-italienischen und einen algerisch-spanischen Baukonzern durchgesetzt. Die Moschee für 120 000 Menschen kostet über 1,3 Milliarden Euro und wird 2017 fertiggestellt sein. Wachstumszahlen und Einzelprojekte lassen den Afrika-Boom nicht plastisch werden. Um ein Gefühl für die Dimension des Afrika-Booms zu bekommen, sollten wir uns von Norden nach Süden stichpunktartig ansehen, welche Anstrengungen einzelne Länder auf dem Kontinent unternehmen, allein um das Stromproblem in den Griff zu kriegen. Gleichzeitig wird dabei auch deutlich, in welchem Maß die Süd-Süd-Kooperation die Nord-Süd-Abhängigkeit bereits abgelöst hat (Kapitel 6).

Algerien wird seine Stromversorgung bis 2017 verdreifachen. Dazu entstehen sechs Gaskraftwerke, von denen fünf von südkoreanischen Unternehmen gebaut werden und eines von einem spanischen Hersteller.

Die Regierung in Ägypten installiert 30 Gigawatt bis 2020 neu. Das wichtigste Projekt dort wird vom Nahen Osten finanziert: das 1,9-Gigawatt-Dampfkraftwerk Helwan.

Senegal baut mit deutscher Hilfe die erneuerbaren Energien aus. Das wichtigste Projekt jedoch ist ein 600 Millionen US-

Dollar teures Kohlekraftwerk, das 2015 ans Netz gehen soll. Gebaut wird es von den Südkoreanern.

Selbst der von Krieg gebeutelte und vor vier Jahren geteilte Sudan hat bereits neue Wasserkraftwerke, die insgesamt 3,7 Gigawatt produzieren. Gebaut wurden sie von den Chinesen, finanziert von Kuwait und Saudi-Arabien. Wichtigstes Projekt war jedoch der Merowe-Staudamm, einer der größten Afrikas. 1,2 Milliarden US-Dollar wurden investiert. Nur die Turbinen bei diesem Projekt kamen noch aus dem Westen. Sie wurden von den Franzosen geliefert.

Äthiopien will sogar eines der führenden Kraftwerksländer Afrikas werden und 60 Gigawatt bis 2040 aufbauen. Eines der wichtigsten Projekte ist der fünf Milliarden US-Dollar teure Grand-Renaissance-Staudamm, der, wenn man sich mit Ägypten einigt, ab 2017 sechs Gigawatt produzieren soll. Ein Drittel finanzieren die Chinesen. Zwei Drittel finanziert die Regierung selbst über Anleihen.

Das kleine 20-Millionen-Menschen-Land Kamerun investiert eine Milliarde US-Dollar in ein Wasserkraftwerk mit 450 Megawatt Kapazität. Hier bauen immerhin noch die Amerikaner.

In der Demokratischen Republik Kongo wird gleichzeitig der Grand-Inga-Damm, das weltweit größte Staudammprojekt, geplant. Das Geld kommt von der Weltbank, der Afrikanischen Entwicklungsbank und anderen Investoren. In der ersten Phase, die 2020 abgeschlossen ist, soll der Damm 4,6 Gigawatt produzieren. Kosten: 14 Milliarden US-Dollar. Wenn alle Phasen abgeschlossen sind, wird er inklusive der Stromtrassen 80 Milliarden US-Dollar gekostet haben.

Auch Gabun setzt vor allem auf Wasserkraft, die gut die Hälfte des Stroms liefert. Das größte Projekt ist ein knapp 400 Millionen US-Dollar teures Wasserkraftwerk, das die Chinesen bauen.

Die Kenianer investieren 1,2 Milliarden US-Dollar in Solarenergie und bauen derzeit große Windkraftanlagen. Ein neues Atomkraftwerk ist geplant, das allein über eine Milliarde US-

Dollar kosten wird. Allerdings wird ein Großteil der neuen Energie auch aus der Kohle kommen. Mitte 2014 wurden mehrere große Kohlekraftwerke ausgeschrieben. Die Investoren kommen aus Asien.

Uganda investiert vor allem in Wasserkraft. Gleich drei Wasserkraftwerke mit insgesamt 1,38 Gigawatt Kapazität sind geplant. Am besten im Geschäft sind die Chinesen.

Das Gleiche gilt auch für Sambia. Bereits 2010 hat es 1,5 Milliarden US-Dollar in das Kafue-Gorge-Kraftwerk investiert. Und das ist nur eines von mehreren chinesischen Projekten.

Auch die Nigerianer wollen stark ausbauen. Ihr größtes Projekt ist der Drei-Gigawatt-Mambilla-Damm. 2014 war Baubeginn für ein Konsortium unter Führung der Chinesen.

Angola will 23 Milliarden US-Dollar bis 2017 investieren. Weitere Investments sollen folgen mit dem Ziel, die Stromproduktion von knapp zwei Gigawatt auf neun Gigawatt zu erhöhen. Vor allem die Chinesen und die Brasilianer sind dabei groß im Geschäft. Das wichtigste Einzelprojekt ist der Laúca-Damm in der Provinz Kwanza Norte, der bei einer Investition von knapp vier Milliarden US-Dollar bereits 2017 eine Kapazität von zwei Gigawatt haben wird. Gebaut wird der Damm von den Brasilianern, die einen Kredit über zwei Milliarden US-Dollar dafür gegeben haben.

Mosambik setzt hauptsächlich auf Wasserkraft, Kohle und Gas. Im Sommer 2014 wurden Aufträge für zwei Wasserkraftwerke an die Brasilianer vergeben, die insgesamt über 800 Megawatt produzieren. Über fünf Gigawatt sollen bis 2020 zusätzlich installiert werden.

Südafrika, der größte Energieproduzent des Kontinents, hängt zu 90 Prozent an Kohlestrom. Bis 2020 will man die Energieproduktion verdoppeln. Deshalb werden zwei neue Kohlekraftwerke gebaut, darunter das größte trockengekühlte der Welt. 120 000 Tonnen Stahl werden dort verbaut. Die gut 9,5-Milliarden-US-Dollar-Anlage geht 2015 ans Netz. Über Gas-Fracking wird intensiv diskutiert, und knapp sechs Milliarden US-Dollar werden in erneuerbare Energie investiert: Wind, Solar und Wasser. Und während der Westen die Russen mit Sanktionen unter Druck setzte, reiste der südafrikanische Präsident Jacob Zuma Ende September 2014 nach Moskau, um eine Absichtserklärung für acht russische Atomkraftwerke im Wert von über zehn Milliarden US-Dollar zu unterschreiben. Auch mit Peking verhandeln die Südafrikaner noch. Und trotz der großen Investitionen wird das Defizit im Verhältnis zum BIP nach internationalen Schätzungen 4,9 Prozent in 2015 betragen. Die afrikanischen Staaten sind im Unterschied zu Ländern wie Argentinien nur gering im Ausland verschuldet.

Am Ende dieses kurzen Überflugs über den boomenden Kontinent, bei dem wir uns nicht einmal jedes Land angeschaut haben, müssen wir uns eine Frage stellen. Wie wird Afrika boomen, wenn auch nur die Hälfte dieser Projekte gelingt? Und welche Rolle spielt der Westen noch dabei?

Zugenommen hat bisher vor allem das militärische Engagement der Europäer. Mal wird man von der Afrikanischen Union (AU) um Hilfe gebeten, um die Konfliktwanderdünen in den Griff zu bekommen, mal will man zu Hause innenpolitische Stärke zeigen und von den eigenen Problemen ablenken. Allen voran die Regierung Frankreichs will mit den 2013 begonnenen Interventionen in Mali und der Zentralafrikanischen Republik von ihren innenpolitischen Problemen ablenken. Die Franzosen, die noch in acht ehemaligen Kolonialländern Soldaten stationiert haben, bekämpfen in der Sahel-Zone den internationalen Terrorismus. Andererseits ist vielen Politikern in Frankreich das Engagement in Franceafrique, wie es in Frankreich heißt, schlicht zu teuer. Und auch die Deutschen wollen wieder international mitspielen. Bundespräsident Joachim Gauck hat dies Anfang 2014 gefordert: »Deutschland muss bereit sein, mehr zu tun.« Am schnellsten und am einfachsten politisch umsetzen ließ sich dies in Afrika. Im Norden Malis helfen seit 2014 noch mehr deutsche Soldaten der Armee Malis, die im Norden des Wüstenstaats gegen islamistische Rebellen kämpft. Seit 2003 ist die EU an sieben Militäreinsätzen in Afrika beteiligt. Auch wird hinter vorgehaltener Hand gemunkelt, dass die 3000 amerikanischen Soldaten, die Obama zur Ebola-Bekämpfung nach Westafrika schickte, die dünne Militärpräsenz der USA auf dem Kontinent aufwerten sollen. Mit dem Afrika-Boom hat das alles wenig zu tun. Inzwischen beginnen sogar die Chinesen auf militärische Präsenz zu setzen. Allerdings aus anderen Gründen: Sie wollen ihre Investitionen schützen. Anfang 2015 entsandte Peking 700 chinesische Soldaten in den Südsudan, um dort die UN-Truppen zu verstärken. China hat nie zuvor Infanterie-einheiten auf eine UN-Mission geschickt. Unter anderem ist die Truppe mit Drohnen, Schützenpanzern und panzerbrechenden Waffen ausgerüstet. Zwei Drittel der südsudanesischen Öl-exporte sollen nach China gehen. Gegen Militäreinsätze ist nichts einzuwenden und Afrika wird auch noch lange nicht ohne sie auskommen, aber sie dürfen nicht das wichtigste Engagement Deutschlands auf dem Kontinent sein. Und sie dürfen auch nicht das zentrale Thema der Medienberichterstattung sein.

»Die Zeit, in Afrika Geschäfte zu machen, ist nicht in fünf Jahren. Die Zeit für Geschäfte ist jetzt«, sagt Obamas Wirt-schaftsministerin Penny Pritzker inzwischen zu Recht. Der US-Energieriese General Electric kündigt Investitionen in Höhe von insgesamt 1,5 Milliarden Euro bis zum Jahr 2018 in Afrika an. »Afrika gehört zu den wichtigsten Wachstumsregionen der Welt«, sagte Jeffrey Immelt, der Vorstandsvorsitzende von GE, im Sommer 2014. Im gleichen Jahr starteten die Amerikaner ge-meinsam mit der Weltbank ein großes Projekt zu Elektrifizie-rung Afrikas. Sieben Milliarden US-Dollar will die Weltbank in sechs Fokusländer investieren. Das Geld kommt zusätzlich zu den bereits zugesagten 3,3 Milliarden US-Dollar. Umgesetzt werden sollen die Projekte vor allem von US-amerikanischen Firmen.

Damit heften sich die Amerikaner an die Fersen der Chine-sen. Während die Amerikaner 2014 den ersten Afrika-China-Gipfel veranstalteten, die Europäer und die Afrikaner nur unregelmäßig Gipfel ausgerichtet haben, treffen sich die chinesischen Politiker bereits seit 15 Jahren regelmäßig alle drei Jahre mit allen afrikanischen Staatsführern. Nur die Japaner machen dies schon länger. Internationalen Druck bauten jedoch erst die Chinesen auf. »China hat die EU und die USA gezwungen, sich mit Afrika zu beschäftigen«, sagt Nick Westcott, der wichtigste Afrika-Diplomat der EU. Allein zwischen 2005 und 2012 hat China 34 Milliarden US-Dollar in Afrikas Infrastruktur investiert. Weitere 20 Milliarden sollen bis Ende 2015 folgen. So gelingt es Peking, ein Vertrauensverhältnis aufzubauen. Das Hauptquartier der Afrikanischen Union, das 2012 in der äthiopischen Hauptstadt Addis Abeba eröffnet wurde, hat Peking für 200 Millionen US-Dollar gestiftet und gebaut. In vielen Hauptstädten entstehen Konfuzius-Institute, und ab 2015 sendet Chinas Staatsfernsehen CCTV aus Nairobi rund um die Uhr für den Kontinent. Bereits 2007 hat die Industrial and Commercial Bank of China (ICBC) 20 Prozent der Aktien der Standard Bank of South Africa gekauft. Mit 4,3 Milliarden Euro die größte ausländische Einzelinvestition in Afrika. Auch die erste Auslandsreise des neuen Staatspräsidenten Xi Jinping ging nach Afrika. Obama hingegen brauchte sieben Amtsjahre für seine erste Afrika-Reise, und das, obwohl sein Vater aus Kenia stammt.

Der deutsche Politiker, der sich bisher am meisten für Afrika eingesetzt hat, ist mit großem Abstand der ehemalige Bundespräsident Horst Köhler. Als frisch gebackener Chef des Internationalen Währungsfonds reiste er 2000 zum ersten Mal nach Afrika. Als er 2004 Bundespräsident wurde, machte er Afrika zu seinem wichtigsten Thema. Das war für Afrika höchste Zeit, für Deutschland war es noch zu früh. »Afrika als Objekt zu sehen und zu behandeln, haben wir das wirklich überwunden?«, muss Köhler deshalb im März 2014 in Namibia noch fragen. Bundeskanzlerin Angela Merkel hat in neun Jahren immerhin viermal Afrika besucht, und sie hat sich ein paar Monate vor Obama zu Afrika bekannt. »Wir sollten die Chancen Afrikas sehen, nicht immer nur die Probleme«, sagte Merkel im Frühjahr 2014. »Unser Nachbarkontinent gewinnt an Bedeutung.« Und auch Außenminister Frank-Walter Steinmeier hat den Kontinent nunmehr im Blick: »Wir können uns nicht völlig frei davon machen, dass unsere Wahrnehmung Afrikas vornehmlich durch die Konfliktherde bestimmt wird«, sagte er bei einer Afrika-Reise im Frühjahr 2014 durchaus selbstkritisch. »Das, was sich selbständig entwickelt – wirtschaftliches Wachstum –, das gerät uns regelmäßig aus dem Blickfeld.« Im Herbst ernannte er Georg Schmidt zu seinem Afrika-Beauftragten. Schmidt hatte zuvor im Bundespräsidialamt unter anderem für Horst Köhler die Afrika-Strategie mitentwickelt. Ganz gute Voraussetzungen also, um sich den Schwächen der deutschen Afrika-Politik anzunehmen. Die zeigen sich vor allem daran, wie die deutsche Regierung im Vergleich zu anderen Ländern das Risiko für Geschäfte übernimmt, die kein Mittelständler allein tragen kann. Sie bewertet das Afrika-Risiko höher als die meisten OECD-Länder. Selbst wenn die Länder nach Berechnungen des Internationalen Währungsfonds und der Weltbank weit entfernt von ihren Maximalverschuldungsgrenzen sind, lehnen es die Deutschen ab, das Risiko für die Geschäfte zu übernehmen. Damit strangulieren sie die deutsche Exportwirtschaft. Dass ausgerechnet die führende Exportnation des Westens sich in dieser Frage besonders kleinkariert zeigt, ist schon erstaunlich. Deckungsvoranfragen für Geschäfte mit afrikanischen Staaten scheitern regelmäßig am sogenannten »Interministeriellen Ausschuss« durch ein Veto des Finanzministeriums. Die Entscheidungen zwischen dem Wirtschaftsministerium, dem Auswärtigen Amt und dem Finanzministerium müssen seltsamerweise einstimmig gefällt werden. Oft kommen positive Projektbeurteilungen aus dem Auswärtigen Amt besonders von den lokalen Botschaften, aber auch aus dem Bundeswirtschaftsministerium. Hat das Finanzministerium schlechte Erfahrungen gemacht? »Mit dem öffentlichen Sektor in Afrika jedenfalls nicht«, sagt Helmut P. Gauff, der mit seinen Ingenieurbüros seit 50 Jahren in Afrika

Infrastrukturprojekte betreut, und das in mehr als 40 Ländern. Er ist mit seinen 83 Jahren der Doyen der deutschen Afrika-Wirtschaft: »Nie war es so sicher, dass die Afrikaner ihre Rechnungen bezahlen, wie heute.« Die Entscheider im Finanzministerium denken eben nicht unternehmerisch. »Sie sind, was die Einschätzung Afrikas betrifft, im letzten Jahrhundert stehen geblieben.«

Mitte Dezember 2014 gibt es endlich Zeichen des Umdenkens. Die Bundesregierung will künftig staatliche Exportgarantien für Geschäfte deutscher Unternehmen im südlichen Afrika gewähren. Dies kam vor allem auf Druck von Außenminister Frank-Walter Steinmeier zustande. Finanzminister Schäuble lenkte ein, als seine Beamten feststellten, dass der Bund an den Kreditversicherungen sogar verdient, und zwar 800 Millionen Euro im Jahr. Diese Entscheidung war allerhöchste Zeit, denn der Wettbewerb um das afrikanische Geschäft hat nun auch die deutsche Wirtschaft erfasst. Mächtige Verbände melden sich zu Wort. Wer hätte gedacht, dass man in Deutschland Anfang 2014 folgende Meldung lesen würde: »Für den deutschen Maschinenbau war Afrika 2013 der einzige Lichtblick.« Dies verkündete der Verband Deutscher Maschinen- und Anlagenbau (VDMA). Während die Nachfrage selbst in Asien um 3,7 Prozent zurückging, stieg sie in Afrika um 17 Prozent an. »In Afrika verändert sich eine ganze Menge«, sagte VDMA-Präsident Reinhold Festge, »diese Entwicklung haben wir Deutschen lange nicht gesehen.« Das Volumen sei zwar noch bescheiden, aber Festge sieht den »Beginn einer langen Wachstumsperiode«. Der Bundesverband der deutschen Industrie (BDI) verkündete im Herbst 2014, dass 89 Prozent seiner Mitglieder ihr Afrika-Engagement verstärken wollen. Der Verband nennt Afrika einen »Chancenkontinent« und erhebt ihn zum Schwerpunktthema. Er veröffentlicht eine umfangreiche Strategie zu Subsahara-Afrika. Ziel des Verbands ist es, nun Druck auf die Bundesregierung auszuüben, damit Rahmenbedingungen entstehen, die sowohl für die Bürger in Afrika als auch für die deutsche

Industrie Vorteile bringen. Afrika macht erst zwei Prozent des Außenhandelsvolumens der deutschen Wirtschaft aus. »Das ist stark ausbaufähig«, sagt auch Bundesentwicklungsminister Gerd Müller. »Viele afrikanische Staaten haben enorme Wachstumsraten. Der afrikanische Kontinent mit seinen jungen Menschen bietet hervorragende Investitionschancen.« Die Messe Frankfurt, stets ein Frühindikator für wirtschaftliche Entwicklungen, kaufte sich im Frühjahr 2014 in das südafrikanische Messegeschäft ein. »Jetzt kommt endlich die Zeit des Aufbruchs«, sagt Christoph Kannengießer, der Hauptgeschäftsführer des Afrika-Vereins der deutschen Wirtschaft.

Vor allem die Europäer sollten das größte Interesse daran haben, dass es Afrika gut geht. Bleibt der Aufstieg Afrikas stecken, haben sie die größte Last zu tragen, und nicht etwa China, Indien oder Amerika. Denn die Afrikaner werden nach Europa flüchten.

Die Aufholjagd des Westens wird allerdings schwierig. Der finanzielle Spielraum der alten Industrienationen bezüglich Afrika ist deutlich geringer als der der Asiaten oder der arabischen Staaten. Europa ist zwar als Staatengemeinschaft noch der größte Handelspartner der Afrikaner, aber der China-Handel wächst so stark, dass die Chinesen die Europäer noch in diesem Jahrzehnt ablösen werden. Seit der Jahrtausendwende hat China den Handel mit Afrika um durchschnittlich 32 Prozent im Jahr gesteigert. Daran muss sich der Westen nun messen lassen. Den Vorwurf, die Chinesen kämpften mit unfairen Mitteln, weil sie ihre Wirtschaftsverträge nicht mit Zielen der guten Regierungsführung verbinden, kann man erheben. Die Schlussfolgerung daraus, der Westen sei gut und die Chinesen skrupellos, ist jedoch falsch. Beide setzen in der gegenwärtigen Entwicklungsphase Afrikas andere Schwerpunkte: Dem Westen ist Mitbestimmung wichtiger als Stabilität. Peking hält Stabilität für wichtiger, übrigens auch im eigenen Land, und ist damit im Vergleich zu Indien nicht schlecht gefahren. Und fast noch wichtiger: Der Ton macht die Musik in der Zusammenarbeit. Vielen im Westen muss erst noch klar werden, dass sie nicht die Erziehungsberechtigten Afrikas sind. Die meisten Chinesen, Inder oder Brasilianer kommen gar nicht auf diese Idee. Das bedeutet wiederum nicht, der Westen habe keine wertvollen Erfahrungen anzubieten. Das Interesse Afrikas an Rechtssicherheit, Transparenz und Mitbestimmung wird täglich größer, eben auch bei Politikern, sei es, dass sie wie gesagt von der neuen Mittelschicht gezwungen werden, oder dass sie dies als Wettbewerbsvorteil bei der Werbung um zukünftige Investoren sehen. Doch zu Good Governance zwingen lassen wollen sich die Afrikaner eben nicht mehr.

Deshalb kommen herablassende, ideologiegesättigte Texte nicht mehr gut an, nach dem Motto: Geld von Vorreitern in Sachen Mitbestimmung und freiem Wettbewerb gibt's nur, wenn ihr dies und das macht. Stattdessen geht es um Angebote in der Partnerschaft einer multipolaren Weltordnung: Schaut mal, was wir hier entwickelt haben in den letzten Jahrhunderten. Vielleicht taugt das ein oder andere auch für Afrika. Das mag kurzfristig euren Spielraum einschränken, langfristig macht es euch stärker.

Zum dritten Mal in der Geschichte entbrennt ein Wettbewerb um Afrika. Vor 130 Jahren war es der Wettbewerb der Kolonialmächte darüber, wie sie Afrika unter sich aufteilen. Im Kalten Krieg hatten die afrikanischen Länder nur die hochideologische Auswahl zwischen der Sowjetunion, dem Westen und dem »blockfreien« China. Bei der neuen Wettbewerbswelle zu Beginn des 21. Jahrhunderts ist das anders. Die Schlange der Interessenten ist lang, das Gerede von Neokolonialismus damit Unsinn. Denn Kolonialismus bedeutet, dass die Kolonialisierten keine Wahl haben. Im Afrika-Boom jedoch ist das Gegenteil der Fall.

Unter den vielen Wettbewerbern, die ihnen den Hof machen, entscheiden die Afrikaner nun zum ersten Mal in ihrer jüngeren Geschichte selbst, mit wem sie wie zusammenarbeiten. Und sie sind auch selbst für die Ergebnisse verantwortlich.

1 Hakuna Matata
Afrikas neue Mittelschicht

Der alte, zitronengelbe Metrorail-Zug bremst scharf ab, ruckelt noch kurz und bleibt stehen, nicht einmal einen Kilometer von der Park Station entfernt, dem zentralen Bahn- und Busbahnhof von Johannesburg. Der Zug ist voller Teilnehmer der offiziellen Trauerfeier für Nelson Mandela, die kurz zuvor im FNB-Stadion am Rande von Soweto zu Ende gegangen war. Der »Vater der Demokratie« in Südafrika und weltweit hoch angesehene Staatsmann war fünf Tage zuvor im Alter von 95 Jahren in seinem Haus im vornehmen Johannesburger Stadtteil Houghton gestorben. Die Passagiere sind müde und ungeduldig.

Der Zug hat ohnehin starke Verspätung. Die meisten von ihnen haben seit den frühen Morgenstunden im kalten Dauerregen im Stadion ausgeharrt, bis die Feier begann. Jetzt wollen sie nach Hause ins Warme. Früher haben die Menschen die gelben, meist überfüllten und verdreckten Metrorail-Züge mit stoischer Ruhe ertragen. Inzwischen schimpfen und murren sie über die Bahn der »afrikanischen Weltklassestadt« Johannesburg. Sie schimpfen im Radio und im Fernsehen, sagen wütend ihre Meinung. »Weltklasse« stimmt mit Sicherheit für die wohlhabenden Vororte im Norden der Metropole, aber kaum für die Gegenden, in denen sich die ärmere Bevölkerung mit täglichen Unzulänglichkeiten herumschlagen muss. Dort jedoch lebt die neue Mittelschicht, und die lässt sich das nicht mehr gefallen.

Einige Passagiere öffnen schimpfend die Zugtüren, springen auf die Gleise und laufen zu Fuß Richtung Bahnhof zurück. Der Zug fährt mit einem Ruck wieder an, diesmal rückwärts, und stoppt nach 100 Metern erneut. »Wir fahren jetzt zurück zum FNB-Stadion«, scherzt eine junge Frau hämisch. »Zuma hat uns noch mehr zu sagen.« Einige Leute lachen laut, andere johlen zustimmend.

Schon wenige Stunden zuvor hat die neue afrikanische Mittelschicht auch der Welt gezeigt, dass es sie gibt und dass sie sich nicht mehr alles gefallen lässt. Zehntausende hatten den südafrikanischen Präsidenten Jacob Zuma im Stadion ausgebuht. Schon als Zuma zum Podium schritt, wurde gepfiffen. Der Präsident schluckte und fühlte sich sichtbar unwohl in seiner Haut. Jedes Mal, wenn sein Gesicht auf der riesigen Videoleinwand des Stadions erschien, buhten Tausende Menschen. Als Zuma gegen Ende der Feierlichkeiten eher lustlos seine lange, wenig inspirierende Rede vortrug, verließen viele das Stadion. »Zumas Demütigung«, titelte die Tageszeitung *Star* am folgenden Morgen. Denn Zuma wurde auf der größten Trauerfeier der Menschheitsgeschichte bloßgestellt. 91 amtierende Staats- und Regierungschefs aus aller Welt waren angereist, dazu rund ein Dutzend amtierender und ehemaliger Präsidenten. UN-Generalsekretär Ban Ki-moon war da, ebenso wie US-Präsident Barack Obama, der seine Vorgänger Bill Clinton, George W. Bush und Jimmy Carter mitbrachte. Auch Bundespräsident Joachim Gauck war gekommen. Die BRICS-Staaten (Brasilien, Russland, Indien, China, Südafrika) bis auf Russland waren vertreten, sie alle hatten ihre Staatsoberhäupter geschickt. Die Trauerfeier wurde in weit über 100 Ländern live übertragen und von Hunderten Millionen Menschen in der ganzen Welt gesehen.

Vor den Augen der Welt und während einer Trauerfeier hatte der südafrikanische Präsident von der neuen Mittelschicht seines Landes eine Ohrfeige bekommen. Das ist neu für Afrika.

Und dann ausgerechnet Zuma, der Kämpfer gegen die Apartheid, der mit Nelson Mandela auf Robben Island im Gefängnis saß und nach seiner Freilassung ins Exil musste. 1990 war er als einer der Ersten nach Südafrika zurückgekehrt, um als Vertreter des African National Congress (ANC) mit der weißen Regierung über ein Ende der Apartheid zu verhandeln, deren Ende er dann 1994 mit herbeiführte. Aber Zuma, seit 2009 Präsident Südafrikas, stand eben auch schon wegen Korruption und Vergewaltigung vor Gericht. Zwar wurde er freigesprochen, sein Ruf blieb dennoch schlecht. Die neue Mittelschicht nimmt ihm vor allem übel, dass er seine politischen Versprechen nicht gehalten hat: Investitionen in das Bildungssystem, fünf Millionen neue Arbeitsplätze, Bekämpfung der Korruption, Staatsbeamte strengen Gesetzen unterwerfen – aus alldem wurde wenig.

Gepunktet hat Zuma allein in der Außenpolitik, indem er sein Land geschickt nach Asien, vor allem in Richtung China, ausgerichtet hat. Er hat die Zusammenarbeit mit den anderen BRICS-Ländern vertieft und die Führungsrolle Südafrikas auf dem afrikanischen Kontinent ausgebaut. Doch das sind Themen, die für viele Südafrikaner weit weg sind.

Innenpolitisch wird Zuma nicht zuletzt deshalb kritisiert, weil die Führungsriege der Befreiungspartei African National Congress, deren Vorsitzender er ist, in den Augen vieler zu einem korrupten Selbstbedienungsladen verkommen ist. Der offen polygame Präsident – er ist mit vier Frauen verheiratet und hat geschätzt 20 Kinder – sorgte für negative Schlagzeilen, als er zugab, Geschlechtsverkehr mit einer HIV-positiven Frau gehabt zu haben und sich danach damit brüstete, zum Schutz gegen das Aids-Virus geduscht zu haben. Seitdem stellt ihn der bekannteste südafrikanische Karikaturist Zapiro mit einem Duschkopf dar, der aus seinem Hinterkopf herausragt. Im Frühjahr 2013 konnte ein ziviles Verkehrsflugzeug mit Hochzeitsgästen der Gupta-Familie unbehelligt auf einem Luftwaffenstützpunkt in Pretoria landen. Alle Passagiere wurden nach der Landung wie Staatsgäste behandelt. Nationale Sicherheitsregeln wurden kurzerhand ignoriert. Reine Vetternwirtschaft:

Die Guptas, eine erfolgreiche wohlhabende indischstämmige Unternehmerfamilie, die sich in Südafrika niedergelassen hat, unterhalten enge wirtschaftliche Beziehungen zu Zuma. Unter anderem kontrollieren sie einen regierungsnahen Nachrichtensender und eine Tageszeitung. Ein Untersuchungsbericht zeigte später, dass hochrangige Regierungsvertreter auf direkte Anweisung von Präsident Zuma gehandelt hatten. Zuletzt wurde dem Mann vorgeworfen, mit umgerechnet rund 20 Millionen Euro Steuergeldern seinen Privatwohnsitz in Nkandla in der Provinz KwaZulu Natal »der Sicherheit wegen« ausgebaut zu haben. Zu den »Sicherheitsmaßnahmen« zählte auch der Bau eines Swimmingpools.

Das ist nichts Neues in Afrika. Geschichten wie diese hört man überall auf dem Kontinent. Neu ist allerdings, dass die aufsteigende Mittelschicht sich das nicht mehr gefallen lässt: Das Maß ist voll, so die herrschende Meinung. Zuma soll zurücktreten oder abgesetzt werden. Die Mittelschicht schlägt zurück. Trotz der nach wie vor herrschenden Armut entwickelt sich allmählich eine Klasse von Besserverdienern, die weiter aufsteigen wollen, die Karriere- und Konsumansprüche haben, Vorstellungen von einem gehobenen Lebensstandard und von Bildungschancen für ihre Kinder. Kaputte Züge kommen in diesem Bild nicht mehr vor. Statt sich abzufinden, orientiert man sich nach oben, an der Kaste der Super-Neureichen, die bei Louis Vuitton und Porsche einkaufen und nachts in teuren Klubs Champagner trinken – selbst in Städten mit ausgedehnten Slums wie der angolanischen Hauptstadt Luanda. Die Mittelschicht will weiter, sie ist mit ihrer Geduld am Ende. Und sie wird, wenn man sie lässt, zum Motor des Wirtschaftswachstums und des politischen Wandels, weg von der alten Cliquenwirtschaft hin zu einer Bürgergesellschaft.

Nukleus der neuen afrikanischen Mitte ist Johannesburg. Und eine ihrer ersten, weltweit sichtbaren Manifestationen war die Trauerfeier für Mandela. Schon am frühen Morgen um fünf

Uhr hatten sich Hunderte Trauerfeierpilger an der Park Station versammelt, um den ersten Sonderzug zum Stadion zu nehmen. Es war ungewöhnlich kalt für den ansonsten feuchtwarmen Sommer in der südafrikanischen Metropole. Es regnete in Strömen – was morgens in Johannesburg eher selten ist. Und es sollte den ganzen Tag ununterbrochen weiterregnen. Später entschuldigte sich der stellvertretende ANC-Präsident (und mittlerweile stellvertretender Präsident von Südafrika), Cyril Ramaphosa, der durch die Feierlichkeiten führte, für das schlechte Wetter. »Aber«, fügte er hinzu, »in unserer Tradition ist der Regen ein gutes Zeichen, es bedeutet, dass der Verstorbene von den Göttern wohlwollend aufgenommen wurde.«

Der Regen hatte wohl viele davon abgehalten, zu der Totenfeier zu kommen, mehr als ein Drittel des Stadions blieb leer. Die Zehntausende, die dort waren, waren gekommen, um Abschied von einem Menschen zu nehmen, der für die Freiheit der Schwarzen in Südafrika steht. In den Stadionrängen sangen die Menschen die alten Kampflieder aus der Zeit, als der ANC noch Untergrundorganisation war und teilweise mit Gewalt das Apartheidregime in Südafrika bekämpfte. Neben Mandela wurden andere verdiente Helden wie Oliver Tambo oder Walter Sisulu besungen.

Der gefeierte Held des Tages war US-Präsident Barack Obama, der wohl eine seiner besten und feurigsten Reden in seiner Amtszeit hielt und die Trauerfeierteilnehmer im Stadion sowie das Fernsehpublikum in der ganzen Welt begeisterte. Obama nannte Mandela, dessen Klanname Madiba lautet, in einem Atemzug mit dem indischen Staatsgründer Mahatma Gandhi, dem amerikanischen Präsidenten Abraham Lincoln und dem Bürgerrechtler Martin Luther King. Aber selbstkritisch reflektierte er: »Auch ich stelle mir die Frage, ob ich genug getan habe, um meine Ideale umzusetzen. Zu viele Herrscher beziehen sich auf Madiba, ohne Widerspruch in ihrem Land zu tolerieren.« Später einmal werden Historiker den Tod Mandelas als einen Wendepunkt in Afrikas Geschichte sehen. Die 100 Jahre zuvor waren von Kolonialismus geprägt, der Aufteilung Afrikas durch den Westen, dem Kampf um Unabhängigkeit und gegen die Apartheid. Davor war die Zeit der Sklavenhaltung. Später kam die Zeit der Bürgerkriege, der Despoten, des Hungers, der Seuchen und der sogenannten »failed states«. Diese Zeit ist geprägt von extrem armen und extrem reichen Menschen auf dem Kontinent. Nun ist die Zeit der Mittelschicht gekommen. Die Zeit des Aufstiegs. Die Zeit, in der Afrika über sich selbst entscheidet.

Die Lebensspanne von Mandela war die Zeit der Entwicklungshelfer. Nach seinem Tod beginnt die Zeit der Unternehmensberater.

Nach Mandela ist Afrika geprägt von eigenständigem Wachstum, stabileren Institutionen, geordnetem Rohstoffabbau, gemäßigten Regierungen, Frieden statt Krieg und eben einer größer werdenden Mittelschicht. Diese neue Mittelschicht hatte die Hoffnung, dass Zuma für die neue Zeit stehen würde, doch er ist in den alten Zeiten stecken geblieben. Wahrscheinlich kann erst ein Präsident, der den Befreiungskampf des ANC nur aus den Geschichtsbüchern kennt, die alten Gewohnheiten hinter sich lassen. Zu der neuen Ära gehört auch, dass die internationalen Beziehungen nicht mehr von einer Nord-Süd-Ausbeutung und später von einer Nord-Süd-Bevormundung geprägt werden, sondern von einer Süd-Süd-Kooperation. Dies zeigte sich auch schon deutlich an der Rednerliste der Trauerfeier. Nach Obama durften die Präsidenten von Brasilien, China und Indien reden, alles Vertreter der BRICS-Staaten. Außer Obama, dem ersten schwarzen westlichen Präsidenten, standen keine Vertreter westlicher Länder mehr auf der Rednerliste.

Das FNB-Stadion für knapp 95 000 Zuschauer ist nicht zum ersten Mal zentraler Schauplatz dieses grundlegenden Wandels in Afrika. Nach seiner Freilassung aus dem Gefängnis 1990 hielt Mandela dort seine erste offizielle Rede in Johannesburg. Das Stadion diente schon der Trauerfeier für den 1993 von einem weißen Rechtsextremisten ermordeten Chris Hani, dem damaligen Generalsekretär der Kommunistischen Partei Südafrikas und hochrangigen Vertreter des African National Congress. Dass Hanis Ermordung Südafrika nicht in das Chaos eines Bürgerkriegs stürzte, lag vor allem an den beschwichtigenden Worten Mandelas, der die zornige und zur Gewalt bereite Bevölkerung zur Ruhe aufrief.

Fast 20 Jahre später stand das FNB-Stadion wieder im globalen Rampenlicht. Diesmal ging es um Fußball – um mehr als Fußball. Zum ersten Mal wurde eine Fußballweltmeisterschaft in Afrika ausgetragen. Im Endspiel der WM 2010 – das Stadion trug zwischenzeitlich den Namen »Soccer City« – schlug Spanien die Niederlande mit 1 : 0 und wurde zum ersten Mal Weltmeister. Das Endspiel der ersten WM auf dem Kontinent, auf dem wohl noch einige Weltmeisterschaften folgen werden, war zugleich der letzte öffentliche Auftritt von Mandela, der mit seiner Frau Graça Machel unter dem tosenden Beifall der 95 000 Zuschauer in einem Golfkart über den Rasen gefahren wurde. Es war eine kalte Winternacht. Der ehemalige Präsident war in einen dicken Wintermantel eingepackt und trug einen warmen Hut. Er war bereits von seinem hohen Alter von fast 92 gezeichnet, er wirkte müde und kraftlos, winkte aber mit seinem markanten Lächeln trotzdem in die Menge.

Mandelas Zeitalter ging am 5. Dezember 2013 zu Ende. Nicht einmal eine Stunde nach seinem Tod hatten sich Hunderte vor seinem Haus versammelt. Es war ein buntes Gemisch von Menschen: die Weltpresse, ANC-Vertreter, Intellektuelle, Putzhilfen und Studenten, auch viele Ausländer. Manche hatten ihre kleinen Kinder dabei. Zunächst war die Stimmung etwas gedrückt, schwenkte aber dann schnell in ausgelassene Fröhlichkeit um. »Warum feiern die denn und trauern nicht?«, fragten ausländische Journalisten, nicht wissend, dass in der afrikanischen Kultur auch ein zu Ende gegangenes Leben zelebriert wird. Vor allem die Einheimischen sangen lautstark die alten Kampflieder. Sie schwenkten südafrikanische Fahnen und hielten Bilder von Mandela und dem ANC hoch. Viele hatten Kerzen angezündet. Vor dem Eingang des Mandela-Hauses türmten sich bald Blumen. Das Gras vor seinem Haus fing Feuer. Morgens um vier, als sich die Menge langsam verlief, wurde der erste provisorische Kaffeestand aufgebaut. In den folgenden Tagen pilgerten Zehntausende Menschen zu seinem Haus. Sie spürten bei aller Trauer, dass nun neue bessere Zeiten beginnen – und sie spürten auch, dass Zuma eher zur Vergangenheit gehört als zur Zukunft.

Ähnliche Szenen spielten sich in der Vilakazi Street in Soweto ab, wo Nelson Mandela früher gewohnt hat und heute ein Museum ist, das Touristen aus aller Welt anzieht. Die kleine Straße im Stadtteil Orlando West ist das inoffizielle Zentrum von Soweto. Mittlerweile haben zahlreiche Kneipen und Restaurants aufgemacht, wo sich die neue schwarze schick gekleidete Mittelschicht zum Bier trifft und ihren wirtschaftlichen Aufstieg feiert. Auch der ehemalige anglikanische Erzbischof Desmond Tutu hat dort noch ein Haus. Tutu bekam 1984 den Friedensnobelpreis verliehen. Damit ist die Vilakazi Street die einzige Straße der Welt, in der zwei Friedensnobelpreisträger gewohnt haben: Mandela und Tutu. Heute gilt der über 80-jährige Tutu als moralische Instanz, nicht nur in Südafrika, sondern auch in der Welt. Für sein Lebenswerk wurde er auch mit dem Großkreuz, dem Verdienstorden der Bundesrepublik Deutschland, ausgezeichnet.

Bereits am Sonntag nach Mandelas Tod, dem Tag, an dem Südafrika landesweit mit Gebeten an den ehemaligen Staatsführer erinnern sollte, waren die ersten kritischen Stimmen zu hören. Während eines Gottesdienstes in einer Synagoge in Johannesburgs Stadtteil Rosebank fragte sich der ehemalige Präsident Thabo Mbeki, ob der hohe moralische Standard, den Mandela gesetzt hatte, heute noch in Südafrika ausreichend praktiziert werde. »Haben wir immer noch die Führungsqualitäten, die uns Mandela und andere beispielhaft vorgelebt haben, um die derzeitigen Herausforderungen zu meistern?« Den Wandel in

Südafrika herbeizuführen sei wohl schwieriger, als die Apartheid zu beenden, fügte er hinzu. Obwohl nicht direkt angesprochen, nahm Mbeki die derzeitige Regierung und die Vetternwirtschaft in der Partei ins Visier. Mbeki galt in seiner Amtszeit als nicht volksnah genug – weshalb Zuma den Machtkampf mit seinem Vorgänger als Präsident im ANC für sich entscheiden konnte – daran hat sich bis heute nichts geändert. Deshalb hörte ihm kaum jemand zu. Die Menschen der neuen Mittelschicht verstanden intuitiv, dass Mbeki am Thema vorbeigeredet hatte. Heute braucht Afrika andere Führer als ihn, aber auch andere als den Revolutionär und späteren Versöhner Mandela, der sich in der Zeit nach der Apartheid schon als kein guter Politiker erwies. Anders als in Afrika oft üblich, klebte Mandela jedoch nicht an seiner Macht. 1999 ist er nicht noch einmal zur Wahl angetreten. Das haben ihm die Menschen nicht vergessen.

Heute braucht Afrika ausgleichende Politiker, realistische Reformer und Infrastrukturvisionäre.

Donnerstagnacht starb Mandela. Am Mittwoch darauf war der Leichnam vor den Union Buildings in Pretoria, dem Regierungssitz und Präsidentenhaus, aufgebahrt. Dort blieb er bis Freitagabend, und Zehntausende Bürger hatten die Möglichkeit, an dem Sarg vorbeizugehen und sich zu verabschieden. Die langen Menschenschlangen vor den Park-and-ride-Parkplätzen, von denen die Busse zu den Union Buildings abfuhren, glichen denen der ersten freien Wahlen Südafrikas im April 1994. In Pretoria mussten viele der Trauernden sieben bis acht Stunden in der Sommersonne ausharren, so groß war der Andrang. Jeden Abend wurde der Sarg in ein ein paar Kilometer entferntes Militärkrankenhaus gebracht, wo er über Nacht blieb. Wieder säumten Tausende jubelnde Bürger die Straßen. In dem kleinen Dorf Qunu im Eastern Cape fand Mandela dann am 15. Dezember 2013 seine letzte Ruhestätte. In dem verschlafenen Qunu war der ehemalige Staatsmann aufgewachsen und hatte die »glücklichsten Momente« seiner Kindheit verbracht. Tausende Ehrengäste nahmen in einem riesigen speziell errichteten Zelt an den Trauerfeierlichkeiten teil. Aber es zeigte sich auch die elitäre Seite der südafrikanischen Gesellschaft: Die Bevölkerung von Qunu war nicht eingeladen und schaute eher verwundert dem Teiben zu, den Kolonnen von schnell fahrenden Luxusautos, den tieffliegenden Armee-Hubschraubern und den Soldaten, die stoisch für die Sicherheit der wichtigen Gäste sorgten.

Doch der Alltag für Südafrika kehrte bald darauf wieder ein. Ein Alltag, in dem die neue Mittelschicht die Korruption im Land immer weniger toleriert. Im internationalen Vergleich nehmen südafrikanische Unternehmen einen Spitzenplatz bei Bestechung und Betrug ein. So das Ergebnis des Global Economic Crime Survey 2014 der Beratergesellschaft PricewaterhouseCoopers. Die Wirtschaftskriminalität ist in Südafrika seit 2011 unverhältnismäßig stark angestiegen, in den Jahren zuvor war sie eher rückläufig. Der Bericht kam im Februar 2014 heraus, nicht einmal drei Monate vor den Wahlen in Südafrika, und spielte den Kritikern von Präsident Zuma und der ANC-Regierung in die Hände. Allerdings fehlt es in Südafrika derzeit noch an politischen Führungsfiguren, die das neue Südafrika verkörpern könnten, die Zeit nach Nelson Mandela. Lediglich dem derzeitigen stellvertretenden Präsidenten, Cyril Ramaphosa, wird nachgesagt, dass er auf seine Chance wartet.

Die Mittelschicht Südafrikas ist die Vorhut für Afrika. In vielen Ländern wächst eine solche Mittelschicht heran, Bürger, die nicht nur politisch, sondern vor allem wirtschaftlich aktiv sind. Dabei spielen die Chinesen eine zentrale Rolle. Bestes Beispiel: Nigeria. Vor einer riesigen Lagerhalle im Süden der 18-Millionen-Einwohner-Metropole Lagos parkt ein großer, rostiger Pickup-Truck. Ein paar Männer stehen vor der Ladefläche. Sie leeren zwei Einkaufswagen, randvoll mit Mikrowellen, Rasierern und Autoradios. »Made in China« steht auf den Verpackungen, gekauft in der Dragon City Mall. Nun werden sie in ihre

Gegend zurückkehren und die Produkte an kleine Läden oder
direkt vom Lastwagen mit Gewinn weiterverkaufen. Großein-
käufe dieser Art sind normal in den großen China-Malls Afrikas,
denn deren Preise lassen sich nicht unterbieten. Lieber verdienen die Einheimischen auf diese Weise schnelles kleines Geld,
bevor sie sich mit einem eigenen Unternehmen selbständig
machen und bei Banken um Kredite betteln müssen, um ihr
Personal und ihre Investitionen zu bezahlen.

Dieses eher kurzfristige Geldverdienen hat sich verstärkt, seitdem sich Chinesen in Afrika niedergelassen und ihre Produkte
gleich mitgebracht haben. Sie sichern sich schon längst nicht
mehr nur die Rohstoffe des Kontinents, sondern nutzen Afrika
zunehmend auch als wichtigen Absatzmarkt. Der Ressourcen-
boom hat eine Mittelschicht entstehen lassen: eine Viertelmil-
liarde neuer Konsumenten, mehr als die Mittelschicht Indiens.
Ob Fernseher, Handy oder Auto – Afrikas Aufsteiger kaufen
auch Aufsteigerprodukte. Und die haben chinesische Firmen
massenhaft im Angebot. Die Hersteller wissen genau, was die
Kunden wollen, denn vor allem die Küstenregionen Chinas
haben diese Konsumphase schon hinter sich, und in den armen
westlichen Regionen des riesigen Reiches findet die Entwicklung derzeit parallel zu Afrika statt. Da produziert man einfach
ein wenig mehr für Afrika mit.

Allerdings bekommt Afrika nur das Billigste. Nicht dass chinesische Fabriken es nicht besser könnten. China produziert
inzwischen jede Qualität, von Ramsch bis Hightech, von Bade-
latschen bis Satelliten. Nach Afrika jedoch geht häufig niedrige
Qualität zu mittleren Preisen. Die Afrikaner sind ja Konsum-
neulinge, ihnen fehlt die Kenntnis. So sind die Margen optimal.
Die Strategie ist allerdings kurzsichtig. Denn die gierigen chinesischen Händler ruinieren nicht nur den Ruf ihrer Produkte,
sondern gleich den Ruf eines ganzen Landes – was mittlerweile
auch bei der Regierung in Peking angekommen ist und für
Ärger sorgt. Im Kongo ist sogar ein neues Adjektiv entstanden:
nguanzu. Es leitet sich von der südchinesischen Stadt Guang-

zhou ab, wo afrikanische Händler einkaufen, und bedeutet: »von schlechter Qualität«.

Mit diesem Thema können afrikanische Politiker leicht punkten, vorneweg der südafrikanische Präsident Zuma. Er argumentiert gern, dass das afrikanisch-chinesische Geschäft kein faires sei. Die Chinesen würden die Länder mit billigen Produkten überschwemmen, sodass keine heimische Industrie entstehen könne. »Wir liefern Rohstoffe, sie ihre Produkte. Dieses Ungleichgewicht ist auf Dauer nicht tragbar«, schimpfte er beim Forum on China-Africa Cooperation (FOCAC) in Peking im Juli 2012. Rob Davies, der südafrikanische Minister für Handel und Industrie, hat die Kritik präzisiert. Er habe nichts gegen Produkte von chinesischen Herstellern aus China, sie dürften nur nicht ausschließlich in China hergestellt sein, sondern zumindest teilweise in Afrika. Für diese Forderung hat er viel Zustimmung in den südafrikanischen Medien bekommen. Zumal auch die Chinesen die westlichen Ausländer gezwungen haben, ihre Produktion zu lokalisieren. Denn nur so können neue Arbeitsplätze entstehen und damit neue Kaufkraft für neue, lokal produzierte Produkte.

Südafrika hat bereits reagiert und Zölle auf Fertigprodukte verhängt. Die Pekinger Regierung zieht in dieser Frage mit den afrikanischen Regierungen an einem Strang, denn die politischen Kosten des Profitstrebens der Händler sind ihr zu hoch. Der Ruf der Chinesen ist zum Teil so schlecht, dass es für die afrikanischen Regierungen immer schwieriger wird, die Unterstützung der Bevölkerung für chinesische Investitionen zu bekommen. Also drängt Peking die Hersteller, ihre Produktion nach Afrika zu verlagern. Und die Unternehmer knicken ein: Lokalisiertes Geschäft mit geringeren Margen ist besser als kein Geschäft.

Dabei kopiert Peking einfach sein eigenes Erfolgsmodell. Wie zu Beginn der chinesischen Reformen etablieren sie Sonderwirtschaftszonen in Afrika. Sechs sind es bereits, darunter fünf in Subsahara-Afrika. Eine davon liegt vor den Toren Addis

Abebas, rund 30 Kilometer vom Zentrum entfernt. Dort hat sich ein chinesischer Schuhhersteller, die Huajian Group, niedergelassen. Auf zwei Produktionslinien werden täglich 2000 Paar Schuhe gefertigt, übrigens auch für westliche Marken wie Guess und Tommy Hilfiger, die mitnichten zum Billigsegment gehören. Die Löhne seien um ein Siebtel günstiger als in China, sagt Vizepräsidentin Helen Hai.

Afrika – das zweite China? Florian Witt, Leiter der Afrika-Abteilung der Commerzbank, ist skeptisch: »Afrika wird niemals die verlängerte Werkbank der Asiaten werden.« Als Gründe nennt er die oft harten klimatischen Bedingungen, schwache staatliche Institutionen, fehlende Logistik und eine andere Mentalität. Aber das ist vielleicht wieder nur die alte westliche Skepsis oder die Vorsicht eines Bankers. Die Chinesen haben weniger Bedenken – und auch keine andere Wahl. Sie setzen auf Produktion in Afrika. Hauptsache, sie werden ihren Ruf der »Killerchinesen« los, wie sie in der südafrikanischen Stadt Newcastle bezeichnet werden. Dort reihte sich lange Zeit eine Näherei an die nächste. Da aber China den Markt mit günstiger Kleidung flutete, standen die afrikanischen Nähmaschinen bald still, und die Firmen schrammten nur knapp an einer Pleite vorbei. Chinesische Investoren kauften die Werke kurzerhand auf, was für die Näherinnen vor Ort schlechtere Arbeitsbedingungen mit sich brachte: Die neuen Herren im Haus drückten ihre Löhne. Mitte 2013 sackten die Gehälter der Näherinnen von Newcastle sogar unter den gesetzlich vorgeschriebenen Mindestlohn. Zeitungen schrieben von »katastrophalen Arbeitsverhältnissen«.

Dieses Phänomen findet man auch in Nigeria, an der Westküste Afrikas, ebenso wie in Kenia, an der Ostküste. Doch geldgierige chinesische Hersteller, die minderwertige Produkte fertigen, bieten auch eine Chance für afrikanische Unternehmer. Warum nicht einfach bessere Qualität selbst herstellen und damit die Marktlücke füllen? Dazu sind viele afrikanische Unternehmen allerdings noch nicht in der Lage. Viele afrikanische

Erzeugnisse halten ihr Qualitätsversprechen nicht. Das muss allerdings nicht immer so bleiben. Die Brauerei SABMiller, der Verpackungshersteller Nampak und der Papierproduzent Sappi machen vor, dass Qualität möglich ist. Sogar auf internationalem Niveau: Anfang 2012 setzten sich die Südafrikaner im größten Privatisierungsdeal Brasiliens seit den 1990ern durch und erwarben die lukrativste Flughafenkonzession. Drei brasilianische Großflughäfen sollten für die Fußball-WM 2014 modernisiert und erweitert werden. Der südafrikanische Konzern Airports Company South Africa (ACSA) konnte sich gegen die deutsche Fraport AG und weitere westliche Konkurrenten durchsetzen. Gleich zwei Aspekte sprachen für die Afrikaner: Erstens wollen die Brasilianer mehr Geschäft mit Südafrika machen – die Emerging Markets halten nun immer mehr zusammen. Zweitens haben die Südafrikaner Erfahrung mit dem Chaos und den Tücken der Emerging Markets. Daher hat sich Brasilien für die teurere, aber sicherere Lösung entschieden. Für ACSA-Chef Bongani Maseko soll der Brasilien-Deal erst der Anfang sein. Nach einem erfolgreichen Jahr 2014 in Brasilien bemüht er sich dort bereits um neue Aufträge. Neue Märkte wie Indien oder aufstrebende Länder auf dem eigenen Kontinent hat er bereits im Blick. Ein weiterer Schritt in Richtung Süd-Süd-Kooperationen.

Auch in Sachen Qualitätssteigerungen lohnt sich für die Afrikaner ein Blick auf das Modell China: Statt sich über Wettbewerber zu beschweren, selbst aber nicht in der Lage zu sein, es besser zu machen, sollten die afrikanischen Unternehmen sich mit den Chinesen in Gemeinschaftsunternehmen zusammentun, um von ihren Qualitätsstandards zu lernen. So wie es die Chinesen seit den 1980er-Jahren mit den westlichen Unternehmen mit großem Erfolg gemacht haben. Anfangs haben sie mit den Ausländern zusammengearbeitet und gelernt, wie es geht, dann wurden sie Auftragsproduzenten für das Ausland, nun sind sie in der dritten Stufe angekommen: Sie bauen mit ihrem Know-how eine eigene Marke auf, wie das chinesische Unternehmen Foxconn zeigt. Jahrelang hat die Firma die iPhones für Apple produziert. Inzwischen bringt sie Handys unter ihrer eigenen Marke heraus und vertreibt sie bereits auf Tmall, einer der größten Online-Verkaufsplattformen Chinas. Wenn Afrika diesen Weg gehen will, sollten die dortigen Unternehmen ihre Regierungen nicht etwa zwingen, die Chinesen zu vertreiben, im Gegenteil. Die Regierungen sollten die Chinesen zwingen, höherwertige Produkte herzustellen und zu lokalisieren, am besten in chinesisch-afrikanischen Joint Ventures. Das ist der beste Weg, die Mittelschicht in Afrika weiter aufzubauen.

Allerdings gibt es in Afrika ein Problem, das China nicht hat: engstirnige Gewerkschaften. Im Grunde könnte der eben vorgeschlagene Weg auch Gewerkschaftspolitik sein. Sie könnten sich dafür einsetzen, dass die Joint Ventures die Arbeiter anständig bezahlen und diese ausgebildet werden müssen. Doch stattdessen bremsen die Gewerkschaften diese Entwicklung. Dies liegt vor allem daran, dass viele Arbeiterverbände in Afrika kein sinnvolles Gegengewicht zu den Unternehmern sind, im Sinne von »Checks and Balances«, sondern oft über eine extrem starke eigene politische Machtposition verfügen, die nicht mit dem Einfluss europäischer Gewerkschaften vergleichbar ist. Diese Macht haben die Gewerkschaften aus den Zeiten der Befreiungskämpfe von den Kolonialherren hinübergerettet, und sie versuchen mit allen Mitteln, ihre Machtposition zu halten, auch wenn es die wirtschaftliche Entwicklung eines Landes lähmt. Dies bekamen auch deutsche Hersteller zu spüren, wie BMW in Südafrika im September 2013, als eine Reihe von Streiks die Fabriken zum Bau des BMW 3er für vier Wochen nahezu lahmlegte. Dem Fahrzeughersteller stand der gewerkschaftliche Dachverband Congress of South African Trade Unions (COSATU) entgegen, der die Rechte von mehr als zwei Millionen südafrikanischen Arbeitnehmern vertritt und der als Partei in einer Drei-Parteien-Allianz zusammen mit der Führungspartei ANC und der Kommunistischen Partei (SACP) von Südafrika an der Regierung beteiligt ist. Durch die Streiks sank die Produktion an diesen Standorten, in denen der 3er für den globalen Markt außer Deutschland gebaut wird, um 90 Prozent. Dadurch geriet BMW so unter Druck, dass es sich den Gewerkschaften schließlich beugen musste. Gefordert hat die Gewerkschaft eine Lohnerhöhung von 14 Prozent in einer auf drei Jahre angelegten Tarifvereinbarung. Die Autohersteller hatten allerdings nur sechs Prozent geboten. Man einigte sich schließlich auf 11,5 im ersten und zehn in den folgenden zwei Jahren. Pläne von BMW, eine weitere Produktionsstätte in Südafrika aufzubauen, wurden daraufhin von München kurzerhand auf Eis gelegt. Da jedoch die afrikanischen Länder im Wettbewerb zueinander stehen, ist die Wahrscheinlichkeit hoch, dass sich die Entwicklung in Richtung eines größeren Machtgleichgewichtes einpendelt. Wenn Südafrika so starke Gewerkschaften weiter zulässt, werden sie Aufträge an andere Länder verlieren, deren Gewerkschaften weitsichtiger verhandeln.

Erst wenn die Regierungen kluge Entwicklungsstrategien durchsetzen, gewinnen die »Proudly South African – Buy Local«-Werbeplakate eine gewisse Substanz: »Stolze Südafrikaner kaufen lokal«. Wahlweise »Buy SA back« – kauft südafrikanische Produkte zurück. Konsumenten allerdings sind nur dann Patrioten, wenn sie für ein lokales Produkt gleicher Qualität nicht mehr bezahlen müssen. Solange die schlechten afrikanischen Produkte teuer sind, laufen die Kampagnen ins Leere. Denn der Verbraucher ist auch in Afrika nicht dumm. Zumindest nicht so dumm, wie die amerikanische Supermarktkette Walmart dachte, die eine Abkürzung zum afrikanischen Konsumenten nehmen wollte und sich dabei selbst austrickste. 2011 erwarb der Konzern mit 51 Prozent die Mehrheit des südafrikanischen Handelskonzerns Massmart. Danach kappten die Amerikaner die traditionellen Lieferketten, die zuvor zu 60 Prozent aus südafrikanischen Herstellern bestanden. Die Kunden, die bei den führenden Tochterunternehmen von Massmart, wie Makro oder Game, afrikanisch kaufen wollten, fühlten sich geprellt. Besser wäre es gewesen, die Produkte gemeinsam mit den Zulieferern zu optimieren. Das erfordert allerdings einen längeren Atem, den die Manager von Walmart nicht hatten oder nicht haben wollten, obwohl es sich angesichts der Entwicklungschancen des Kontinents gelohnt hätte.

Die Afrikaner lassen sich durch solche Mätzchen in ihrer Entwicklung nicht stören. Vor allem die jungen Afrikaner nicht, und davon gibt es viele. Afrika ist der Kontinent der Jugend: Schon jetzt sind die Hälfte der Afrikaner 18 Jahre oder jünger. Auch sie haben schon sehr gut verstanden, welche Chancen das Internet bietet, die traditionellen Verkaufskanäle aufzubrechen. Die Marktlücke ist das Smartphone. Es verbreitet sich in Subsahara-Afrika mit einem jährlichen Wachstum von 40 Prozent. 2014 gab es bereits 328 Millionen Mobiltelefone in Subsahara-Afrika, das entspricht 37 Prozent der Bevölkerung. Es tauchen immer mehr Start-up-Unternehmen in Afrika auf, die sich die Lücke von schlechter traditioneller Infrastruktur und maroder Kommunikationstechnologie zunutze machen. Fehlt die Straße, um zum Markt zu kommen, und fehlt gar die Filiale im nächsten Ort, kommen die Produkte via Handy eben zum Kunden.

Und da man dafür inzwischen als Verkäufer nur virtuelle Infrastruktur braucht, ist der finanzielle Einsatz für junge unternehmerisch denkende Afrikaner stark gesunken. Der Schritt in die Selbständigkeit erscheint vielen nunmehr nicht mehr wie ein Sprung ins kalte Wasser. Nun lässt sich mit wenig Aufwand ein effizientes Netzwerk von Partnern und Kontakten aufbauen. Das bietet auch experimentellen Geschäftsideen eine Basis, die es bisher nicht gab. Die einzelnen Ideen und Unternehmen vernetzen sich und suchen nach einem Ort, an dem sie zusammenarbeiten und sich weiterentwickeln können.

Ein solcher Ort ist Konza Techno City in Kenia. Dort entsteht gerade nahe Nairobi ein Knotenpunkt junger afrikani-

scher Intelligenz. Der Spitzname dieses Hightech-Clusters ist
Silicon Savannah, zwei Begriffe, die eigentlich nicht zusammen-
passen und genau deswegen von etwas Neuem künden. Diesen
Ort wird man sich als einen Knotenpunkt im Netzwerk zukünf-
tiger globaler Innovation merken müssen.

Das von dem sudanesischen Unternehmer und Philanthro-
pen Mo Ibrahim gegründete Unternehmen Celtel, einer der
ersten afrikanischen Mobilfunkanbieter, schuf vor über einem
Jahrzehnt den Grundstein der mobilen Infrastruktur. 2005
wurde es vom kuwaitischen Mobilfunkunternehmen Zain auf-
gekauft. 2010 übernahm der indische Bharti-Airtel-Konzern die
Firma. Noch heute vernetzt das Unternehmen eine neue junge
Generation Afrikaner mit der Welt. Die Ideen aus dem Silicon
Savannah reichen hierbei von simplen Onlinespielen über spe-
zielle afrikanische Onlineshops bis hin zu Programmen, die
zur intelligenten Erfassung und Verwaltung von Viehherden
dienen, oder aber die Möglichkeit bieten, Neuigkeiten aus Krisengebieten zeitnah kartografisch darzustellen, wie etwa beim
Ebola-Ausbruch in Westafrika 2014.

Eines der neuen Start-ups ist Leti Games. Das Medienunter-
nehmen wurde 2009 von den beiden damals 26-jährigen Wes-
ley Kirinya aus Kenia und Eyram Tawia aus Ghana gegründet
und steht als Erfolgsgeschichte denen im Westen und in Asien
in nichts nach. Brunnen bohren und Hilfe zur Selbsthilfe ist
anderswo. Von ihrer Zwei-Mann-Firma mit einem Computer
in der Garage haben sie es mit digitalen Comics und Handy-
spielen zu einem Unternehmen geschafft, das das erste seiner
Art in Ghana und erst das zweite in ganz Afrika südlich der
Sahara ist. Leti entwickelt afrikanische Spiele für junge Afrikaner. Chef Eyram Tawia wurde 2014 sogar zum US-Afrika-Busi-
ness-Gipfel eingeladen, wo er unter anderem den ehemaligen
US-Präsidenten Bill Clinton und den Präsidenten von Ruanda,
Paul Kagame, traf. Die beiden Jungunternehmer sind überzeugt, dass sich ihre Spiele in Zukunft auch global verkaufen
lassen.

Und wer hätte gedacht, dass das Land Ghana mal mit Internetinnovationen in Verbindung gebracht werden würde? 2013 rief das ghanaische Wirtschaftsministerium in Zusammenarbeit mit Google eine Initiative mit dem Namen »Innovation Ghana« ins Leben. Eine vorausgegangene Studie hatte festgestellt, dass das Internet in Ghana kleinen und mittelgroßen Unternehmen auf die Sprünge helfen kann. FashionistaGH, eine Onlineplattform für die Modeindustrie in Ghana, bekam vom Ministerium einen Innovationspreis verliehen. Das Unternehmen veröffentlicht Features über Designtrends, zeigt Fotos und Videos der neuesten Mode und unterhält einen Blog.

Auch die Firma Kuluya in Nigeria hat sich einen Namen in der neuen Spieleindustrie auf dem Kontinent geschaffen. Mit einem Startkapital von nur 50 000 US-Dollar soll das Unternehmen jetzt zwei Millionen US-Dollar wert sein. Innerhalb von 18 Monaten hat es 70 Spiele auf den Markt gebracht und beschäftigt schon mehr als ein Dutzend motivierte Mitarbeiter.

Das alles sind noch kleine Pflänzchen, doch es versteht sich von selbst, dass sich bei dem riesigen afrikanischen Konsumentenmarkt eigene afrikanische Unternehmen herausbilden werden. Sie werden ihren Heimvorteil nutzen, so wie viele asiatische Unternehmen das getan haben. Wer hätte noch vor zehn bis 15 Jahren gedacht, dass die chinesische B2B-Handelsplattform Alibaba 2014 den größten Börsengang der IT-Branche hinlegen oder Samsung ein bedrohlicher Wettbewerber von Apple werden würde. So oder so ähnlich wird man auch in 15 Jahren über afrikanische Unternehmen sprechen.

Man kann es nicht oft genug wiederholen: Der Schlüssel zu dieser Entwicklung ist Afrikas Mittelschicht. Entgegen vieler Unkenrufe sickern die Gewinne aus dem Rohstoffabbau langsam auch in andere Branchen. Nicht so schnell und nicht so gerecht, wie man sich das wünschen würde, aber stetig. Manchmal sprudelt es sogar schon. Vor allem der Dienstleistungssektor profitiert. Große Banken, Telekommunikationskonzerne und Versicherungen entstehen überall auf dem Kontinent. Der

Wandel ist aber auch im Alltäglichen sichtbar. Neue Restaurants, Maniküresalons, Autohändler, Kinos und Diskotheken verändern das Stadtbild afrikanischer Metropolen beinahe täglich. Die Kleidung der Afrikaner wird markenbewusster. Die Autos werden teurer, vor allem japanische und koreanische Autos.

Es ist unverkennbar: Der Mittelstand in Afrika wächst. Es ist, als ob er den Song aus dem Animationsfilm *König der Löwen* zu seiner Hymne erklärt hat: »Hakuna Matata«, singen Erdmännchen Timon und Warzenschwein Pumbaa, »diesen Spruch sag ich gern. Hakuna Matata gilt stets als modern. Es heißt: Die Sorgen bleiben dir fern. Hakuna Matata, weil es danach schöner ist als vorher.«

Es sind viele und es werden immer mehr. Sogar knapp 350 Millionen Menschen rechnet die Afrikanische Entwicklungsbank (AfDB) dem Mittelstand bereits zu, das ist rund ein Drittel der Gesamtbevölkerung Afrikas. Vor 30 Jahren zählten gerade einmal 100 Millionen Afrikaner zur Mittelschicht. Bis 2060 sollen es 1,2 Milliarden werden. Alle, die zwischen zwei und 20 US-Dollar am Tag verdienen, werden zur afrikanischen Mittelklasse gezählt. Allerdings bewegt sich gut die Hälfte dieser Gruppe nur knapp über der Armutsgrenze. Sie bilden mit zwei bis vier US-Dollar am Tag eine prekäre Schicht, sprich sie sind in einer gefährdeten Position. Wenn ein Verdiener der Familie stirbt oder seinen Job verliert, kann dies den Abstieg in die Armut bedeuten. Vor allem an dieser Gruppe wird sich der Erfolg des Afrika-Booms messen lassen müssen. Rund 150 Millionen Menschen sind schon dort, wo die anderen noch hinwollen. Mittelschicht bedeutet für die Mehrheit ein Leben fern von existenziellen Ängsten, ein Leben mit bezahlbarer ärztlicher Versorgung, Urlaub, ein Leben mit Eigentum und der Möglichkeit, seinen Kindern eine viel bessere Ausbildung zu finanzieren, als man sie selbst hatte. Sie gelten schon als die stabile Mittelschicht. Es sind »diejenigen, die ein robustes Wachstum erbringen«, sagt der Chefökonom und Vizepräsident der Afrikanischen Entwicklungsbank, Mthuli Ncube. Unterstützt durch die afrikanische Diaspora im Ausland, die regelmäßig Geld in ihre Heimatländer auf dem Kontinent überweist, konsumiert die neue Mittelschicht in Afrika. Ihre Ausgaben beliefen sich schon 2012 auf geschätzte 840 Milliarden US-Dollar – oder anders ausgedrückt ein Viertel des afrikanischen BIP.

Man kann den Aufschwung quer durch den Kontinent beobachten, ganz besonders in den urbanen Regionen. Denn die Mittelschicht will in den großen Städten leben, wo es leichter ist, den Job zu wechseln, wo es mehr Läden und Restaurants und bessere Schulen gibt. Die steigende Zahl der Mobiltelefone oder Autos sind ein deutliches Zeichen für ein Land, in dem die Mittelschicht wächst. In Ghana etwa ist die Zahl der Autos und Motorräder in den vergangenen fünf Jahren um 81 Prozent gestiegen. In Botswana gibt es inzwischen mehr Mobiltelefone als Einwohner. Aber auch zu viel ungesundes Essen ist leider ein Zeichen für eine Mittelschicht auf einem Kontinent, der für Hungersnöte stand und auf dem es nach wie vor – wenn auch immer weniger – Hungersnöte gibt. Laut der Welternährungsorganisation FAO ist immer noch jeder Fünfte in Afrika unterernährt. In Subsahara-Afrika hat laut den Vereinten Nationen sogar noch ein Viertel nicht genug zu essen. Gleichzeitig kämpft Afrika mit Übergewicht. Spitzenreiter ist Südafrika: Zwei Drittel aller Menschen sind dort übergewichtig. In Kamerun fand kürzlich bereits der zweite afrikanische Kongress zu Diabetes als Volkskrankheit statt. Die Weltgesundheitsorganisation WHO rechnet damit, dass sich die Zivilisationskrankheit Diabetes in Afrika in den kommenden 20 Jahren verdoppeln wird.

Ein weiteres Beispiel: Kenia. Das ganze Land wird moderner. Es gibt mittlerweile in der Hauptstadt Nairobi die ersten Lifestyle-Magazine, in denen sich neben den Einkaufs- und Beautytipps die neuesten Berichte über Modenschauen und das Nachtleben in den angesagten Vierteln der Großstädte finden. Radiosender spielen die Hits lokaler Bands. Immer mehr scheint sich eine »Kenyaness« bei den Kunden und in der Mode durchzusetzen: ein ganz eigener Afrostil, der lokale Traditionen neu interpretiert und mit modernen Elementen selbstbewusst kombiniert, so wie in den 1990ern Shanghai Tang in China. Dabei setzen sich immer öfter heimische Marken durch. Immer mehr Kunden geben gezielt etwas mehr aus und wollen entweder hochwertige westliche Marken oder afrikanische Designprodukte. Nkhensani Nkosi gründete im Jahr 2000 in Südafrika das Modehaus Stoned Cherrie. Das Label hat afrikanische Mode international hoffähig gemacht. Stoned Cherrie steht für eine neue afrikanische Identität und ein neues Selbstbewusstsein. Kunden sollen sich in der Mode wohlfühlen und das afrourbane Afrika des 21. Jahrhunderts vermitteln.

Dem Handel geht es dabei immer besser. Mit innovativen Geschäftsmodellen haben es Unternehmen im Handel geschafft, sich trotz oft widriger politischer Bedingungen, Infrastrukturproblemen und verbreiteter Korruption sehr erfolgreich am Markt zu etablieren. Der Boom lässt sich in Nairobi an neuen Shopping Malls, Supermärkten und Franchisekonzepten in der Gastronomie ablesen. Immer neue Unternehmen entstehen. Mit steigenden Einkommen und weiterer Verstädterung wächst die Mittelschicht weiter.

Die Afrikaner haben immer mehr Lust am Konsum und geben ihr neu gewonnenes Einkommen für Waren aus, bei denen es um Spaß und Genuss geht und nicht um die tägliche Versorgung, wie es noch die Generationen davor tun mussten. Inzwischen ist die Mittelschicht so groß, dass ihr viele Experten zutrauen, die afrikanische Wirtschaft aus eigener Kraft voranzutreiben.

Die neue Mitte – sie ist für die lokale Wirtschaft viel wichtiger als die Schicht der Reichen, die es in den boomenden Ländern wie Angola oder Sudan zuerst gab. Denn die Mittelschicht gibt ihr Geld im eigenen Land aus und nicht bei Harrods in London oder Macy's in New York. Die Reichen schicken ihre Kinder auf englische Internate, lassen sich in deutschen Kliniken behandeln, kaufen Ferraris, haben ein Haus an der Côte d'Azur und fahren auf die Malediven in den Urlaub. Die Mittelschicht hingegen lebt zu Hause und wird deshalb, so die Hoffnung, mit ihrer Nachfrage starke afrikanische Unternehmen entstehen lassen. Zudem – und das ist die zweite Hoffnung – würde die Mittelschicht endlich Reformen in Afrikas kaputten Bildungs- und Gesundheitssystemen erzwingen.

Diese Argumente sind überzeugend. Zumindest kann es sich die Mittelschicht, anders als die Armen, erlauben, über den Tag hinauszudenken. Eine Mittelschicht, wie wir sie in den Industrieländern in Europa und den USA begreifen, ist nicht nur ein wirtschaftliches, sondern auch ein soziales Phänomen. Die Mittelschicht hat höhere Ansprüche an den Staat. Sie will eine Rente oder eine Krankenversicherung. Zwar gibt es auch im Westen unterschiedliche Erwartungshorizonte. In Deutschland erwartet man deutlich mehr vom Staat als in den USA. Und in Frankreich noch einmal mehr. Auch wenn die afrikanische Entwicklung wegen der beschränkten Ressourcen eher in Richtung der USA wird gehen müssen, ist es dennoch eine große Herausforderung. Wer soll unterstützt werden? Soll erst den Schwachen dabei geholfen werden, nicht wieder in die Armut zurückzufallen, oder vorher die Infrastruktur verbessert werden, damit die Menschen sich aus eigener Kraft helfen können?

Das ist eine der wichtigsten Fragen, die vor allem in den jungen Demokratien eine große Rolle spielt. Geht ein Politiker auf Nummer sicher und sichert sich die Gunst der Wähler über kurzfristige Subventionen oder schwört er die Menschen, wie in Kenia, auf ein Infrastrukturprojekt ein, dessen Ziele erst in 15 bis 20 Jahren erreicht werden und von denen erst die nächste Generation profitiert? Und daran schließen sich weitere Fragen an: Wie hoch werden Steuern oder andere Abgaben der Bevölkerung angesetzt? Wo ist die Schmerzgrenze der Wähler? Welche Opfer sind die Menschen heute bereit, zu bringen, damit es ihren Kindern besser geht? Das alles ist keine Zukunftsmusik, sondern wird in allen afrikanischen Boomländern täglich von der neuen Mittelschicht diskutiert: im Radio, im Internet und in den Zeitungen. Die Menschen wollen gefragt werden und mitbestimmen.

Das größte Problem: Woher kommt das Geld für die Infrastruktur? Afrika benötigt allein rund 20 Milliarden US-Dollar, um bis zum Ende des Jahrzehnts den kompletten Kontinent mit Strom versorgen zu können. Der Zugang zu sauberem Wasser ist noch teurer, er kostet 16 Milliarden US-Dollar pro Jahr. Wie also schafft man diesen Spagat zwischen Aufbau des Landes und Laissez-faire für die Mittelschicht? Oder ist das, wie manche Ökonomen argumentieren, gar kein Widerspruch? Schafft erst das Laissez-faire eine Unternehmerschicht, deren Gewinne und deren neu geschaffene Arbeitsplätze dafür sorgen, dass der Staat genug Steuern einnimmt. In diesen Fragen lassen sich die afrikanischen Regierungen immer weniger von den Reißbrettdenkern unter den Managern der Weltbank und des Internationalen Währungsfonds beraten, sondern von den Pragmatikern aus Asien, die in ihren Ländern bewiesen haben, dass sie etwas aufbauen können. Viel hängt davon ab, ob Afrika in den kommenden 20 Jahren die richtigen politischen und wirtschaftlichen Maßnahmen ergreift. Übrigens auch davon, wie geschickt wir in Europa die Afrikaner in unserem eigenen Interesse unterstützen.

Ein robustes ökonomisches Wachstum während der letzten 15 Jahre hat zu sichtbaren Veränderungen in ganz Afrika geführt. Doch jetzt gilt es, diesem Boom die Routine zu geben, ihn krisenfest zu machen. Afrika muss nun das erreichen, was China und vielen asiatischen Ländern in den 2000er-Jahren gelungen ist.

Genauso wie arme Menschen den Sprung in die Mittelschicht schaffen, gibt es auch diejenigen, die in dieser neuen Welt den Aufstieg in das Leben der Reichen schaffen oder zumindest kurz davor stehen. Noch ist, anders als in China, die Zahl der Selfmade-Millionäre verschwindend gering. Aber es ist nur eine Frage der Zeit, bis sie von sich reden machen werden. In den Ballungsräumen Afrikas treffen die unterschiedlichen Schichten gewissermaßen ungebremst aufeinander, etwa in Luanda, der Hauptstadt von Angola.

Lange war es in Luanda nicht so friedlich wie heute. Bereits 1964 begann der Kolonialkrieg gegen Portugal, erst 1975 wurde Angola unabhängig. Und praktisch mit dem Moment der feierlichen Unabhängigkeitserklärung brach der Kampf unter den konkurrierenden Befreiungsbewegungen aus, der schnell zum west-östlichen Stellvertreterkrieg wurde, mit Südafrika und den USA aufseiten der Oppositionspartei UNITA und Kuba aufseiten der regierenden Partei MPLA. Erst nach 27 Jahren konnte dieser zum Bürgerkrieg ausgeartete Konflikt beendet werden. Fast 40 Jahre Krieg – das ist ein schweres Erbe, es belastet die Entwicklung des Landes noch heute. Im September 2008 fanden zum ersten Mal seit dem Ende des Bürgerkriegs Parlamentswahlen statt, bei denen die regierende MPLA 191 der 220 Parlamentssitze gewann. Die UNITA legte zunächst Beschwerde gegen das Wahlergebnis ein, zog den Protest anschließend aber zurück. Das Land blieb friedlich. 2010 wurde in Angola eine neue Verfassung verabschiedet. Der Staatspräsident wird seitdem nicht mehr direkt vom Volk, sondern von der Nationalversammlung gewählt und ist gleichzeitig Regierungschef. Bei den Parlamentswahlen 2012 erreichte die MPLA 71 Prozent der Stimmen. Damit bleibt Präsident José Eduardo dos Santos weiterhin Präsident.

Dass der Krieg in Angola vorbei ist, dass das Land nun boomt, bedeutet jedoch nicht, dass es keine Probleme hat.

Das sieht man am Alltag von Marisa Gamboa. Sie steht am Straßenrand in den Staubfahnen der Autos. Es hat lange nicht geregnet. Sie steht im Schatten eines gläsernen Hochhauses. Ihr Sohn spielt mit einer kaputten Gürtelschnalle und einem Pappkarton. Daneben stehen zwei graue Kanister. Seit fast zwei Stunden wartet sie auf den Wasserwagen. Sie wohnt in einem Musseque, einem Slum Luandas, wo es keinen Strom, keine Müllabfuhr und vor allem keinen Wasseranschluss gibt; in Luanda haben nur neun Prozent der Bevölkerung Zugang zu fließendem Wasser. Täglich macht sich Marisa auf den Weg, um sauberes Wasser zu holen. Die Schlepperei kostet Kraft, doch zu Hause warten noch drei Kinder. Hilfe hat sie keine, ihr Mann starb vor fünf Jahren während einer Cholera-Epidemie. Er hat die durchschnittliche Lebenserwartung von 40 Jahren nicht erreicht. Wie Marisa leben rund drei Millionen Menschen, also etwa die Hälfte von Luandas Bevölkerung, in Slums.

Vor diesem Hintergrund klingt das Ergebnis einer Studie aus dem Jahr 2014 überraschend: Das Beratungsunternehmen Mercer kam damals zu dem Ergebnis, dass Luanda die teuerste Stadt der Welt ist. Für die jährlich durchgeführte weltweite Vergleichsstudie zur Bewertung der Lebenshaltungskosten werden die Preise für über 200 Produkte und Dienstleistungen herangezogen wie Mieten, Lebensmittel und Kleidung. Danach zahlt man in Luanda für ein unmöbliertes Zwei-Zimmer-Apartment im Stadtzentrum pro Monat 6700 US-Dollar und für ein einfaches Mittagessen im Restaurant 28 US-Dollar. Ein halber Liter importiertes Vanilleeis kostet über 30 US-Dollar. Und das, obwohl Millionen Slum-Bewohner gerade Mal zwei US-Dollar am Tag zum Leben haben.

Luanda ist gespalten. In keiner Stadt der Welt ist die Kluft zwischen bitterer Armut und unermesslichem Reichtum größer. Angola ist heute mit knapp zwei Millionen Barrel täglich nach Nigeria der größte Ölförderer Afrikas und der zweitgrößte Diamantenexporteur des Kontinents. Doch noch geht diese Geldquelle an der normalen Bevölkerung größtenteils vorbei. Nur einige Ölmultis, ihre Mitarbeiter und regierungsnahe Gruppen profitieren davon. Sie wohnen in feudal eingerichteten Häusern und fahren im klimatisierten Porsche Cayenne an den Frauen vorbei, die auf Wasser warten. Und weil sie sich nahezu alles leisten können, und das, was sie sich leisten wollen knapp ist, explodieren die Preise. Auch die Unternehmen, die ausländische Mitarbeiter nach Luanda schicken, tragen ihren Teil dazu bei. Akzeptabler Wohnraum ist knapp, fast jeder Mietpreis wird deshalb akzeptiert. In Luanda lebt heute ein Drittel der Bevölkerung Angolas. In einer Stadt für 500 000 wohnen über sechs Millionen Menschen. In den schmutzigen Straßen der Musseques hausen die Menschen eingepfercht zwischen Müllbergen auf wenigen Quadratmetern. Gleichzeitig schießt einige Hundert Meter weiter ein Wolkenkratzer nach dem anderen aus dem Boden. Dort residieren Investoren aus der ganzen Welt. Mit ihnen kommen auch Einkaufszentren für die Oberschicht, wie das Bela Shopping Center mit 100 Läden, einem Kino mit 2400 Plätzen und 17 Restaurants im Süden der Stadt. Abends vergnügt man sich in den exklusiven Restaurants, Bars und Diskotheken der Ilha de Luanda, einem schmalen Landstreifen an der Küste, wo auch der Jachthafen mit zahlreichen Luxusbooten liegt. Dort geht es zu wie im südfranzösischen Cannes. Die Öleinnahmen machen es möglich.

Nicht nur Angola ist ein reiches Land, in dem die meisten Menschen bitterarm sind. In vielen Ländern Afrikas sprudelt das Geld, das Volk aber hungert noch. Während auf den Partys der Neureichen Champagner in Strömen fließt, sterben ein paar Straßen weiter Menschen, weil sie unsauberes Wasser getrunken haben. Das Ungleichgewicht in Afrika war nie größer als heute, und das ist nur auf den ersten Blick ein Widerspruch zur neuen Mittelschicht. Es dürfte noch krasser werden. Denn Afrikas superreiche Oberschicht wächst. Laut dem World Wealth Report der Beratungsfirma Capgemini gab es 2013 knapp vier Prozent mehr Millionäre in Afrika als im Vorjahr. 2012 waren es sogar zehn Prozent mehr. Das Vermögen der Reichen wuchs um 7,3 Prozent auf 1,3 Billionen US-Dollar. Laut *Forbes*-Liste leben bereits heute 55 Dollar-Milliardäre auf dem Kontinent – die Zahl wird sich wahrscheinlich im nächsten Jahrzehnt verdoppeln. Auch beim Aufstieg der großen Länder in Asien wurde die Schere zwischen Arm und Reich erst einmal größer, bevor sich eine Mittelschicht gebildet hat. Diese Entwicklung hat in Afrika erst begonnen.

Als reichster Mann Afrikas gilt der nigerianische Unternehmer Aliko Dangote mit einem geschätzten Vermögen von 21,6 Milliarden US-Dollar. Sein Aufstieg begann Ende der 1970er-Jahre mit Importlizenzen für Zucker, Reis und Zement. Der Durchbruch gelang ihm um die Jahrtausendwende mit dem Bau einer Zuckerraffinerie und einer Zementfabrik. Heute ist sein Konzern der größte Zementhersteller Afrikas und produziert Lebensmittel wie Zucker und Mehl. Außerdem besitzt er Anteile an einem Mobilfunknetz sowie an Ölfeldern. Ebenfalls dazu gehört Nicky Oppenheimer, dessen Familie fast 100 Jahre lang den globalen Handel mit Rohdiamanten beherrschte. Afrikas erste Milliardärin ist Isabel dos Santos, die älteste Tochter des angolanischen Präsidenten José Eduardo dos Santos. Sie ist unter anderem Hauptaktionärin des größten portugiesischen Kabelfernsehanbieters ZON Multimédia und besitzt außerdem knapp 20 Prozent der portugiesischen Bank BIC und der Telefongesellschaft Unitel.

Das große Geld lockt Luxusmarken aus dem Westen. Subsahara-Afrika wird wohl ohne Zweifel neben Asien ein Schlüsselmarkt für Luxusgüter werden. Zwischen 2008 und 2013 wuchs der Verkauf von Luxusartikeln in dieser Region um 35 Prozent. Weitere 33 Prozent werden in den kommenden fünf Jahren erwartet. Laut den Marktforschern von Euromonitor International erlebt die Region derzeit das zweitschnellste Wirtschaftswachstum hinter der Region Asien-Pazifik.

Ermenegildo Zegna, italienischer Hersteller von Anzügen, die von Hollywood-Stars wie Tom Cruise und Robert De Niro getragen werden, eröffnete im Dezember 2013 einen Flagship-Store in Lagos, Nigeria. Das macht Sinn, denn bis 2017 soll es dort laut einer Studie von New World Wealth 23 000 Millionäre geben. Das deutsche Label Hugo Boss hat bereits Läden in Nigeria, Mosambik, Angola, der Elfenbeinküste und Südafrika. Andere Luxusmarken wie Louis Vuitton, Burberry, Fendi, Gucci und Salvatore Ferragamo haben Läden in Johannesburg und Kapstadt.

Aber nicht nur teure Kleidung und Handtaschen werden von den vermögenden Afrikanern konsumiert, auch Alkohol und schnelle Autos sind beliebt. So tranken die Nigerianer 2011 laut Euromonitor International 752 879 Flaschen Champagner, Wert: rund 49 Millionen US-Dollar, erstaunlicherweise mehr als in Russland oder Mexiko. Damit liegt Nigeria, ein Land, in dem die meisten Menschen mit weniger als zwei US-Dollar pro Tag auskommen müssen, an 17. Stelle des weltweiten Champagnerkonsums. Zwischen 2007 und 2012 verzeichnete der Champagnermarkt Nigerias im Schnitt eine jährliche Wachstumsrate von 26 Prozent und soll sich laut Prognosen bis 2017 noch einmal knapp verdoppeln. Besonders gefragt sind importierte Marken wie Moët & Chandon. Auch Porsche eröffnete 2012 seine erste Niederlassung in einem mondänen Gebäude aus Glas und Stahl in Victoria Island, dem wohlhabendsten Stadtbezirk von Lagos in Nigeria. Ganz in der Nähe befinden sich bereits Luxusautohäuser, die auf den Vertrieb von Aston Martin und Lamborghini spezialisiert sind. Porsche hofft, von dem Angebot robuster Sportfahrzeuge wie dem Cayenne profitieren zu können, die besser an die katastrophalen Straßenverhältnisse angepasst sind.

Das deutsche Unternehmen Hansgrohe, Hersteller hochwertiger Badausstattung, ist heute in 13 Ländern Afrikas vertreten und plant, weiter in ganz Afrika zu expandieren. Im Sommer 2013 eröffnete das Unternehmen in Johannesburg ein »Zentrum für Inspiration«, in dem sich kaufkräftige Kunden Ideen für ihr Traumbad holen können. Die Tochtergesellschaft Hansgrohe SA in Südafrika erzielt bereits ein Drittel des Umsatzes außerhalb des Landes. Bis 2015 will das Unternehmen diese Zahl auf 50 Prozent steigern. Auch bei Robert Bosch hat man umgedacht, und wie so oft hängt ein Kurswechsel eng mit der Biografie eines Topmanagers zusammen. In diesem Fall ist es Uwe Raschke, der in Singapur und fünf Jahre in China gelebt hat und als Geschäftsführer für den Asien-Pazifik-Raum zuständig war. Nun ist er in gleicher Funktion unter anderem für Afrika zuständig. Seitdem wird das Afrikageschäft stark ausgebaut, denn Raschke hat selbst erlebt, wie sehr die Chinesen auf Afrika setzen. »Die wachsende Mittelschicht, immer mehr gut ausgebildete Leute, der Rohstoffreichtum des Kontinents, all das sind Gründe, die eine positive wirtschaftliche Entwicklung vieler afrikanischer Staaten versprechen«, sagte Raschke im November 2014.

Beim Luxuskauf geht es schon lange nicht mehr um die Hautfarbe. Das lässt sich in Südafrika beobachten, wo sich seit dem Ende der Apartheid eine schwarze Geldelite etabliert hat. »Black Diamonds« werden die Aufsteiger genannt, schwarze Diamanten. Etwa vier Millionen gibt es davon, und sie haben politisch und wirtschaftlich inzwischen großen Einfluss. Der wohl schillerndste Vertreter seiner Klasse ist der Sushi-König Kenny Kunene, der hauptsächlich durch ausschweifende Partys von sich reden macht. Für die Feier seines 40. Geburtstages soll er insgesamt 70 000 US-Dollar ausgegeben haben.

Indes hat sich in Johannesburgs Townships, vor allem in Soweto, unter den jungen Schwarzen ein Brauch entwickelt, der zeigt, dass sie keine Erinnerungen daran haben, wie ihre Eltern und Großeltern unter der Apartheid litten. Izikhothane, ein Zulu-Wort, das so viel bedeutet wie »etwas ablecken«. Gemeint ist ursprünglich das Ablecken der Finger beim Zählen von Geldscheinen. Die Jugendlichen verbinden damit aber auch ihr Idol Kenny Kunene, der sich auf seinen Partys gerne Sushi auf leicht bekleideten Damen servieren lässt, was nun wirklich eine Geschmacksache ist.

Was als Tanzwettbewerb zwischen verschiedenen Gruppen von Jugendlichen begann, entwickelte sich zu öffentlichen Zerstörungszeremonien. Sie verbrennen Geld und zerstören ihre teuren Designerjacken, die sie nur ein einziges Mal getragen haben. Manche zerbrechen ihr Mobiltelefon in der Öffentlichkeit. Je teurer das Telefon, desto mehr Anerkennung gibt es von den Zuschauern dafür. Für ein bisschen Ruhm verschwenden sie das Geld, das ihre Familien hart verdient haben. Was sie damit zeigen wollen: Wir haben es geschafft. Unsere Taschen sind voll und werden nie mehr leer.

Doch viele von ihnen sind arbeitslos und verdienen kein eigenes Geld. Auch das ist der Afrika-Boom. Er erzeugt einen unglaublichen Druck, so zu tun, als ob man mehr hat als eigentlich zutrifft. Es entstehen eine Angeberkultur und eine Welt, in der es zu wenig Jobs gibt. So ziehen sie durch die Straßen und schauen neidisch den Luxusautos hinterher, die sie sich wohl nie werden leisten können.

Izikhothane ist also das Symptom einer Gesellschaft, die von Ungleichverteilung geprägt ist. Das ändert sich nur, wenn die jungen Leute eine bessere Ausbildung bekommen und danach die Chance haben, einen Job zu finden. Sie interessieren sich nicht für neue Brücken und Hochgeschwindigkeitszüge. Sie wählen denjenigen, der ihre Träume erfüllt. Die realistischen Träume. Arbeit, eine schöne Wohnung, ein Auto, auf das man stolz sein kann. Urlaub. Eine gute Ausbildung für die Kinder. Der Anspruch ist da, der Unmut auch. Weil ein Jacob Zuma, Präsident von Südafrika, die Wünsche nicht bedienen kann – oder will –, hat ihn ein ganzes Stadion während der Trauerfeier für Mandela vor aller Welt ausgebuht. Nicht mehr die Superreichen, sondern die neue Mittelschicht bestimmt jetzt in Afrika, wo es langgeht. Da wird sich mancher afrikanische Politiker noch wundern.

2 Tiger im Tank
Afrika als Energielieferant

Danny Archer ist ein weißer Afrikaner aus Rhodesien, dem heutigen Simbabwe, er trägt einen Admiralsbart und ewig verschwitzte Kaki-Klamotten. Sein Gesicht sagt: Ich weiß, wo es langgeht. Immer von Abenteuer zu Abenteuer. Archer ist im Handel mit Bodenschätzen tätig, und er ist einer, dem man gern die schwierigen Jobs gibt.

Nicht ohne Grund: Archer war Soldat. Er hat im 32. Battalion des alten Südafrika gedient, einer Infanterietruppe kriegserfahrener Soldaten, die im sogenannten südafrikanischen Grenzkrieg dabei war, dem 25 Jahre andauernden Konflikt zwischen Apartheid-Südafrika, Angola und dem damaligen Südwestafrika, heute Namibia. Das legendäre Battalion, auch als »Buffalo Batailon« bekannt, galt als die südafrikanische Fremdenlegion, in der meist schwarz-afrikanische angolanische Soldaten und Unteroffiziere sich den Befehlen weißer Offiziere fügten. Aber auch eine Handvoll europäische und amerikanische Freiwillige gehörten dazu. Die Truppe wurde »die Schrecklichen« genannt. Sie wurde 1975 von dem südafrikanischen Offizier Jan Breytenbach gegen Ende des angolanischen Unabhängigkeitskriegs gegründet. Die meiste Zeit war das 32. Battalion im südangolanischen Busch stationiert, wo es die antikommunistische und spätere Partei União Nacional para a Independência Total de Angola (UNITA) unterstützte. »Wir dachten, wir kämpfen gegen den Kommunismus, aber am Ende ging es nur darum, wer was bekommt«, erinnert Danny Archer sich. »Elfenbein, Öl, Gold, Diamanten.«

Mit der Unabhängigkeit Namibias 1989 wurde das Battalion nach Südafrika zurückbeordert und stattdessen von der Regierung in den Townships gegen sogenannte »Aufständische« eingesetzt, also gegen Schwarze, die sich gegen die Apartheid wehrten. 1993, noch vor den ersten demokratischen Wahlen in Südafrika, ließ die spätere Regierungspartei Afrikanischer Nationalkongress (ANC) die umstrittene Truppe auflösen. Die ausgemusterten Soldaten wurden in die Wüste nach Pomfret geschickt, einer kleinen ehemaligen Asbestminenstadt im Nordwesten Südafrikas, weit abgelegen am Rande der Kalahari an der Grenze zu Botswana.

Archer heuerte, wie viele seiner Mitkämpfer, als Söldner in einer der neuen privaten Sicherheits- und Militärunternehmen an, die unverfängliche Namen wie »Executive Outcomes« oder »Sandline International« haben. Er verdiente nun sein Geld, indem er Diamanten von Liberia nach Sierra Leone schmuggelte, wo Ende der 1990er-Jahre ein Bürgerkrieg tobte. Diamantenschmuggel war damals ein risikoreiches, aber auch sehr lohnendes Geschäft: »TIA – This is Africa«, kommentiert Danny Archer seinen Job trocken.

Zu Archers besten Zeiten, die bis vor gut zehn Jahren andauerten, waren Rohstoffe, Krieg und Elend die gängige Formel für den Kontinent. Inzwischen sind die meisten Kriege zu Ende, das Elend ist überschaubarer und Afrikas Rohstoffe sind von einem Fluch zu einer Chance für einen ganzen Kontinent geworden.

Nun passt Archer nicht mehr in die Zeit. Das ist nicht weiter schlimm, denn es gibt ihn nicht wirklich. Er ist ein Klischee und die Hauptfigur in dem Abenteuerfilm *Blood Diamond*, gespielt von dem amerikanischen Schauspieler Leonardo DiCaprio. Der Film handelt von »Blutdiamanten«, also Diamanten, die illegal geschürft und verkauft werden, um Rebellen- oder Invasionstruppen in gewalttätigen Konflikten zu finanzieren. Dieser

Hollywood-Film, der 2006 in die Kinos kam, hat im Westen das Bild von Afrika geprägt wie kein anderer. Doch im Grunde waren Archer und sein Geschäft schon bei der Kinopremiere Geschichte.

Bereits 2003 haben die Vereinten Nationen den »Kimberley-Prozess« initiiert. Mit dieser Vereinbarung haben die Diamanten produzierenden Länder ein System von Herkunftszertifikaten eingeführt, mit dem verhindert werden soll, dass Kriege durch Diamanten finanziert werden. Das ist ein kleiner, aber wichtiger Schritt, Kriege in Afrika einzudämmen und den Handel mit Diamanten zu regulieren. Seitdem ist der Handel mit Blutdiamanten stark zurückgegangen. Das Bild von Archers Afrika ist jedoch in unseren Köpfen geblieben.

Das Einzige davon, was eigentlich in unseren Köpfen bleiben sollte, ist, dass Afrika ein wichtiger Rohstoffkontinent für die globale Versorgung ist. Und zwar mehr denn je. Spektakulär sind daran mittlerweile allenfalls die Zahlen der Vorkommen, nicht mehr die Blood-Diamond-Geschichten: Afrika wird mehr und mehr ein Global Player, was Bodenschätze betrifft. Sicherheitsprobleme, Terrorakte und gewalttätige Konflikte, technische Mängel, marodierende Banden, Korruption – das alles ist nach wie vor weitverbreitet. Aber die Verhältnisse bessern sich, nicht zuletzt, weil die Eliten der Länder zunehmend Verantwortung für den Staat übernehmen und weniger in die eigene Tasche wirtschaften. Negativbeispiele aus der Vergangenheit im Westen werden genau studiert, man versucht, aus den Fehlern des Westens zu lernen. Das gilt auch bei der Energiepolitik, allen voran in Sachen Gas-Fracking, Atomkraft und Kohle. Afrika, so viel steht fest, kommt.

Die Liste der Rohstoffreserven des Kontinents ist lang, der Umfang der Bestände beachtlich. »Afrika ist der reichste Kontinent der Welt, aber er ist arm geblieben«, stellt der britische Historiker Martin Meredith nüchtern fest. In seinem neusten 700-Seiten-Werk mit dem bezeichnenden Titel *Das Glück Afrikas* beschreibt er die vergangenen 5000 Jahre Geschichte des

Kontinents. Afrika verfügt über zwölf Prozent der bekannten Ölreserven der Welt, und es sind längst nicht alle Vorkommen entdeckt. 40 Prozent des Goldes der Welt liegen in Afrika, beim Platin sind es sogar 80 Prozent. Da geht es nicht nur um Schmuck, sondern um Hightech: Autokatalysatoren brauchen Platin und Rhodium, wovon Afrika weltweit ebenfalls das meiste produziert. Ebenso wie Chrom, das zur Veredlung von Stahl, Gusseisen und Kupfer gebraucht wird; Chromstahl rostet nicht. Mobiltelefone oder Laptops brauchen Tantal – Afrika, allen voran Mosambik, produziert rund 70 Prozent des Weltbedarfs. Mehr als die Hälfte aller Diamanten kommen aus Afrika, hier ist Botswana, der nordwestliche Nachbar von Südafrika, der Spitzenreiter. Auch sie werden industriell gebraucht. Wiederaufladbare Batterien, deren Elektroden aus Kobalt bestehen, werden immer wichtiger – fast 60 Prozent des Kobalts kommt aus Afrika, knapp die Hälfte allein aus der Demokratischen Republik Kongo. Derzeit werden 14 Prozent der Weltenergieversorgung über die Atomkraft sichergestellt – Afrika verfügt über 16 Prozent der globalen Uranvorkommen. Um Aluminium herzustellen, das etwa für die Flugzeugindustrie unerlässlich ist, wird Bauxit gebraucht – allein in dem kleinen Staat Guinea, der fast an der äußersten Spitze Westafrikas liegt und in dem nur rund elf Millionen Menschen leben, liegen fast die Hälfte der weltweiten Bauxitreserven.

Guinea ist auf dem besten Weg, ein Rohstoffgigant zu werden. Das Land, in dem der Niger entspringt, der drittgrößte Fluss Afrikas, wird in diesem Jahrzehnt sehr wahrscheinlich der weltgrößte Produzent von Eisenerzen. Im Juni 2014 haben die britisch-australische Bergbaugesellschaft Rio Tinto Group, der chinesische Staatskonzern Chinalco und die International Finance Corporation (IFC), ein Tochterunternehmen der Weltbank-Gruppe, einen entsprechenden 20-Milliarden-US-Dollar-Vertrag unterschrieben. Rio Tinto, das inzwischen einen Anteil von gut 46 Prozent hat, konnte das Projekt nicht alleine stemmen und musste die Chinesen ins Boot holen, die nun einen

Anteil von gut 41 Prozent halten. Guinea selbst hält 7,5 und die IFC 4,6 Prozent. Damit ist die Guinea-Regierung das Zünglein an der Waage. Es gilt als ausgemachte Sache, dass es die Chinesen eher schaffen, die Regierung auf ihre Seite zu ziehen, als Rio Tinto. Sie verfügen als Staatsbetrieb mit einem starken Staat im Rücken über einen viel größeren Spielraum. Denn für die chinesische Politik hat das Projekt höchste Priorität. Das sogenannte Simandou-Projekt, das sich in den Jahren zuvor immer wieder verzögert hat, gilt als das größte Eisenerzprojekt und vor allem als eines der größten Infrastrukturprojekte Afrikas. Die 650 Kilometer lange Eisenbahnlinie und ein neuer Hafen noch nicht mitgerechnet. Doch zunächst müssen die Guineer die Ebola-Seuche besiegen. Sie gehören zu den drei Ländern, die am meisten von der Krankheit betroffen sind. Die Chinesen schicken Hilfsgüter und vor allem Ärzteteams, die schon viel Erfahrung bei der Bekämpfung von SARS in China hatten, der ersten Epidemie des 21. Jahrhunderts. Die Verpflichtung ist nicht nur groß, damit zügig weiter Rohstoffe abgebaut werden können. Guinea war eines der ersten Länder überhaupt, die mit der noch jungen Volksrepublik in den 1950er-Jahren ein bilaterales Handelsabkommen unterzeichnet haben.

Beim Bau der Eisenbahn und des Hafens werden die Chinesen voraussichtlich ebenfalls eine zentrale Rolle spielen. Das Projekt soll 45 000 Arbeitsplätze schaffen und das BIP von Guinea verdoppeln. Doch erst einmal muss das Land wieder auf die Beine kommen.

Bodenschätze in Afrika = Wohlstand in Afrika – diese Rechnung geht leider in vielen Fällen nicht auf. Jedenfalls noch nicht ganz. In Ländern, in denen es etwa Öl gibt, kann viel Geld verdient werden. Doch die reichen Eliten der jeweiligen Staaten machen nicht einmal ein Prozent der Bevölkerung aus. Und sie waren und sind oft auch nicht bereit, ihren Reichtum zu teilen, zum Beispiel indem sie hohe Steuern zahlen oder zumindest in andere Bereiche der Wirtschaft investieren.

Doch auch hier ist Besserung in Sicht: Die Eliten verstehen nach und nach, dass sie mit ihrem Reichtum aus der Kurve fliegen, wenn sie sich nicht um die Länder und die Bevölkerung kümmern, von denen sie leben. So viel wie noch im Argen liegt, so viel hat sich auch in den vergangenen Jahren schon verbessert. Heute spielen mehr und mehr die Rechtsanwälte in den Konflikten eine zentrale Rolle und nicht mehr, wie noch vor einer guten Dekade, Söldnertruppen, die ihren kriminellen Auftraggebern mit Gewalt Zugang zu wertvollen Rohstoffen verschafften.

Dass in diesem Spiel auch kleine und arme Länder Afrikas zum Spielball der großen Mächte wurden, zeigt sich im Fall der Komoren, einer Inselgruppe im Indischen Ozean. Der französische Söldnerführer Bob Denard versuchte viermal, zuletzt 1995, die Regierung der Komoren zu stürzen. Sein Lebenslauf liest sich wie ein Abenteuerroman: Algerien, Katanga, Kongo, Angola, Rhodesien – in der Regel Schauplätze der französischen Afrika-Politik –, immer war Denard dabei. Es wird vermutet, dass er dabei meist im Hintergrund von der französischen Regierung unterstützt wurde. Ende der 1970er-Jahre stieg Denard sogar zum Führer der 500 Mann starken Präsidentengarde der Komoren auf, die er über ein Jahrzehnt unter seinem Kommando hatte. Parallel baute er ein kleines Wirtschaftsimperium im Land auf. Sowohl Frankreich als auch Apartheid-Südafrika, das international unter Embargo stand, wickelten über die Komoren ihre Waffengeschäfte ab. Seit der Unabhängigkeit von Frankreich 1975 haben die Komoren bis heute mehr als 20 Putschversuche erlebt.

Vom Westen enttäuscht, unterhalten die Komoren inzwischen enge Beziehungen zu China. Peking hat allein 30 Millionen US-Dollar investiert, um die Inseln über ein Glasfaserkabel mit Ostafrika zu verbinden. Auch das wichtigste Krankenhaus des Landes hat Peking finanziert.

Noch spektakulärer war 2004 der Umsturzversuch in Äquatorialguinea, der sogar weltweit für Schlagzeilen sorgte. An dieser Stelle sei noch einmal eine kurze Rückblende in eine Zeit erlaubt, in die auch ein Danny Archer gut gepasst hätte: Unter dem Kommando des Engländers Simon Mann, einem ehemaligen Offizier der britischen Spezialeinheit Special Air Service (SAS), hatte eine Truppe von 70 Söldnern vor, in das ölreiche Land zu fliegen und den dortigen Präsidenten Teodoro Obiang Nguema Mbasogo zu stürzen. Stattdessen sollte der im spanischen Exil lebende Oppositionspolitiker Severo Moto an die Macht kommen. Eine Reihe undurchsichtiger Geschäftsleute versprachen sich davon lukrative Rohstoffverträge. Der Prominenteste unter ihnen war der Sohn der ehemaligen britischen Premierministerin Margaret Thatcher, Mark Thatcher, der aus seiner Wahlheimat Südafrika den Coup finanziell unterstützt hatte. Die Regierungen von Großbritannien und Spanien spielten offenbar ebenfalls eine Rolle. Was sie vorhatten, konnte nie vollständig geklärt werden.

An einem Samstag im März 2004 hob die alte, speziell für das Unternehmen gekaufte Boeing 727 mit Simon Manns Söldnern frühmorgens von dem unscheinbaren Flughafen Wonderboom im Norden Pretorias ab. Die meisten Männer an Bord hatten früher, wie Danny Archer, im 32. Battalion gedient. Sie hatten keine Ahnung, wo es hinging. In Harare, der Hauptstadt von Simbabwe, wollte Mann bei der Zwischenlandung die nötigen Waffen laden – wurde jedoch verraten und verhaftet. Die Bilder von den müden, unrasierten Söldnern in einem Gefängnis von Harare, jeweils zwei an einem Fuß und einer Hand zusammengefesselt, gingen um die Welt. Simbabwe lieferte die Rädelsführer nach Äquatorialguinea aus. Simon Mann und einige seiner Mitstreiter mussten jahrelang in dem berüchtigten Gefängnis Black Beach in der Hauptstadt Malabo einsitzen. 2009 wurden sie schließlich begnadigt. Solche Geschichten, so spannend sie auch sein mögen und so hartnäckig sie sich im kollektiven Gedächtnis des Westens halten, sind inzwischen Vergangenheit.

Südafrika, das Land, in dem der Coup vorbereitet wurde, hat

inzwischen ein Gesetz verabschiedet, das es seinen Bürgern verbietet, sich in ausländische Konflikte einzuschalten – außer aus humanitären Gründen. Söldnertruppen wurden damit verboten. Mit dem sogenannten »Wonga Coup« in Äquatorialguinea – Wonga ist ein Slangwort für Geld – ging ein altes Kapitel der turbulenten Geschichte Afrikas zu Ende.

Um Öl dreht sich nach wie vor viel, doch bedeutet Öl heute mehr denn je Aufschwung, auch, wenn der Ölpreis Anfang 2015 auf einem Tiefpunkt steht. Dass dies nur vorübergehend sein kann, wird klar, wenn man den Energiebedarf in Asien betrachtet. Allein Chinas Energie hängt noch zu 80 Prozent an der Kohle. Das kann sich Peking umwelttechnisch nicht mehr lange leisten. Afrika ist mittlerweile dabei, ein ernst zu nehmender Player in diesem Segment zu werden. 16 der 54 Länder Afrikas verfügen über Vorkommen, darunter die wichtigen Förderstaaten wie Nigeria, Angola, Libyen, Algerien und Sudan. Mitglied der OPEC sind jedoch lediglich Algerien, Angola, Libyen und Nigeria. Nach Schätzungen der US-Energiebehörde EIA hatte Afrika 2014 Vorkommen von 126 Milliarden Fass Öl. Das entspricht einem Plus von rund 120 Prozent in den vergangenen 30 Jahren. Es wird davon ausgegangen, dass weitere 100 Milliarden noch nicht einmal entdeckt wurden. Dennoch fehlt es überall an Förderkapazitäten. So hat Afrika 2014 lediglich knapp zehn Prozent des globalen Öls produziert. Aber selbst wenn die afrikanischen OPEC-Mitgliedsstaaten es nicht immer schaffen, die vorgegebene Fördermenge zu liefern, machen Ölprodukte schon jetzt im Schnitt 58 Prozent aller Exporte Afrikas aus, in manchen Ländern wie Angola oder Äquatorialguinea sind es sogar fast 100 Prozent. Das bedeutet jedoch auch, dass deren wirtschaftlicher Aufschwung extrem vom Ölpreis abhängt. Und der ist im Winter 2014 auf unter 60 US-Dollar gefallen, ein Einbruch um fast die Hälfte seit dem Höchststand vom Juni 2014.

Das sind Zeiten, in denen die Chinesen nachkaufen. Lange

waren die Amerikaner die besten Kunden der Afrikaner; sie kauften 25 Prozent des afrikanischen Öls. Zwischen 2010 und 2014 ist die Menge des Öls, das die Amerikaner importieren, dann um 90 Prozent gesunken, die Lücke wird durch Fracking im eigenen Land gefüllt. Größter Ölkunde Afrikas sind inzwischen die Chinesen, sie kaufen etwa ein Drittel. China will so spät wie möglich auf die eigenen Schiefergasressourcen zurückgreifen, die als die größten der Welt gelten. Erst wenn das traditionelle Öl sehr knapp und teuer ist, sollen die eigenen Vorräte angezapft werden.

Die USA hingegen müssen jetzt schon umstellen, weil die Regierung dringend sparen muss. Die US-Energiebehörde EIA geht davon aus, dass China 2014 der weltgrößte Ölimporteur sein wird und damit die Amerikaner ablöst. Im folgenden Jahrzehnt wird Chinas Ölbedarf mit seinen 1,3 Milliarden Menschen die USA mit seinen rund 320 Millionen Menschen weit hinter sich lassen. Wichtige Abnehmer für Afrikas Öl sind aber auch Indien, deren Importe stark zunehmen, sowie Italien, Spanien und Frankreich. Nach Deutschland gehen vier Prozent des afrikanischen Öls.

Ein näherer Blick auf die Öllandkarte des Kontinents zeigt: In Sachen Öl ist Afrika nicht gleich Afrika. Die Verteilung auf dem Kontinent ist nicht ausgewogen, wie es im Übrigen auch für andere Bodenschätze gilt. So gibt es im Süden und im Westen bedeutende Vorkommen an Kupfer (Demokratische Republik Kongo, Sambia) sowie Diamanten und Gold (Südafrika, Botswana, Angola, Liberia und Sierra Leone). Andere Staaten verfügen über eher unbedeutende Rohstoffvorkommen. Die Folge wird sein, dass man irgendwann wie in Europa, Deutschland oder China von Transferzahlungen von den reichen in die armen Länder sprechen muss. Wenn das funktioniert, hat Afrika es als Kontinent geschafft.

Die Erdöl produzierenden Länder Afrikas liegen im Norden (Libyen und Algerien) und im Westen (Nigeria und Angola).

Seit einigen Jahren spielt auch Ostafrika eine wichtige Rolle. Traditionell haben die westafrikanischen Länder entlang des Golfs von Guinea vor allem europäische und amerikanische Märkte bedient – mit Ausnahme von Angola, das bereits seit Ende des Bürgerkriegs 2002 eng mit China kooperiert. Ghana ist als letztes Land den Erdöl produzierenden Ländern Westafrikas beigetreten. Die Produktion des 25-Millionen-Menschen-Boom-Zwerges begann erst 2011, nachdem 2007 die Ölvorkommen entdeckt worden waren. Seitdem wächst das Land wirtschaftlich stabil. Auch Nigerias Nachbarn wollen nicht leer ausgehen. Zum Beispiel Benin. Das kleine westafrikanische Land lebt bisher von der Baumwolle, die 80 Prozent aller Exporte und knapp 40 Prozent des Bruttoinlandsprodukts des Landes ausmacht. Obwohl die Wirtschaft von Benin im vergangenen Jahrzehnt im Schnitt um rund fünf Prozent gewachsen ist, bleibt sie nach wie vor von der Landwirtschaft geprägt. Benin ist daher interessiert, auch von den massiven Öl- und Gasfunden im Golf von Guinea zu profitieren. Vor allem Ghana, westlich von Benin gelegen, streitet sich seit Jahren mit seinem Nachbarn Elfenbeinküste um die maritimen Grenzen, die Zugang zum Öl und Gas bestimmen. Togo und Nigeria, die beiden direkten Nachbarn von Benin, haben auch Ansprüche auf die Rohstoffe angemeldet. Deutschland versucht hier über den in Hamburg beheimateten internationalen Seegerichtshof ins Schlichtungsspiel zu kommen.

In Nordafrika ist Libyen neben Algerien der wichtigste Spieler. Dort wird das meiste Öl auf dem Kontinent gefördert.

Ein Sonderfall ist Ägypten. Das Land mit seinen über 85 Millionen Einwohnern hat den höchsten Ölverbrauch auf dem Kontinent – produziert allerdings selbst kein Öl. Stattdessen ist das nordafrikanische Krisenland ein wichtiger Gasproduzent. Die Fördermengen haben sich seit Mitte der 1990er-Jahre verfünffacht. Dennoch steckt Ägypten in großen wirtschaftlichen und politischen Schwierigkeiten. Immer wieder gelingen militanten Ägyptern Anschläge auf Gas-Pipelines auf der Sinai-

Halbinsel seit dem Sturz des langjährigen Machthabers Husni Mubarak im Jahre 2011. Die Feuer sind zum Teil aus 50 Kilometern Entfernung zu sehen. Sie stammen von Pipelines nach Israel und Jordanien. Israel bezieht normalerweise 40 Prozent seines Gases aus Ägypten. Doch bereits im Frühjahr 2012 musste Ägypten die Gaslieferungen nach Israel einstellen. Die Islamisten lehnen grundsätzlich jeden Handel mit dem jüdischen Staat ab. Weil westliche Unternehmen wegen der Unruhen nicht in Ägypten arbeiten können, sank allein im Juni 2014 die Gasförderung um zwei Drittel. Der ägyptischen Regierung fehlt inzwischen auch das Geld, um weiterzumachen. Die Weltbank war im Sommer 2014 bereit, einen 500-Millionen-US-Dollar-Kredit zu geben, um wenigstens 1,5 Millionen ägyptische Haushalte wieder mit Gas zu versorgen.

In Tansania, Uganda und Kenia wurden in den vergangenen zehn Jahren ebenfalls neue Vorkommen entdeckt. Derzeit wird noch die Rentabilität der Felder geprüft. Mittel- und langfristig wird Ostafrika eine wichtige Rolle bei der Öl- und Gasförderung spielen. Im südlichen Afrika verfügt Namibia über Gas. Die Förderung ist jedoch noch im Anfangsstadium. Selbst Südafrika hat angekündigt, vor seiner 3000 Kilometer langen Küste nach Öl und Gas zu bohren. Studien zufolge sollen dort 11 Milliarden Fass Öl und 11 Milliarden Fass Gas vorhanden sein.

In Mosambik hingegen wurden kürzlich größere Gasvorkommen entdeckt, die Gasförderung soll 2020 beginnen. Bewahrheiten sich die derzeitigen Prognosen, was sehr wahrscheinlich ist, wird das südostafrikanische Land zum viertgrößten Gasproduzenten der Welt aufsteigen, gleich nach den drei anderen Erdgasgiganten Russland, Iran und Katar. Die Vorräte sind eine der größten Entdeckungen im vergangenen Jahrzehnt. Erweist sich die Förderung als rentabel, wird Mosambik auf Augenhöhe mit anderen neuen Spielern auf dem Markt agieren wie Australien, den USA und Papua-Neuguinea. Nachdem im Mai 2014 der italienische Ölkonzern Eni große Mengen Gas vor der Küste Mosambiks bestätigte, verhandelt die Regierung dort mit der militanten Oppositionsgruppe Renamo, die einen Teil der Erlöse der Gasexporte für sich beansprucht. Die Nerven liegen blank, da Renamo in der Vergangenheit bewaffnete Angriffe auf Zivilisten und militärische Einrichtungen geführt hat. Kommt es zu keiner dauerhaften Einigung, kann dies die Sicherheit der Gasförderung erheblich komprimieren.

Die Sicherheitsprobleme von Mosambik gelten für den gesamten Kontinent. Auch beim Great Game der Rohstoffe liegt der Teufel im Detail. Terrorakte und gewalttätige Konflikte legen die Öl- und Gasproduktion in Afrika immer wieder lahm. Die Anlagen sind zudem häufig schlecht gewartet, Teile werden von marodierenden Banden gestohlen. Korruption ist nach wie vor weitverbreitet. Zudem gibt es noch nicht genug Raffinerien. Dies führt zu der absurden Lage, dass in wichtigen Förderländern wie Angola oder Nigeria Rohöl exportiert werden muss, um es dann später als Benzin wieder zu importieren. Das ist teuer für die Länder und kostet Gewinne, die man lieber im Land erzeugen sollte, vor allem, wenn der Ölpreis im Keller ist.

Selbst die jeweiligen Regierungen denken dabei oft sehr kurzfristig. In Nigeria etwa subventioniert das zuständige Ministerium Ölfirmen, die das Rohöl ins Ausland verkaufen. Damit werden natürlich harte Devisen verdient. Aber existierenden Raffinieren vor Ort gehen Aufträge verloren. Die Wirtschaft leidet, besonders in Nigeria.

Nigeria ist seit 2014 die größte Volkswirtschaft in Afrika. Sie hat Südafrika wie erwartet abgelöst. Das westafrikanische Powerland ist zudem der führende Ölexporteur des Kontinents, auch wenn Libyen die größeren Vorkommen besitzt. Im globalen Vergleich steht Nigeria auf Platz elf der Produzenten. Öl und Gas machen 95 Prozent aller Exporterlöse Nigerias aus, 80 Prozent der Staatseinnahmen, aber nur 15 Prozent des Bruttoinlandsprodukts. Somit ist die Wirtschaft des Landes den Launen des globalen Ölmarktes stark ausgesetzt. Für einen ausgeglichenen Haushalt braucht Nigeria eigentlich Ölpreise von über 110 US-Dollar. 60 US-Dollar wie Ende 2014 sind zu wenig. Immerhin ist Nigerias Öl von hoher Qualität und lässt sich zu guten und vergleichsweise stabilen Preisen verkaufen. Vor allem bei den Amerikanern und Europäern ist das Öl beliebt, da es sich einfach zu Petroleumprodukten verarbeiten lässt. Im Vergleich lässt sich das Öl wesentlich günstiger fördern als etwa in Angola. Zudem befindet sich das westafrikanische Land in einer geografisch vorteilhaften Lage für Amerika und Europa. Und: In dem OPEC-Land liegen auch die größten nachgewiesenen Gasvorkommen Afrikas.

Leider fehlt noch die Infrastruktur, um große Mengen zu fördern. Ausländische Ölmultis haben in jüngster Vergangenheit Förderfelder am Festland aufgrund großer Sicherheitsprobleme heruntergefahren oder sogar abgestoßen. Dass Pipelines immer wieder von Banden angezapft und Ölflüsse abgepumpt werden, könnten die Gesellschaften gerade noch verschmerzen. Dass es dabei aber mitunter zu großen Explosionen kommt, die Hunderte von Menschen das Leben kosten, geht vielen zu weit. Die Pipeline muss dann repariert und kann einige Wochen nicht benutzt werden.

Unter Druck sind die ausländischen Firmen inzwischen auch vonseiten der nigerianischen Regierung. Sie legt großen Wert darauf, dass ein hoher Anteil von Nigerianern in der Industrie direkt oder indirekt beschäftigt ist. 90 Prozent aller Ingenieurdienstleistungen werden mittlerweile von einheimischen Firmen geleistet. Rund die Hälfte des Fördergerätes wird vor Ort hergestellt. Bei den Besitzverhältnissen in nigerianischen Firmen ein ähnlicher Trend: Die Hälfte des benutzten Gerätes muss nigerianischen Firmen gehören. Zudem dürfen nicht mehr als fünf Prozent ausländische Topmanager beschäftigt werden. Andere Stellen müssen innerhalb von vier Jahren von Nigerianern besetzt werden. Schon bei der Lizenzvergabe an Dienstleister wird darauf geachtet, dass einheimische Firmen nicht zu kurz kommen. Nur wenn nachgewiesenermaßen keine einheimische

Kapazität vor Ort vorhanden ist, kommen ausländische Firmen zum Zug.

Die Regierung möchte verhindern, dass Profite ins Ausland abgezogen werden und Nigerianer nicht genug daran verdienen. Die Ölindustrie soll die Entwicklung des eigenen Landes vorantreiben und Armut verringern. Wie überall in Afrika mögen Anspruch und Realität auseinanderklaffen. So wurde das überarbeitete Öl- und Gasgesetz schon 2008 dem nigerianischen Parlament vorgelegt – und war Anfang 2015 immer noch nicht verabschiedet. Dennoch ist es ein entscheidender Schritt in die richtige Richtung. Und Nigeria hat damit Vorbildfunktion.

Wer das Energiezugpferd Afrikas wird, ist jedoch noch nicht entschieden. Drei große Mitspieler sorgen dafür, dass der Ausgang des Rennens offenbleibt: Gas-Fracking, die Atomkraft und die erneuerbaren Energien, bei denen Wasserkraft im Vergleich zu Solar- und Windenergie die zentrale Rolle spielt. Es lohnt sich, die Entwicklung der drei Faktoren genauer anzuschauen.

Fangen wir mal ganz unten an, bei der Windkraft. Die beiden ersten großen Windfarmen Südafrikas mit 138 Megawatt, Cookhouse und Jeffrey Bay wurden 2014 in der Provinz Eastern Cape eröffnet. Der deutsche Mühlenhersteller Nordex baut derzeit eine 100-Megawatt-Anlage (Dorper) und Siemens eine gleich große Anlage (Sere), beide ebenfalls in Eastern Cape. Im Jahr zuvor wurde in Äthiopien der bis dahin mit 120 Megawatt größte Windpark in Subsahara-Afrika eröffnet. Der Bau der Anlage wurde von dem deutschen Ingenieurunternehmen Lahmeyer International betreut. Die größten Windparks Afrikas stehen jedoch in Marokko. 2014 ging eine 300-Megawatt-Anlage in Betrieb. 2015 folgen weitere 160 Megawatt. Marokko will bis 2020 42 Prozent seiner Energie aus erneuerbaren Energien gewinnen und dann etwa 4000 Megawatt aus Sonne und Windfarmen herstellen. Im Vergleich zu den größten Windfarmen der Welt mit 1000 bis 1500 Megawatt in Indien und den USA ist das alles gelinde gesagt wenig. Das gilt erst recht für die afrikanischen Sonnenenergiefarmen. Ghana baut unter anderem mit Norwegen an der größten Solaranlage Afrikas. Das 155-Megawatt-Projekt Nzema soll 2015 fertig sein. Es wird für 400 Millionen US-Dollar von Engländern entwickelt. Ghana braucht jedoch noch etwa eine Milliarde Investment, um sein Ziel von zehn Prozent im Bereich der erneuerbaren Energien zu erreichen.

Auch die Südafrikaner haben noch ein richtig großes Projekt vor. Bis 2025 wollen sie in einem Solarpark in Upington in mehreren Anlagen 5000 Megawatt produzieren. In Betrieb sind bereits drei kleinere Solarfelder in der Provinz Northern Cape, die 90 000 Haushalte versorgen. Ebenfalls in Northern Cape bauen die Saudis eine 50-Megawatt-Anlage.

Afrikas erneuerbare Energie Nummer eins ist – so widersinnig das auf den ersten Blick erscheinen mag – die Wasserkraft. Es gibt geradezu einen Wettbewerb einiger afrikanischer Staaten um das größte Kraftwerk des Kontinents – ja sogar der Welt. Der Sudan betreibt einige Hundert Kilometer im Norden der Hauptstadt Khartum den Merowe-Staudamm, einen der größten Afrikas. Die Kosten: 1,2 Milliarden US-Dollar. Gebaut wurde er von den Chinesen, finanziert von Kuwait und Saudi-Arabien. Eines der wichtigsten Projekte Äthiopiens ist der fünf Milliarden US-Dollar teure Grand-Renaissance-Staudamm, der ab 2017 sechs Gigawatt produzieren soll. Auch Kamerun ist dabei, seine Stromkapazität von 1,1 Gigawatt bis 2020 zu verdreifachen.

Das größte Wasserkraftprojekt der Welt wird jedoch an der reißendsten Stelle des Kongos entstehen. Dort im Westen Afrikas, wo sich die riesige zentralafrikanische Landmasse der Demokratischen Republik Kongo entlang des Flusses zu einem schmalen Korridor verengt und nördlich von Angola auf den Atlantik trifft. Der Grand-Inga-Staudamm soll mit einer Leistung von 40 Gigawatt doppelt so groß werden wie der Drei-Schluchten-Staudamm in China. Bisher kann der Kongo als größter

Kupferproduzent Afrikas nur etwa die Hälfte der 900 Megawatt produzieren, die alleine die großen Minenunternehmen in der Provinz Katanga bräuchten. Der Staudamm soll aber zusätzlich noch einen großen Teil des afrikanischen Kontinents mit Strom versorgen und sogar den Süden bis runter nach Südafrika, das rund die Hälfte des Stroms abnehmen wird, mit beliefern. Im Norden wird obendrein Ägypten mit versorgt.

Die Idee stammt aus den 1970er-Jahren, und es gibt auch schon einen Staudamm, der aus einem Teil des an dieser Stelle sehr verzweigten Kongos Strom gewinnt. Nun soll jedoch der gesamte Fluss rund 150 Kilometer vor seiner Mündung im Bundatal gestaut werden. Das Projekt dürfte insgesamt über 80 Milliarden US-Dollar kosten. Darin sind allerdings auch die Stromtrassen eingeschlossen, die den Inga-Strom über den Kontinent verteilen sollen. Bauherren der ersten Phase, für die etwa 14 Milliarden US-Dollar veranschlagt werden, sind Südafrika und die Demokratische Republik Kongo. Der Staudamm soll mit 40 000 Megawatt so viel Strom produzieren wie etwa 20 Atomkraftwerke.

Noch nie hat ein afrikanisches Projekt so viel afrikanische, aber eben auch internationale Unterstützung bekommen. Die G20-Länder sind ebenso dafür wie die Weltbank, die Europäische Investitionsbank und die Afrikanische Entwicklungsbank. Im Dezember 2013 kamen auch die Amerikaner über ihre Entwicklungshilfeorganisation USAID an Bord. Zuletzt hat die Weltbank im Frühjahr 2014 weitere 74 Millionen US-Dollar zur Verfügung gestellt, um letzte technische Details durchzuplanen. »Das Projekt ist gut für das Wachstum Afrikas und gut für den Klimawandel«, heißt es bei der Weltbank. Der Westen will so verhindern, dass Afrika noch mehr Kohlekraftwerke baut und damit die CO_2-Belastung der Welt erhöht. Auch Asien wird sich an der Finanzierung beteiligen. Die chinesischen Spezialisten des Drei-Schluchten-Staudamms, aber auch Bauunternehmer aus Spanien und Südkorea wollen den Damm bauen. Als entscheidend gilt, wie die Bauunternehmer die Finanzierung unterstützen können. Der Bau soll spätestens 2016 beginnen und wird gut sieben Jahre dauern. An der Stelle, an der der Grand-Inga-Staudamm errichtet werden soll, fällt der Kongo auf einer Breite von 14 Kilometern in fast 100 Meter Tiefe, ein gigantischer Wasserfall. Die Niagara-Fälle an der Grenze zwischen Kanada und den USA stürzen nur knapp 60 Meter tief auf insgesamt 1,2 Kilometer Breite.

Natürlich gibt es bei so einem Projekt auch berechtigte Widerstände. Umweltschützer befürchten, dass der Stausee das Ökosystem aus dem Gleichgewicht bringt. Und eine Studie der University of Oxford kommt zu dem Ergebnis, dass alle großen Dämme, die seit 1934 gebaut wurden, fast 100 Prozent teurer wurden und 44 Prozent später fertig wurden als geplant. Die Kosten des Inga-Staudammes müssten realistischerweise auf über 100 Milliarden US-Dollar angesetzt werden. Bei der Weltbank hingegen ist man überzeugt, dass die Planer diesmal aus den Fehlern der Vergangenheit gelernt haben und das Projekt sehr gut vorbereitet wurde. Der Kongo hat 100 Gigawatt Strompotenzial aus Wasserkraft, das ist das drittgrößte der Welt, nach China und Russland – doch erst 2,5 Prozent dieser Ressource werden genutzt.

Auch andere Staaten setzen auf die Wasserkraft, wenn auch mit etwas kleineren Projekten. Uganda etwa plant gleich drei Wasserkraftwerke mit insgesamt 1380 Megawatt Kapazität. Am besten im Geschäft sind dort die Chinesen. Auch in Sambia sind die Chinesen sehr aktiv. Bereits 2010 haben sie 1,5 Milliarden US-Dollar in das Kafue-Gorge-Kraftwerk investiert. Das wichtigste Einzelprojekt der Angolaner ist der Laúca-Damm in der Provinz Kwanza Norte, eine Investition von gut vier Milliarden US-Dollar, die bereits 2017 zwei Gigawatt Strom erzeugen wird und gegenwärtig von Brasilianern gebaut und zur Hälfte finanziert wird. Die Liste ließe sich noch lange weiterführen. Während Europa etwa 85 Prozent seiner Wasserkraftmöglichkeiten nutzt, sind es in Afrika gerade mal acht Prozent.

Die Befürworter der Wasserkraft sind vor allem gegen die Kohle als Energiequelle. Sie finden sogar in Ländern wie Südafrika Gehör, die überproportional von der Kohle abhängen. Doch es ist nicht möglich, von einem auf den anderen Tag auf die Kohle zu verzichten. Selbst in Südafrika, einem der fortschrittlichsten Länder des Kontinents, werden noch neue Kohlekraftwerke gebaut, darunter das größte der Welt mithilfe der Weltbank. Da sehen es die Regierungen anderer Länder, wie zum Beispiel Kenia, nicht ein, warum sie darauf verzichten sollen, ihre Kohlevorkommen in den Energiemix zu integrieren. Kenia zum Beispiel hat Mitte 2014 wieder neue Kohlekraftwerke ausgeschrieben. »Wir müssen auch an uns und können nicht nur an die Welt denken«, sagt der kenianische Energieminister Kiraitu Murungi. Der Energiemix von Mosambik soll zu über 50 Prozent aus erneuerbaren Energien bestehen, zu denen Wasserkraft gehört, zu 25 Prozent aus Kohle und zu 20 Prozent aus Gas. Selbst Weltbank-Chef Jim Yong Kim, dessen Bank sich den globalen CO_2-Zielen verpflichtet fühlt, räumt ein: »Wenn wir keine Kohle und keine Kernenergie fördern, ist das nicht seriös für Afrika.«

Das ist nicht nur für die Kohle eine realistische Einschätzung, sondern wohl auch für die Kernenergie. Die fortschrittlichsten Länder des Kontinents wie Südafrika, Nigeria, aber auch Kenia rechnen fest mit Atomkraft. Manche kleinere Staaten wie Ghana ebenfalls. Trotz der Katastrophe im japanischen Fukushima im März 2011 hat Südafrika 2014 beschlossen, sein Atomprogramm zügig weiter auszubauen. Die Stromversorgung des Neulings in der Gruppe der BRICS-Staaten muss dringend verbessert werden. Damit will das Land seine Führungsrolle auf dem Kontinent und gleichzeitig unter den Emerging Markets festigen. Das Land am Kap will 9,6 Gigawatt Nuklearstromkapazität aufbauen, um den neuen Bedarf zu decken und Südafrika weniger abhängig von Kohle zu machen. Das bedeutet allein für Südafrika ein halbes Dutzend neuer Kraftwerke. Bisher werden 90 Prozent des südafrikanischen Stroms aus Kohle gewonnen. In den nächsten 20 Jahren soll der Anteil des Atomstroms also knapp verfünffacht werden. Die erneuerbaren Energien werden sogar auf über 40 Prozent wachsen. Die Kohle hingegen soll auf 16 Prozent heruntergefahren werden. Damit folgen die Südafrikaner politisch den Chinesen, die sich ebenfalls dafür entschieden haben, ihre Abhängigkeit von der Kohle durch mehr Kernenergie zu verringern.

Die Franzosen, die Chinesen, die Amerikaner, die Russen und die Südkoreaner buhlen bereits um den gigantischen Auftrag. Die Reaktoren werden mindestens 30 Milliarden US-Dollar kosten. Diese Summe sei »lediglich ein Anfang«, so die ehemalige südafrikanische Energieministerin Dipuo Peters. Nur die Deutschen sind nicht mehr dabei. Schade, denn die deutschen Kraftwerke waren die sichersten der Welt.

Große Chancen haben die Franzosen, weil sie das erste und bisher einzige Atomkraftwerk in Südafrika und damit Afrikas gebaut haben. Und die Chinesen, weil sie die günstigste Finanzierung bieten dürften. Der französische Kraftwerksbauer AREVA hat bereits 1984 das 1,6-Gigawatt-Atomkraftwerk in Koeberg errichtet. Es produziert gegenwärtig fünf Prozent des Stroms von Südafrika, fällt jedoch immer wieder aus. In einem ersten Schritt sollen die Franzosen die beiden Generatoren des Kraftwerks austauschen. Die französische Firma Alstom liefert übrigens auch schon die Turbinen für zwei neue Kohlekraftwerke in Südafrika, mit darunter Medupi, das größte trockengekühlte Kohlekraftwerk der Welt. Diese Turbinen hätten auch von Siemens kommen können – aber mit ihrem Ausstieg aus der Kernenergie schließen die Deutschen sich offenbar auch von anderen Energiegeschäften aus.

Bereits kurz vor dem Fukushima-Unglück hatte der südafrikanische Präsident Jacob Zuma einen Vertrag zum Transfer von Atomtechnologie mit Frankreich unterzeichnet, dem führenden Hersteller in Europa. Nach dem Unfall in Japan gab es dann wie überall auf der Welt eine Zeit des Nachdenkens – die die Chinesen nutzten. Sie bauen derzeit in ihrem Land, aber immer mehr auch international – zum Beispiel in England – die meisten neuen AKW. Und sie sind wie gesagt bekannt für ihre unschlagbare Finanzierung. Peking kalkuliert die Investition großzügig, geht es doch nicht nur um wirtschaftliche, sondern auch um politische Interessen. Die Regierung versucht neue Alliierte zu gewinnen, die Seite an Seite mit den Chinesen die neuen globalen Spielregeln durchkämpfen. Wichtig für Südafrikas Präsident Zuma ist zudem, dass die Chinesen große Erfahrung darin haben, die Bauarbeiten schnell und effizient durchzuziehen. Und sie verfügen inzwischen ebenfalls über eigene technologische Entwicklungen. Diese bauen auf deutscher Technologie auf, die die Deutschen ihnen geschenkt haben, nachdem klar wurde, dass es in Deutschland nicht weitergeht. Die südafrikanische Regierung soll AREVA sogar bereits nahegelegt haben, sich mit der China General Nuclear Power Group (CGN) zusammenzuschließen. Gleichzeitig ist der südafrikanische Präsident Zuma im September 2014 nach Moskau gereist und hat mit Putin eine Absichtserklärung für acht russische AKW unterschrieben. Zuma nutzte dabei eine günstige Gelegenheit: Weil der Westen sich gerade mit Putin zankt und die Russen deswegen nichts nach Europa und die USA verkaufen können, macht Putin den Afrikanern einen besonders guten Preis. Dass Zuma damit die Strategie des Westens durchkreuzt, ist ihm, genauso wie den Chinesen, egal. Premier Li Keqiang reiste nur wenige Wochen später von Berlin gleich nach Moskau weiter, um dort große Verträge im Infrastrukturbereich zu unterschreiben. Wie wir in Kapitel 8 noch genauer betrachten werden, hat der Süden ganz eigene Strategien, die den entwickelten Ländern im Norden einen Strich durch ihre Rechnung machen.

Selbst die westlichen Kritikströmungen gegenüber der Atomkraft verlaufen in Afrika anders, nicht weil die Menschen nicht kritisch wären, wie wir in Kapitel 1 schon gesehen haben, sondern weil sie andere Risikoabwägungen haben.

Auch in Südafrika weisen Kritiker darauf hin, dass es kaum Umweltverträglichkeitsstudien und wenig Details zur Atomsicherheit in Südafrika gebe. Allerdings spielt die Antiatomkraftbewegung keine große Rolle in der südafrikanischen Öffentlichkeit. Anders als in Deutschland, wo eine stabile Stromversorgung selbstverständlich ist, ist es den meisten Südafrikanern wichtiger, schnellstmöglich ununterbrochen Strom zu haben. Und Atomstrom ist vielen immer noch lieber als der aus den dreckigen Kohlekraftwerken. Die meisten davon befinden sich in den Kohlefeldern der Provinz Mpumalanga, die etwa 100 Kilometer östlich von Johannesburg beginnt. Die Umweltverschmutzung dort ist immens, bei ungünstigen Windverhältnissen senkt sich eine gelbe Dunstglocke über der Stadt. Die Bürger sind beunruhigt. Wie groß der Druck auf die Politik ist, zeigt sich allein schon daran, dass die damalige Energieministerin Dipuo Peters bereits Ende Mai 2013, also schon gut zwei Jahre nach Fukushima, auf einer Atomenergiekonferenz in Kapstadt angekündigt hatte, Südafrika plane, die Atomenergieversorgung weiter auszubauen. Ihre Nachfolgerin Tina Joemat-Pettersson wurde ein Jahr später konkreter und verkündigte, in Südafrika rund 60 Millionen Euro in die Forschung am Ausbau der Atomenergie zu stecken. Südafrika will so schnell wie möglich mindestens 23 Prozent des Strombedarfs des Landes mit Kernkraftwerken decken. Derzeit sind es lediglich fünf Prozent. Das hat Signalwirkung für viele aufstrebende afrikanische Staaten südlich der Sahara.

In Südafrika endet damit ein jahrelanger Schlingerkurs der Regierung zu diesem Thema. Das Land hatte sich in Sachen Kernenergie anfangs viel vorgenommen, zu viel. Bis September 2010 hatte Südafrika noch ein ehrgeiziges Programm zur Entwicklung eigener Atomkraftwerke, um dann plötzlich zurückzurudern. Die Regierung habe sich aufgrund »der finanziellen Zwänge in diesen schwierigen wirtschaftlichen Zeiten dafür entschieden«, erklärte Barbara Hogan, die damalige südafrikanische Ministerin für Staatsunternehmen, »nicht mehr in dieses Projekt zu investieren«. Dabei sollten nach deutschem Vorbild weiterentwickelte Kernkraftwerke der Kugelhaufentechnologie nicht nur Südafrikas Energieprobleme lösen, sondern auch zum

Exportschlager werden und damit den politischen Einfluss des am weitesten entwickelten afrikanischen Landes stärken. Es sollte sich zeigen, dass es nicht so einfach ist, eigene Anlagen zu entwickeln.

Verschiedene Prototypanlagen dieser Technologie wurden seit den 1960er-Jahren in Europa und den USA entwickelt. Deutschland experimentierte zwischen 1969 und 1988 an einem Hochtemperaturreaktor in Jülich. Danach kam das politische Aus, die Bundesregierung verweigerte weitere Zuschüsse. Inzwischen haben die Chinesen die Technologie übernommen. Sie betreiben seit 2004 einen eigenen Versuchsreaktor und bauen gerade an einer kommerziellen Version. 18 Reaktoren sind für den Eigenbedarf geplant, danach sollen sie weltweit exportiert werden. Da wollten die Südafrikaner nicht zurückstehen, und lange sah es auch tatsächlich vielversprechend aus.

Im Jahr 2000 gründeten sie die Pebble Bed Modular Reactor Limited (PBMR) in Centurion, südlich der Hauptstadt Pretoria. Die Präsidentschaft von Südafrikas erstem demokratisch gewähltem Staatsoberhaupt Nelson Mandela ging gerade zu Ende, Thabo Mbeki wurde sein Nachfolger und setzte sich vehement für das Prestigeprojekt ein. Seit Ende der 1990er-Jahre baute man bereits an einem Mini-Kugelhaufenreaktor. Mbeki wollte so die Energieprobleme vor allem in den südafrikanischen Townships lösen, wo Millionen von Menschen bis heute nur unzureichend mit Strom versorgt sind. Mit dem Projekt schuf Mbeki auch Jobs für die arbeitslosen Nuklearwissenschaftler Südafrikas. Diese brauchten neue Betätigungsfelder, nachdem Mitte der 1990er-Jahre die USA in Zusammenarbeit mit den Vereinten Nationen Südafrika zwangen, ihr militärisches Atomprogramm einzustellen. Doch das Geld wurde knapp, und das Know-how reichte nicht: »Wir wollen nicht provinziell sein, sondern möchten Investoren anlocken und Technologiepartnerschaften mit den USA, Europa und Asien haben«, erklärte PBMR-Chef Nic Terblanche daraufhin. Der amerikanische Atomkraftwerksbauer Westinghouse stieg ein.

Doch die internationale Zusammenarbeit funktionierte nicht recht. Die südafrikanischen Wissenschaftler bekamen das Projekt nicht unter Kontrolle. Immer wieder wurden Strategien geändert. Die Politik mischte sich mit immer neuen Forderungen ein. Und das Vorhaben verschlang weiter Geld. 2005 versuchten die Südafrikaner noch mit China zu kooperieren. Es wurde sogar eine Absichtserklärung unterschrieben. Das Abkommen selbst wurde jedoch nie unterzeichnet: Die Weltfinanzkrise ab 2008 gab dem südafrikanischen Atomprojekt den Rest. Die Regierung hatte kein Geld mehr.

Im Februar 2010 zog der damalige PBMR-Chef Jaco Kriek die Notbremse. Zwei Drittel aller PBMR-Angestellten wurden entlassen. Nur einen Monat später warf Kriek selbst das Handtuch. Es wurden Schuldige gesucht, eine politische Schlammschlacht begann. Der Staat warf PBMR Verschwendung von Steuergeldern vor. Die PBMR-Manager warfen dem Staat vor, dass er sie gegängelt und dann im Stich gelassen habe. Der Hauptkunde von PBMR, die staatliche Stromgesellschaft Eskom, die ursprünglich 24 der Reaktoren abnehmen wollte, verlor das Interesse und zog sich schrittweise zurück. Auch Westinghouse stellte im Mai 2010 die finanzielle Unterstützung ein.

»Es ist mutig, loszulassen«, lobte das Wirtschaftsblatt *Business Day*. Auch die südafrikanischen Oppositionsparteien begrüßten das Ende des Atomprogramms. Ein Vertreter der Demokratischen Allianz (DA) bezeichnete es gar als »fruchtlose und verschwenderische Ausgabe«. Man hätte stattdessen lieber Häuser für die Armen bauen sollen.

»Am Ende war die südafrikanische Nuklearindustrie einfach zu unreif für ein einzigartiges Projekt wie dieses«, räumte Johan Slabbert, damals PBMR-Technologievorstand ein. Er hatte schon zu Zeiten der Apartheid mit den Deutschen an der Technologie geforscht.

In den mehr als zehn Jahren waren knapp eine Milliarde Euro in das Projekt investiert worden, allein 80 Prozent davon aus Steuergeldern. Nur knapp zehn Prozent hatte die staatliche

Stromgesellschaft Eskom beigesteuert. Mehr als drei Milliarden Euro mehr wären jedoch nötig gewesen, um das Projekt am Leben zu erhalten. Zu viel, um neue Investoren zu finden. PBMR wurde abgewickelt. Die Atomkraft schien für Südafrika erledigt. Ohne dass es vom Westen groß registriert worden wäre, haben sich die Afrikaner bereits blutige Knie geholt und machen es nun besser. Dass der Afrika-Boom nun funktioniert, beruht eben auch darauf, dass Afrika bereits aus seinen schlechten Erfahrungen gelernt hat. Der erste Versuch war wie so oft in Afrika zu großspurig geplant, inkonsequent durchgeführt und schlecht kontrolliert.

Die Atomenergie steht nun wieder ganz oben auf der Tagesordnung, aber eben maßvoller, vernünftiger und geordneter als in der ersten Runde. Die Zeit drängt. Nach wie vor ist in Südafrika der Strom knapp. Großkunden aus der Industrie, etwa Aluminiumhütten, wird gelegentlich der Strom abgedreht. Der Stromverbrauch in Südafrika steigt mehr als dreimal so schnell wie die zusätzliche Stromgewinnung. Selbst der Ex-Eskom-Chef Brian Dames bezeichnet die Stromversorgung als »angespannt«. Atomenergie, so ist jetzt wieder zu hören, sei »langfristig die beste Methode«, eine stabile Stromversorgung zu gewährleisten, so die ehemalige Energieministerin Peters. Aber jetzt wollen die Südafrikaner sinnvollerweise fertige Anlagen einkaufen, um ihre boomende Wirtschaft mit Strom zu versorgen.

Inzwischen haben die Südafrikaner ein besseres Gespür dafür entwickelt, was sie allein können oder nicht. Und bei Projekten, die sie nicht alleine stemmen können, lassen sie sich von den Ausländern helfen. Früher haben sie sich von den Nächstbesten über den Tisch ziehen lassen. Nun verhandeln sie, wie man am Beispiel der Kernenergie sehen kann, lange und ausführlich mit allen Anbietern, bis ein guter Deal für Afrika herauskommt. Davon profitieren dann auch andere Länder. Denn auch die anderen wirtschaftlich starken Länder in Subsahara-Afrika, Nigeria und Kenia, haben Pläne, die Kernkraft auszubauen. Die

wichtigsten Argumente dieser beiden Länder: Sie seien zu abhängig von Wasserkraft, und das, obwohl man nicht verlässlich
einschätzen könne, wie viel Wasser in den nächsten Jahrzehnten
auf dem Kontinent überhaupt zur Verfügung stehe. Zudem sei
die Stromversorgung pro Kopf noch immer vergleichsweise gering. Im März 2014 kündigte der nigerianische Präsident Goodluck Jonathan an, dass spätestens 2020 Nigerias erstes Atomkraftwerk mit 1200 Megawatt ans Netz gehen soll und in der
folgenden Dekade insgesamt 4000 Megawatt installiert werden
sollen. Damit würde sich die Stromproduktion verdoppeln. Seit
2004 verfügt Nigeria bereits über einen Forschungsreaktor an
der Ahmadu Bello University in Zaria, in der Zentralprovinz
Kaduna. Der Reaktor, von den Chinesen gebaut, ist in der Lage,
Uran anzureichern. Derzeit werden bereits 15 Studenten jährlich zu Kernenergieingenieuren ausgebildet. Obwohl Nigeria
der größte Ölproduzent Afrikas ist, der elftgrößte Produzent der
Welt und beim Flüssigerdgas (LNG) weltweit sogar an vierter
Stelle kommt, hat es eine der geringsten Pro-Kopf-Strompro-
duktionen der Welt. Kenia mit seinen 43 Millionen Einwoh-
nern produziert derzeit 1600 Megawatt Strom. Knapp 70 Pro-
zent der Kenianer sind noch ohne Strom, und der kenianische
Vizepräsident William Ruto schwärmt bereits davon, dass die
Atomkraft »ein Land im Mittelfeld an die Spitze der Emerging
Markets der Welt katapultieren« könnte.

Aber auch in Ghana, Uganda, Senegal und Namibia gibt es
Pläne, auf Atomkraft zu setzen. Ghana hat bereits mehrere For-
schungsreaktoren.

Die Regierung von Namibia, wo sieben Prozent des Urans der
Welt produziert werden, verhandelt bereits mit den Franzosen.
Und das ist sicher erst der Anfang der Atomkraft. Wenn erst die
Chinesen mit kleinen preisgünstigen 200-Megawatt-Kugelhau-
fenreaktoren in Serie gehen, die man auch schrittweise in Reihe
schalten kann, können sich auch ärmere Länder Atomkraft leisten. Manchem Atomkraftgegner mag es dabei kalt den Rücken
herunterlaufen. Atomkraft, China und Afrika – das verheißt

nichts Gutes. Das ist jedoch ein wenig so wie der Witz mit dem Geisterfahrer auf der Autobahn, der im Radio eine Geisterfahrermeldung hört und erstaunt meint: Einer? Hunderte!

Inzwischen zeichnet sich ab, dass Bundeskanzlerin Merkel ein Denkfehler unterlaufen ist. Wenn man die Atomkraft für gefährlich hält, hat man nüchtern betrachtet zwei Möglichkeiten: Man steigt aus oder man kontrolliert die Technologie möglichst selbst. Ist man mächtig genug, mit dem Ausstieg einen globalen Trend zu kreieren, ist der Ausstieg ratsam. Ist dieser Trend nicht wahrscheinlich, empfiehlt es sich, die Technologie zu kontrollieren und die Sicherheitsstandards so hoch wie möglich zu setzen. Merkel hat den Fehler gemacht, zu glauben, die Welt würde ihrem Beispiel folgen. Die Welt hat sich jedoch anders entschieden, und Deutschland hat jede Kontrolle über die Technologie verloren. Ist die Welt dadurch sicherer geworden? Nein. Die deutschen Atomkraftwerke galten als die sichersten der Welt. Nun können wir nicht mehr dazu beitragen, dass auch in Afrika möglichst sichere Kernkraftwerke stehen, sondern nur noch zuschauen und vom Spielfeldrand aus mahnen. Dass Deutschlands Wirtschaft nun auch kein Geld mehr in diesem Bereich verdient, macht die Sache umso ärgerlicher. Ein besonders skurriles Beispiel dafür, wie eine führende westliche Industrienation ihren Einfluss in Afrika verspielt.

Kohle, Kernkraft und noch eine dritte, nicht minder strittige Technologie wird in Afrika, so wie es aussieht, eine zentrale Rolle spielen: Fracking. Wieder ist Südafrika der Vorreiter. Denn es ist weltweit eines der Länder mit den meisten Fracking-Gas-Vorkommen.

Die 1300 Kilometer lange Autofahrt von Johannesburg nach Kapstadt kann zuweilen eintönig sein. Nach Bloemfontein, der Hauptstadt der südafrikanischen Provinz Free State, kämpfen die Fahrer mit der Einöde einer Halbwüste, der Karoo. Kaum Dörfer und Städte, stattdessen endlose menschenleere Buschlandschaft, gelegentlich unterbrochen von Großfarmen, die Schafe züchten.

An den Truckstops können die Einheimischen den Last-
wagenfahrern die eine oder andere Cola und Sandwiches verkaufen. Die wenigen Mechaniker reparieren ab und an einen
Reifen. Die Karoo ist 250 Millionen Jahre alt und nimmt rund
ein Drittel der Landmasse Südafrikas ein, mit einer Ost-West-
Ausdehnung von fast 800 Kilometern. Ausgerechnet in dieser
Naturidylle werden riesige Schiefergasvorkommen vermutet. So
schätzt die US-Energiebehörde EIA, dass Südafrika nach China,
den USA, Argentinien und Mexiko über die fünftgrößten Reserven der Welt verfügt. Damit hätte das Land genug Energie
für die kommenden 400 Jahre. In Afrika haben daneben lediglich Libyen und Algerien im fernen Norden des Kontinents
noch nennenswerte Schiefergasvorkommen. Das Gas soll durch
Fracking aus dem Boden gepresst werden. Dabei wird unter
Hochdruck eine Flüssigkeit aus Wasser und Chemikalien ver-
setzt mit Sand Hunderte Meter tief in die Erde gepumpt. Das
Gestein bricht und gibt das Gas frei.

Man kann die Karoo mit dem US-Bundesstaat Dakota von
vor zehn Jahren vergleichen. Damals lahmte die Wirtschaft in
Dakota. Aber Schiefergas brachte den Aufschwung und machte
manchen zum Millionär. Andere verdienten an dem Boom genug, um ihre Hauskredite schneller zurückzuzahlen als geplant.
Eine stabile Mittelschicht entstand. Zwischen 2005 und 2011
wuchs die Wirtschaft Dakotas von 4,4 Milliarden auf 30,5 Milliarden US-Dollar. Aber der Boom brachte nicht nur neue Straßen, sondern auch Umweltverschmutzung, Prostitution und
Drogenkonsum. Die Gegner des Frackings reiben sich vor allem
an den Gefahren für die Umwelt. Das war in den USA so und
ist auch so in der Karoo. Doch wie in den USA wird die Regierung in Pretoria immer aufgeschlossener für die Schiefergasförderung: In Südafrika ist die Energie knapp.

Daran ändert auch das Medupi-Kohlekraftwerk nichts, das
derzeit mit finanzieller Hilfe der Weltbank in der Provinz Lim-
popo gebaut wird, 350 Kilometer nördlich von Johannesburg.
Wenn Medupi ans Netz geht, wird es 4800 Megawatt Strom

produzieren. Es wird das größte Kohlekraftwerk auf dem afrikanischen Kontinent sein, weltweit das viertgrößte. Der Weltbank-Kredit wurde mit strengen Umweltauflagen vergeben, die sicherstellen sollen, dass sich die CO_2-Emissionen im Rahmen international vereinbarter Abkommen bewegen. Helfen wird das Riesenkraftwerk wenig, das vom staatlichen Energiekonzern Eskom betriebene Stromnetz ist häufig bis zu 98 Prozent ausgelastet. Eigentlich sollte stets eine Pufferzone von zehn Prozent bleiben, damit es nicht zu Stromausfällen kommt, wie zuletzt um die Jahreswende 2014/2015.

Derzeit importiert Südafrika rund 400 Millionen Fass Rohöl pro Monat, das meiste davon aus Ländern des Nahen Ostens und Westafrikas. Einiges kommt auch aus dem nahen Angola. Südafrika wird zunehmend abhängig von der eigenen Kohle und von importiertem Öl. Daher kommt die Entdeckung von Schiefergas in der Karoo der Regierung sehr gelegen. Die Internationale Atomenergiebehörde hat ausgerechnet, dass der globale Energiebedarf in den vergangenen zwei Jahrzehnten um etwa 40 Prozent gestiegen ist. Seit die USA mit Schiefergasförderung ihre Energiegewinnung revolutionierten, haben die Südafrikaner aufgehorcht. Die USA sind inzwischen Energieexporteur und spielen eine zentrale Rolle auf dem globalen Schiefergasmarkt. Zudem hat dieses Segment in den USA bereits viele Jobs geschaffen. Jobs, die auch in Südafrika dringend gebraucht würden. Schätzungsweise knapp die Hälfte aller erwerbsfähigen Südafrikaner haben keine oder nur unregelmäßige Arbeit. Die Regierung geht davon aus, dass durch Schiefergas in der Karoo rund 700 000 Arbeitsplätze entstehen könnten. Die Karoo gilt als stark unterentwickelt, und ein Großteil der einheimischen Bevölkerung ist bitterarm.

Doch Südafrika ist sich nicht einig in dieser Frage, wie auch in Deutschland. Die Opposition gegen Fracking ist nicht mehr zu überhören. Auf deren Druck verhängte die Regierung im April 2011 ein Moratorium, um die Argumente für oder gegen Fracking in der Karoo näher zu untersuchen. Das Energie-

ministerium entschied dann im September 2012, die Lizenzvergabe für Schiefergasexplorationen noch einmal neu aufzu-
rollen. Das bedeutete nicht etwa das Ende des Frackings, sondern war die Aufforderung, umweltfreundliche Maßnahmen zu
entwickeln, um das Gas aus dem Boden zu holen. An einem
Gesetz, um dies zu gewährleisten, arbeitete die Regierung 2014
noch. Südafrika, so scheint es, möchte aus den Fehlern in den
USA lernen. Ein Dokumentarfilm der Südafrikanerin Jolynn
Minnaar, die sich mit den möglichen Gefahren von Fracking in
der Karoo auseinandersetzt, kam 2014 in die Kinos und setzte
die Regierung unter zusätzlichen Druck, die Gefahren nicht zu
vernachlässigen. Auch in diesen Fragen ist Afrika schon viel ver-
antwortlicher als noch vor zehn Jahren.

Derweil bemühen sich fünf Firmen, darunter Shell Südafrika,
Chevron, Falcon Oil & Gas und der südafrikanische Energie-
konzern Sasol um Lizenzen. Shell ist bereit, rund 200 Millionen
US-Dollar in sechs Probebohrungen zu investieren, die ein Ge-
biet von 90 000 Quadratkilometern in der Karoo abdecken sol-
len. Auch deren Argumente sind nicht von der Hand zu weisen:
Gas ist langfristig billiger und sauberer als Kohle und mindert die
Abhängigkeit Südafrikas vom importierten Öl. Billigere Energie
im Land am Kap ist wichtig, um die bisher ineffiziente und teure
Rohstoffverarbeitungsindustrie wettbewerbsfähig zu machen.
International könnte Südafrika punkten, indem es seine CO_2-
Emissionen maßgeblich verringert. Dazu hat es sich bereits
2009 bei der UN-Klimakonferenz in Kopenhagen verpflichtet.
Aber noch wichtiger für Südafrika ist, dass so die Energieknapp-
heit gelindert werden könnte und neue Jobs entstehen würden.
Vor allem Armut gefährdet die Umwelt in Südafrika.

Zudem würde das Schiefergas rund 23 Milliarden US-Dollar
an Steuern in die Staatskasse spülen, Geld, das die Regierung
dringend für neue Straßen, Eisenbahnlinien und vor allem für
Schulen brauchen würde.

Das alles überzeugt die Fracking-Gegner, wie etwa die Akti-
onsgruppe zu Erhaltung der Karoo (TKAG), wenig. Diese sind

nach wie vor überzeugt, dass die Risiken für die Umwelt und die Gesundheit der Wüstenbewohner nicht abzuschätzen sind. Eine der zentralen Fragen ist, was mit den großen Mengen kontaminiertem Wasser passiert, das Fracking hinterlässt. Die Karoo ist zudem sehr trocken und hat jetzt schon zu wenig Wasser. Nicht zuletzt sorgen die Gegner sich um die traditionelle Schafindustrie in der Region, auch wenn sie lediglich zwölf Prozent des Einkommens der Bevölkerung ausmacht.

Die Argumente konnten bisher weder die ehemalige Ministerin für Bodenschätze, Susan Shabangu, überzeugen, noch ihren Nachfolger Ngoako Ramatlhodi, der im Mai das Amt übernahm. Die Regierung baue parallel die alternativen Energien aus, dies sei bereits im Rahmen ihres Energieplans für die kommenden 20 Jahre festgelegt, hält er dagegen. Es sieht also so aus, dass Südafrika ein großer Spieler im Fracking wird.

Egal ob Afrika seinen Strom aus Öl, Atomkraft, Wasserkraft oder Fracking-Gas generiert. Eine Lektion haben die Politiker des Kontinents bisher gelernt: Rohstoffreichtum führt nicht automatisch dazu, dass es großen Teilen der Bevölkerung in Afrika besser geht oder sogar eine nachhaltige Mittelschicht entsteht. Manchmal führt Rohstoffreichtum sogar zu instabilen wirtschaftlichen Verhältnissen.

Nimmt man allein das Vorkommen von Bodenschätzen, ist Südafrika eines der potenziell reichsten Länder der Welt. Doch ganz so einfach ist es nicht. Die vorhandenen Rohstoffe sollen rund 3,3 Billionen US-Dollar wert sein — wenn sie einmal an die Erdoberfläche gelangen. »Südafrikanische Unternehmer sollten ihre Hausaufgaben machen und mehr über ihre BRICS-Partner lernen, um ihre eigenen Chancen zu erhöhen«, findet etwa der Deutsche Sven Grimm, der das Zentrum für China-Studien an der Uni Stellenbosch bei Kapstadt leitet. Aber der Bergbau befindet sich derzeit in einer großen Krise. Nicht nur, dass die Preise für Metalle in den vergangenen vier Jahren um 25 Prozent gefallen sind, der Abbau der Mineralien ist ineffizient und wird regelmäßig von heftigen, teilweise gewalttätigen Streiks gelähmt. Allein 2014 kosteten die Streiks rund zwei Milliarden Euro. Beim Weltwirtschaftsgipfel in Davos im Januar 2013 hatte Präsident Jacob Zuma Schwierigkeiten, zu erklären, was die südafrikanische Regierung genau zu tun gedenke, um die nicht abreißenden Unruhen unter Kontrolle zu bringen. Mittlerweile halten Investoren den Bergbausektor im benachbarten, von Krisen geschüttelten Simbabwe, als verlässlicher. Denn in Südafrika sorgen die Vertreter des dortigen Gewerkschaftsdachverbandes COSATU dafür, dass die Arbeiter bei ihrer Forderung nach höheren Löhnen genügend Unterstützung bekommen. Geben die Firmenbosse nach, freut es die Belegschaft. Die Wettbewerbsfähigkeit Südafrikas sinkt allerdings stetig. So schrumpfte der Bergbausektor um vier Prozent während des Jahres 2013. Das Bruttoinlandsprodukt wuchs um magere 2,5 Prozent – weit geringer als bei anderen Emerging Markets in Afrika, die in der Regel solide Wachstumsraten von über sechs Prozent hinlegen. Zudem sinkt die Wettbewerbsfähigkeit im produzierenden Sektor Südafrikas aufgrund der starken Stellung der Gewerkschaften, die regelmäßig zum Streik aufrufen, stetig. Der Handel wird beeinträchtigt. Wie wird Südafrika wachsen, wenn Gewerkschaften und Arbeitgeber einen vernünftigen Weg der Zusammenarbeit finden, was zumindest mittelfristig sehr wahrscheinlich ist?

Und ein Paradox müssen die Afrikaner in den Griff kriegen: Rohstoffreichtum führt häufig eher zu Armut statt zu Reichtum; rohstoffreiche Länder leiden unter der »Holländischen Krankheit«. Darunter versteht man Volkswirtschaften, die viele Rohstoffe exportieren und damit einen großen Handelsüberschuss erwirtschaften. Dadurch gewinnt die Währung an Wert. Das wiederum hat zur Folge, dass die Produkte aus anderen Industriesektoren des Landes im Ausland teurer sind und sich schlechter absetzen lassen. Für immer mehr Hersteller lohnt es sich immer weniger, die Produkte herzustellen. Dadurch werden die Länder immer abhängiger von Rohstoffexporten. Immer mehr Menschen werden arbeitslos. Das Phänomen wurde zuerst in den 1960er-Jahren in den Niederlanden wahrgenommen, nachdem dort große Erdgas- und Ölvorkommen vor der Küste entdeckt wurden. Ähnlich erging es den Briten mit ihrem Öl- und Gasboom. Das Gute ist nun, dass die Gefahr bekannt ist und ausführlich diskutiert wird, bevor viele der prosperierenden afrikanischen Rohstoffländer wettbewerbsfähige Wirtschaftsbereiche außerhalb des Rohstoffsektors aufbauen. Damit ist die Chance geringer, dass die Afrikaner den gleichen Fehler machen wie die westlichen Länder.

Auch eine andere Aufstiegsfalle wird in Afrika ausführlich diskutiert. In der Vergangenheit haben sich internationale Firmen, wenn sie Rohstoffe gefördert haben, nur selten um Umweltschäden und das Wohl der vor Ort lebenden Bevölkerung geschert. Einheimische Arbeiter wurden meist zu Dumpinglöhnen eingestellt, mussten lange und hart arbeiten und hatten wenig Rechte. Das zeigte sich besonders in Ölboomländern wie Angola oder Nigeria, wo internationale Ölmultis und ihre Subunternehmer nach dem schwarzen Gold bohren. Auch diese Phase ist inzwischen überwunden. Internationale Menschenrechtsorganisationen kontrollieren genau, was die Firmen in Afrika machen. Vor allem Konzerne, die an internationalen Aktienmärkten gelistet sind, reagieren sehr empfindlich auf schlechte Schlagzeilen. Bei chinesischen Staatsunternehmen übernimmt die Regierung in Peking die Kontrollfunktion, denn die guten Beziehungen zu Afrika sind politisch zu wichtig, um sie sich von einzelnen skrupellosen Unternehmern beschädigen zu lassen.

Der Wendepunkt war spätestens die Exekution des Umweltaktivisten und Bürgerrechtlers Ken Saro-Wiwa in Nigeria 1995. Er entstammt den Ogoni, einem indigenen Volksstamm im Niger-Delta, und war einer der ersten Afrikaner, die sich öffentlich für ihr Volk eingesetzt haben, das unter der großen Umweltverschmutzung im Niger-Delta litt. Saro-Wiwa zwang den Mineralölkonzern Shell zwischenzeitlich in die Knie, als er im Januar 1993 zu einer friedlichen Demonstration aufrief, an der mehr als die Hälfte der Ogoni-Bevölkerung – etwa 300 000

Menschen – teilnahm. Shell musste sogar vorübergehend seine Aktivitäten im Niger-Delta einstellen. Aber der nigerianischen Regierung war der Aktivist ein Dorn im Auge. Saro-Wiwa wurde verhaftet, in einem Schauprozess abgeurteilt und mit acht Mitstreitern gehängt.

Inzwischen wäre das nicht mehr denkbar. Selbst Menschen in entlegenen Gebieten können binnen einiger Minuten Menschenrechtsorganisationen erreichen, die wiederum die Weltöffentlichkeit informieren. Wenn früher auslaufendes Öl die Felder ganzer Dörfer verseuchte, bekam das niemand mit. Heute müssen sich die Ölfirmen darum kümmern.

Dies zeigt: Die Chancen sind sehr gewachsen, dass die Rohstoffe Afrika mehr nützen als schaden. Ein wichtiger Thinktank, das African Progress Panel, das unter der Schirmherrschaft des ehemaligen UN-Generalsekretärs Kofi Annan arbeitet, hat sich 2013 diesem Thema gewidmet und kommt ebenfalls zu diesem Ergebnis.

Die Rohstoffeinnahmen werden die Zukunft des Kontinents entscheidend bestimmen, so das Panel, dem zehn herausragende Persönlichkeiten aus Wirtschaft und Politik angehören, darunter die Witwe des ehemaligen Präsidenten von Südafrika Nelson Mandela, Graça Machel, und der ehemalige Präsident von Nigeria, Olusegun Obasanjo. Der ehemalige General war über einen Putsch an die Macht gekommen. 1979 übergab der General die Macht an eine zivile, gewählte Regierung. Nach einem erneuten Militärcoup landete Obasanjo im Gefängnis. 1999 wurden die Militärs gestürzt und Obasanjo befreit. Er kandidierte als ziviler Präsident und wurde gewählt. Obasanjo ist Mitbegründer von Transparency International und an der Extractive Industries Transparency Initiative beteiligt. Sie will afrikanische Regierungen zwingen, offenzulegen, wer wie viel Geld aus dem Verkauf der Rohstoffe bekommen hat. Der Thinktank hat die Argumente der Kritiker einer zu starken Rohstoffabhängigkeit Afrikas genau studiert. Diese weisen vor allem darauf hin, dass Rohstoffmärkte schwanken und es deshalb riskant ist, sich auf sie zu verlassen. Spätestens Anfang 2015 haben ihre Argumente Aufwind bekommen, als die Ölpreise im Vergleich zum Sommer 2014 um knapp 50 Prozent eingebrochen sind. Das bringt auch viele afrikanische Länder in Schwierigkeiten. Nigeria beispielsweise braucht einen Ölpreis von knapp 110 US-Dollar für einen ausgeglichenen Haushalt.

Der Thinktank hält dagegen, es werde trotz der Schwankungen genug Geld verdient, um langfristig stabile, soziale und wirtschaftliche Rahmenbedingungen zu gewährleisten. Gegen Schwankungen könne man Rücklagen bilden. Der Afrika-Boom sei nicht die Zeit für ausgeglichene Haushalte.

Dass dieser Weg richtig ist, sieht man daran, dass zum ersten Mal seit einer Generation die Armut zurückgegangen ist. Mehr Kinder gehen in die Schule, die Sterberate unter Kindern fällt stetig. Ansteckende Krankheiten wie HIV/Aids oder Malaria konnten erfolgreich eingedämmt werden. Die Argumente des Thinktanks sind ebenso realistisch wie überzeugend. Es spricht nicht viel dagegen, dass dies so weitergeht, je mehr Öl und Gas gefördert werden.

3   Schaffa, schaffa Großstädtle baua
Afrikas Infrastruktur

»Schlammige Quelle«, oder auf Afrikaans »Modderfontein«, ist die Zukunft Afrikas. Es ist ein bislang kaum beachteter Vorort östlich von Johannesburg in Südafrika. In den grünen Hügeln unweit der S-Bahn-Station Gautrain tobten sich bis vor Kurzem noch Mountainbiker und Jogger aus. Nun entsteht auf halbem Weg zwischen dem neuen internationalen Flughafen von Johannesburg und Sandton, dem Finanz- und Handelszentrum der Metropole, eines der größten Infrastrukturprojekte Afrikas.

Für rund acht Milliarden US-Dollar baut ein chinesischer Unternehmer eine Stadt für 100 000 Menschen. Wenn das Projekt auch nur halb so futuristisch wird, wie die Designfotos es versprechen, wird es nicht nur ein Modell für Afrika, sondern für die ganze Welt. Die Architekten haben erkannt, was eine afrikanische Stadt ausmachen muss, wenn sie nicht so aussehen soll wie jede andere neue Stadt der Welt: Moderne Urbanität eingebettet in die fantastische afrikanische Landschaft. Auf den ersten Blick erinnern die Gebäude an Ameisen- oder Termitenhügel in wilder Natur. Amorphe Architekturformen in verschiedenen Größen fügen sich in die hügelige Waldlandschaft von kleinen miteinander verbundenen Seen ein. Wohnen und arbeiten im Naturpark. Diese Art Lebensqualität ist selbst in China selten, obwohl es dort mehrere Hundert Stadtbauprojekte ähnlicher Größenordnung gibt und sich internationale Architekten die Klinken in die Hand geben.

Afrika baut und wird zum Kontinent der Megaprojekte. Nicht nur Städte, auch Straßen, Häfen und Bahntrassen. Die Länder entwickeln ihre Infrastruktur und bereiten so dem Wachstum den Weg. Die Defizite sind nach wie vor groß, darüber können auch die zahlreichen Prestigevorhaben nicht hinwegtäuschen, aber die Regierungen haben anders als früher verstanden, dass sich die Investitionen in Infrastruktur lohnen – und sie haben gelernt, zu kooperieren. Mit ihren Nachbarstaaten, aber auch mit dem Ausland. Zudem setzen sie mehr und mehr durch, dass auch die lokale Wirtschaft und der Arbeitsmarkt vor Ort miteinbezogen werden und profitieren.

Bauprojekte, die bis vor wenigen Jahren in Afrika undenkbar waren, die dann vorstellbar wurden, aber in den meisten Fällen an der Finanzierung scheiterten – heute werden sie realisiert. Das Geld dafür aufzutreiben, ist kaum noch ein Problem. Die Regierungen der afrikanischen Boomländer sind inzwischen bereit, in die Zukunft zu investieren, ebenso wie das Ausland bereit ist, in Afrika zu investieren. Aus dem Westen, leider auch aus Deutschland, kommt zwar wenig, dafür umso mehr von den Chinesen und anderen Asiaten, aber auch von den Arabern. Bei den Chinesen sitzt das Geld besonders locker, weil die Investitionen politisch gewollt sind. Und auch, weil sie Erfahrung haben im Bau solcher Großprojekte. Sie sind bekannt dafür, Termine einzuhalten, selbst wenn sie inzwischen zum Teil mit afrikanischen Arbeitern bauen müssen, die das Tempo nicht gewohnt sind.

Wie das in der Praxis aussieht, zeigt das Beispiel Zendai Modderfontein, so der Name des Stadtentwicklungsprojekts. Das an der Hongkonger Börse gelistete Unternehmen Shanghai Zendai baut die neue Stadt. Größter Einzelanteilseigner ist mit 39 Prozent der Bauunternehmer Dai Zhikang, die anderen Anteile sind in Streubesitz. Dai hat das Grundstück in der Nähe von Johannesburg von dem südafrikanischen Chemieunternehmen AECI erworben, dem das Land seit 1896 gehörte. Der 51-Jährige mit einem Vermögen von weit über einer Milliarde US-Dollar ist ein in China bekannter, schillernder Unternehmer mit einer starken künstlerischen oder zumindest spirituellen Ader. Die Harmonie seiner Architektur ist ihm sehr wichtig, und Harmonie bedeutet in der chinesischen Vorstellung jedoch nicht Gleichförmigkeit und schon gar nicht Angepasstheit, sondern dass die Widersprüche in einem ausgeglichenen Spannungsverhältnis zueinander stehen. Eine solche Haltung ist eher ungewöhnlich für einen chinesischen Baumagnaten, noch dazu für einen, der Finanzen an der Eliteuniversität Renmin in Peking studiert hat. Dai ist das vierte von sechs Kindern. Bis er zur Schule ging, hat er Schweine und Kühe gehütet in der boomenden Ostprovinz Jiangsu, deren Bruttoinlandsprodukt heute etwa halb so groß ist wie das von ganz Indien. Er arbeitete zunächst als Banker, unter anderem als Chef der Peking-Repräsentanz der Dresdner Bank, und war Büroleiter der Präsidenten der CITIC Bank, bevor er sich 1994 selbständig machte.

Dai ist kein windiger Geschäftemacher. Die amerikanische Ratingagentur Standard & Poor's, traditionell skeptisch gegenüber chinesischen Unternehmen, gibt Shanghai Zendai immerhin ein B. Dass die Bewertung nicht besser ausfällt, liegt nur daran, dass der chinesische Immobiliensektor als instabile Branche gilt. Die Agentur bescheinigt dem Unternehmen die Finanzstärke, seine Kredite zu bedienen, und hält das Unternehmen für »stabil«. Vor diesem Hintergrund klingen die werbenden Sätze von Dai, sein Projekt soll das »New York von Afrika« werden, nicht wie die Worte eines Hochstaplers. Kennt man die chinesische Entwicklungsgeschwindigkeit, ist es durchaus wahrscheinlich, dass in den kommenden zehn Jahren auf dem Gelände unter anderem ein Finanzzentrum mit Tausenden Büros, 35 000 Wohnungen, mehrere Hotels und Einkaufszentren sowie ein Sportstadion entstehen werden. Zudem soll ein Afrika-Themenpark vor allem für die aufsteigende schwarze Mittel klasse gebaut werden sowie ein Kongress- und Messezentrum – alles Symbole einer boomenden Wirtschaft.

»Das nahe gelegene Naturreservat könnte der afrikanische Central Park werden«, schwärmt Bauherr Dai. Modderfontein werde »der neue Dreh- und Angelpunkt Afrikas«. Selbst wenn es nur der Motor für die Region würde, wäre schon viel gewonnen. Denn nicht nur Straßen und Kraftwerke braucht Südafrika dringend, sondern auch Zentren der Urbanität. Sie fehlen in Afrika. Solche Großprojekte sind auch dann nicht unsinnig, wenn es gleich um die Ecke noch Häuser ohne Wasseranschluss gibt. Im Gegenteil, sie sind dann umso wichtiger, setzen sie doch Standards, die nach und nach in einer ganzen Region die Richtung weisen.

Ein Projekt wie Zendai Modderfontein ist inzwischen in Afrika nicht mehr ungewöhnlich. Es ist nur eines von vielen, die derzeit in Subsahara-Afrika geplant oder schon im Bau sind. In Kenia entstehen gleich zwei neue Satellitenstädte in »Afrikas Silicon-Savanne« mit der Konza Techno City im Zentrum und Tatu City.

Konza Techno wird seit Januar 2013 auf 5000 Hektar gut 60 Kilometer vor Nairobi gebaut. In dem Technologiezentrum sollen 2030 100000 Menschen arbeiten. Leben sollen in der Stadt mit eigener Universität bis zu 185000 Menschen. Kosten: 14,9 Milliarden US-Dollar. Seit Juli 2014 wird mithilfe von amerikanischen, aber auch deutschen Firmen wie H. P. Gauff gebaut. Auch der Masterplan dazu kommt noch aus der westlichen Welt, genauer aus Manhattan, wo das Architektenbüro SHoP Architects sitzt. Es ist ein beeindruckendes Konzept und dennoch fast das Gegenteil von Modderfontein. Eine Gruppe kühler eleganter Türme ragt in den Himmel. Eine Stadtlandschaft, die man bisher nicht mit Afrika verbunden hat.

Auch das westafrikanische Ghana spielt in dieser Liga mit. Vor den Toren der Hauptstadt Accra entsteht der zehn Milliarden US-Dollar teure Hightech-Hub HOPE City. Der Name steht für Home, Office, People und Environment. 25000 Menschen sollen dort leben, doppelt so viele dort arbeiten. Die Stadt wird sich um sechs Hochhäuser gruppieren, darunter ein 270 Meter hoher Turm mit 75 Stockwerken, der dann das höchste Gebäude Afrikas sein wird. Das Design kommt vom italienischen Architekturunternehmen Open Building Research. 30 Prozent des Projekts finanziert das ghanaische Unternehmen RLG Communications, 70 Prozent werden von Streuinvestoren aufgebracht.

Im Westen Ghanas sowie im Großraum von Accra plant die russische Renaissance-Gruppe zusammen mit ihrer Stadtentwicklungstochter Rendeavour King City sowie Appolonia. In diesen Satellitenstädten sollen später mehr als 160 000 Menschen leben. Der Masterplan für Appolonia ist bereits fertiggestellt, die Bauarbeiten haben schon 2013 begonnen. Die gleiche Gruppe entwickelt 15 Kilometer von Nairobi auch die 77 000-Einwohner-Stadt namens Tatu City. Gebaut wird seit Mai 2012. 2022 sollen die Bauarbeiten abgeschlossen sein. Tatu ist der Name der ehemaligen Kaffeeplantage, die dem Bauprojekt weichen musste.

In Lagos, der 21-Millionen-Einwohner-Metropole Nigerias, entsteht die Stadt Eko Atlantic für mehrere Milliarden US-Dollar auf der Insel Victoria mit einer Fläche von mehr als zehn Quadratkilometern. 250 000 Menschen sollen dort leben, weitere 150 000 dort arbeiten.

In der Demokratischen Republik Kongo wird an der Cité du Fleuve gearbeitet, auf zwei Inseln in Kinshasa, der Hauptstadt des Kongos, einer der am schnellsten wachsenden Städte Afrikas. Entwickler ist der britische Hedgefonds Hawkwood Properties. Er plant, für das Stadtprojekt 375 Hektar Sandbank und Sumpfgebiet in Bauland umzuwandeln. Wo man hinschaut, entstehen neue Städte.

Auch Kigali, die Hauptstadt von Ruanda, will mithalten. Mit einem ambitionierten Stadtentwicklungsplan will es sich in ein »Center of Urban Excellence« in Afrika verwandeln. 2020 soll das »kleine Singapur« laut Masterplan fertig sein.

Der Sudan begann mit arabischer Hilfe bereits 2004 mit seinem Stadterweiterungsprojekt. Unter dem Namen »Al-Morgan« ist, teilweise nach dem Vorbild Dubais, die neue Super-City im Zentrum der Sechs-Millionen-Einwohner-Stadt Khartum aus dem Boden gestampft worden. Idyllisch gelegen am Zusammenfluss des Weißen und des Blauen Nils werden ein zentraler Geschäftsbezirk und ein Stadtteil für vier Milliarden US-Dollar gebaut. Das malaysische Architekturbüro AG Reka übernahm mit einem Consultant-Team das Entwicklungskonzept sowie den Masterplan. Wenn das Projekt 2015 abgeschlossen ist, stehen ein Quadratkilometer Bürofläche sowie eine Wohnfläche für 45 000 Menschen zur Verfügung. Insgesamt werden 60 000 neue Jobs geschaffen.

Selbst wenn das ein oder andere Projekt nicht ganz so aufblüht wie erwartet, ist das doch ein großer Sprung nach vorne für den Kontinent. Die Gefahr, dass die Mehrzahl dieser Projekte sogenannte weiße Elefanten sind, also Prestigeprojekte, die sich nie mit Menschen füllen, sondern nur die Taschen einiger Politiker, ist inzwischen sehr viel geringer als früher. Selbst bei dem Pionier der neuen afrikanischen Städte hat es funktioniert: Abuja, die heutige Hauptstadt Nigerias, wurde bereits in den 1980er-Jahren errichtet. Gegenüber Lagos wirkt sie wie eine schwäbische Kleinstadt. Sie wurde übrigens mithilfe von Julius Berger, dem afrikanischen Tochterunternehmen des Wiesbadener Baukonzerns Bilfinger Berger gebaut. Damals waren es noch deutsche Bauunternehmen, die allein auf weiter Flur agieren konnten. Diesen Vorsprung haben die Deutschen inzwischen verspielt. Wenn auch nicht alle, wie man in Algerien sieht. Bei den Großprojekten geht es nicht immer nur um Strom und Verkehr, sondern auch um Kultur. Und zwar durchaus auch um den Wunsch der Afrikaner, sich wieder weltweit kulturell auf Augenhöhe zu bewegen. Dabei spielt Religion eine zentrale Rolle. Über 40 Prozent der Afrikaner sind Moslems. Das sind über ein Drittel der Moslems der Welt. Ihre Zahl wächst in Afrika um 2,5 Prozent pro Jahr. Und natürlich wollen die afrikanischen Moslems der Welt ihre Bedeutung zeigen. Der 77-jährige algerische Präsident Abdelaziz Bouteflika hat diese Chance ergriffen. Er will als Bauherr der größten Moschee Afrikas in die Geschichte eingehen und damit Afrikas Ansehen nicht nur unter den Moslems der Welt stärken. In Algier lässt er seit 2012 die größte Moschee Afrikas für 120 000 Gläubige bauen. Sie wird zudem nach Mecca and Medina in Saudi Arabien die drittgrößte der Welt. Damit setzt er für Afrika ein kulturgeschichtliches Zeichen.

Gleichzeitig ist es ein großes interkulturelles Projekt eines liberalen modernen Islam. Entworfen hat die Moschee nämlich, wie bereits erwähnt, das Architekturbüro KSP Jürgen Engel Architekten, eines der führenden deutschen Architektenbüros, und gebaut wird es von einem der führenden chinesischen Baukonzerne, der China State Construction Engineering Corporation (CSCEC), das in Afrika schon die Zentrale der Afrikanischen Union gebaut hat. Die CSCEC hat auch für 400 Millionen US-Dollar die achtspurige New Yorker Alexander Hamilton Brücke saniert, immerhin der größte Einzelauftrag, den das Transportministerium des Staates New York je vergeben hat.

Das hat es noch nicht gegeben: Ein afrikanischer Präsident lässt deutsche Christen eine Moschee für afrikanische Moslems entwerfen und planen, die die Welt noch nicht gesehen hat und die von Chinesen gebaut wird. Das ist das neue Afrika. Denn es hätte genauso gut sein können, dass der muslimische Bauherr darauf besteht, dass der Bau nur von Gläubigen errichtet wird, und die Christen kein Interesse daran haben oder es ihnen zu riskant ist, einen Zentralbau der afrikanischen Muslime zu errichten. In Algier jedoch arbeiten Buddhisten, Christen und Moslems eng zusammen. Knapp 1200 chinesische und algerische Arbeiter leben und arbeiten auf dem 22 Hektar großen Grundstück in der Bucht von Algier östlich der Hauptstadt. Sie werden von 340 Architekten und Ingenieuren angeleitet. Gemeinsam mit dem Darmstädter Ingenieurbüro Krebs und Kiefer kümmert sich KSP auch um die Bauleitung. Zu der Anlage, die jeden Tag 120 Tausend Menschen aufnehmen kann, gehört eine Bibliothek mit einer Millionen Werken und 2000 Sitzplätzen und eine große Imam-Schule. Allein das Minarett, eigentlich ein Hochhaus, ist knapp 270 Meter hoch. Der Turm endet mit einem Glaskubus, in dem eine Aussichtsplattform integriert ist. Der imposanteste Teil des Gebäudes ist jedoch der lichtdurchflutete Gebetssaal. Das ständig wechselnde Licht und Schattenspiel, das durch Dachöffnungen entsteht, gibt dem ebenso schlichten wie gewaltigen Kubus mit einer Höhe von 45 Metern bis 70 Metern seine Leichtigkeit. Und das will etwas heißen bei einem Raum, der bis zu 35 000 Menschen fasst. Der Petersdom würde in das Gebäude passen und das kann man durchaus als kleinen Hinweis aus Afrika an den Westen verstehen. Trotz seiner Größe ist der Bau eine sehr gelungene Kombination aus Tradition und moderner Ästhetik. Algeriens Religionsminister Bouabdellah Ghlamallah bezeichnete die Moschee als »weltweit einzigartig« und damit liegt er nicht falsch. Sie wird auch Afrika ein neues Gesicht in der Welt geben.

Einzigartig sind allerdings auch die Kosten für das Gotteshaus: Mindestens 1,3 Milliarden Euro. Nicht nur im Westen waren Medien schnell dabei, Algeriens Präsident Bouteflika als größenwahnsinnig zu kritisieren. Auch die algerische regierungskritische Zeitung *El Watan Weekend* bläst in das gleiche Horn. Man kann Bouteflika durchaus vorwerfen, er hätte das Geld besser in Schulen und Krankenhäuser investieren können. Die Jugendarbeitslosigkeit ist hoch in Algerien. Doch sollte man dann gleichzeitig einräumen: Praktisch alle großen sakralen Bauten sind unter solchen Umständen entstanden. Der Kölner Dom im Westen ebenso, wie das indische Taj Mahal im Osten.

Hinter dem heutigen Kölner Dom steht der Kölner Erzbischof Rainald von Dassel. Er brachte 1164 die Reliquien der Heiligen Drei Könige von Mailand nach Köln. Kaiser Friedrich Barbarossa hatte sie seinem engen Vertrauten von Dassel geschickt, nachdem er sie im Kampf um Mailand erbeutet hatte.

Diese Reliquien führten um 1225 zu dem Plan, einen neuen Dom zu bauen – die alte Kathedrale war dem enormen Pilgeransturm nicht mehr gewachsen und zu klein geworden.

Das Taj Mahal wiederum ist eine Grabmoschee, die der Großmogul Sha Jahan zum Gedenken an seine im Jahre 1631 verstorbene große Liebe Mumtaz Mahal erbauen ließ. Beide Bauherren kann man ebenfalls als größenwahnsinnig bezeichnen. Heute sind wir froh, dass sie den Mut dazu hatten. Und der jeweiligen Wirtschaft tun beide Gebäude auch gut.

Die Moschee in Algier hat durchaus die Chance, einmal einen Platz in der Reihe der großen Sakralbauten der Welt zu bekommen. In jedem Fall knüpft der Bau an die Tradition der großen afrikanischen Moscheen an. In Westafrika zum Bespiel die große Moschee von Djenne in Mali, die im 13. Jahrhundert von König Mansa Musa gebaut wurde. Oder die im gleichen Jahrhundert erbaute Larabanga Moschee in Ghana.

Im Norden Afrikas ist es in Tunesien die Große Moschee in Kairouan, die 670 von dem arabischen General und Eroberer Uqba Ibn Nafi errichtet wurde. Die große Moschee von Algier nun, ein Projekt der internationalen Verständigung, wird mit Sicherheit eine Sehenswürdigkeit des neuen Afrika, eine die sich über Generationen hält. »Wir planen für hundert Jahre«, sagt Architekt Jürgen Engel. Das mag auf den ersten Blick etwas großspurig klingen. Die Wahrscheinlichkeit ist jedoch groß, dass sein Satz irgendwann als bescheiden erscheinen wird.

Auch in anderen Bereichen werden derzeit in Afrika Megaprojekte durchgezogen, allesamt in der Liga der Superlative. Den größten neuen Hafen bauen die Chinesen in Bagamoyo, Tansania, ein Projekt, das allein mehr als zehn Milliarden US-Dollar kostet. Nach der Fertigstellung sollen dort pro Jahr 20 Millionen Container verladen werden. Kenia ist das Zentrum des größten Eisenbahnprojekts des Kontinents. Für 13,5 Milliarden US-Dollar soll über eine Länge von fast 3000 Kilometern Mombasa mit Kigali und somit ganz Ostafrika verbunden werden. In Guinea wird derzeit die mit einer angepeilten

Produktion von 450 Millionen Tonnen größte Eisenerzmine Afrikas entwickelt, ein 20-Milliarden-US-Dollar-Projekt der multinationalen Bergbaugesellschaft Rio Tinto. Im Kongo steht mit dem Grand-Inga-Staudamm bald das größte Wasserkraftwerk der Welt. Und das größte Straßenbauprojekt sind die Trans-African Highways mit der Teilstrecke von Kairo nach Kapstadt mit gut 10 200 Kilometern Länge durch Afrika. Das soll die Transportkosten reduzieren, die in Afrika zwischen 50 und 175 Prozent höher liegen als der globale Durchschnitt.

Eine beeindruckende Liste – die selbstverständlich über nach wie vor bestehende infrastrukturelle Defizite Afrikas nicht hinwegtäuschen kann: Es fehlen Strom- und Wasserleitungen. Viele Menschen wohnen nicht in menschenwürdigen Häusern. Vor allem aber fehlen Straßen, Eisenbahnlinien und Häfen, was den wirtschaftlichen Aufschwung bremst. Wer jemals mit einem Fahrrad nach einem Tropenregen über eine matschige Piste geschlingert ist und die Strecke dann plötzlich auf einer geteerten Straße zurücklegen kann, weiß sofort, was selbst kleine Straßen bewirken können.

Zu einem ähnlichen Ergebnis kamen auch die beiden belgischen Wissenschaftler Antonio Estache und Grégoire Garsous von der Université libre de Bruxelles, die jüngst in einer Studie den Zusammenhang zwischen Wirtschaftswachstum und Infrastruktur untersucht haben. Infrastruktur sei zwar kein Garant für wirtschaftliche Entwicklung, stellten die Wissenschaftler fest, denn wenn niemand die Infrastruktur nutze, ende ihr wirtschaftlicher Nutzen mit den Arbeitsplätzen, die für den Bau geschaffen worden seien. Aber andersherum sei auch klar: Ohne ausreichende Infrastruktur kommt kein Land auf die Beine. Der Staat müsse jedoch geduldig sein. Eine neue Straße rentiere sich erst verzögert und nur indirekt. Und schließlich dürfe man bei den Kosten von Infrastruktur nicht nur den Bau kalkulieren, sondern auch die Instandhaltung in der Zukunft. Ein Infrastrukturprojekt lohnt sich also erst in Jahrzehnten und nicht in Jahren. Viele Politiker denken nicht langfristig, weshalb in der Vergangenheit manche Straße erst gar nicht gebaut wurde. Außerdem funktioniert Infrastruktur nur in Netzwerken: Eine Straße nützt wenig ohne Strom. Und im Verbund mit einer Internetverbindung ist es viel wahrscheinlicher, dass in dieser Gegend etwas produziert werden kann. Für uns ist das selbstverständlich, aber für Afrika nicht. Es hat einige Jahrzehnte gedauert, bis die Regierungen das verstanden haben. Inzwischen ist es für viele nationale Regierungen, wie wir später noch sehen werden, selbstverständlich, zusammenzuarbeiten. Denn Straßen oder Eisenbahnlinien, die an nationalen Grenzen aufhören, können ihre wirtschaftsfördernde Kraft nur eingeschränkt entfalten. Die Afrikanische Entwicklungsbank sieht es als eine ihrer wichtigsten Aufgaben an, dieses interregionale Denken zu fördern. Wo es fehlt, sei der Transport von Gütern 30 bis 40 Prozent teurer. Ähnliche Schätzungen kommen von der Weltbank: »Kein Land der Welt war in der Lage, sieben Prozent Wirtschaftswachstum zu halten, ohne seine Infrastruktur sehr zu verbessern«, fasst Donald Kaberuka, der Präsident der Afrikanischen Entwicklungsbank, die Lage zusammen.

Die Pessimisten stellen deshalb fest, dass die Länder in Afrika zu den unproduktivsten der Welt gehören. Die Optimisten sagen, Subsahara-Afrika wächst schon jetzt durchschnittlich mit gut fünf Prozent. Wie würde Afrika erst wachsen, wenn nur die Hälfte der gegenwärtigen Infrastrukturengpässe beseitigt wäre? Dann könnten die Länder auch wettbewerbsfähig exportieren, denn die Erfahrung des asiatischen Booms zeigt: Mindestens so wichtig wie billige Arbeitskräfte ist eine funktionierende Logistik, die die hergestellten Produkte zügig und verlässlich zum nächsten Schiff bringt. In dieser Hinsicht bleibt in Afrika noch viel zu tun. Derzeit schlägt sich die Entfernung zum Meer noch exponentiell auf die Wettbewerbsfähigkeit der entsprechenden afrikanischen Länder nieder, etwa in Mali oder Niger, aber auch in Simbabwe. Immerhin haben 16 der 54 Staaten keinen Zugang zum Meer. Bei all den Herausforderungen hilft dann auch der Reichtum an Rohstoffvorkommen nur bedingt. Und in den

Ländern, die am Meer liegen, fehlen oft die Möglichkeiten, vom Landesinneren an die Küsten zu kommen.

In der Demokratischen Republik Kongo reisen die Reichen mit dem Privatflugzeug von A nach B. Die Armen nehmen das Kanu. Straßen, vor allem über weitere Entfernungen, gibt es kaum. Seit die belgischen Kolonialherren 1960 das Land in die Unabhängigkeit entließen, wurden kaum neue gebaut. Und der Kongo ist nach Algerien immerhin das zweitgrößte Land Afrikas. Entfernte Landesteile sind ohne Straßen so weit weg wie ein anderer Kontinent. Die meisten Straßen sind nicht geteert. Selbst ein für afrikanische Verhältnisse modernes Land wie Kenia hat bis heute keine Autobahn von internationalem Standard zwischen der Hauptstadt Nairobi und der Hafenstadt Mombasa.

Afrika hat gerade mal ein Fünftel der geteerten Straßen entwickelter Länder. Die Afrikanische Entwicklungsbank treibt denn auch zusammen mit der Afrikanischen Union und den Vereinten Nationen ein anspruchsvolles Unterfangen voran: die Trans-African Highways. Darunter fallen insgesamt neun Fernstraßen, die wie ein Netzwerk den Kontinent durchziehen sollen. Fast alle Länder Afrikas sollen mit diesen Straßen verbunden werden und den afrikanischen Binnenhandel erleichtern. Die einzelnen Routen sind schlicht nach ihren Anfangs- und Endpunkten benannt, darunter die Nord-Süd-Verbindung Kairo nach Kapstadt, die Ost-West-Verbindung Lagos nach Mombasa und die Route quer durch die Sahara von Algier nach Lagos. Die älteste Handelsstraße Afrikas ist nach wie vor eine besondere Herausforderung für Mensch und Maschine. Insgesamt umfasst das Trans-African-Highways-System rund 57 000 Kilometer. Derzeit sind noch viele Teilstücke ungeteert und lassen sich nur mit einem Allradfahrzeug befahren.

Ein ähnliches Bild zeigt sich bei den Eisenbahnstrecken. Die meisten Trassen wurden während der Kolonialzeit gebaut. Schmalspurbahnen, die inzwischen, ob im Sudan oder in Kenia, bis auf wenige Ausnahmen verrottet sind oder sich nur noch im

Schritttempo fahren lassen. Bergbaufirmen wie Rio Tinto mussten für die Simandou-Mine in Guinea ihre eigenen Eisenbahnlinien legen, um den Transport der Rohstoffe zu gewährleisten. Diese Firmen gehen oft in Regionen, in die kaum Fahrgäste wollen. Deswegen liegt der Anteil am Personenverkehr bei afrikanischen Eisenbahnen lediglich bei 20 Prozent.

Das Teure an diesen Linien ist die Instandhaltung. Deshalb haben noch immer 13 von 54 afrikanischen Ländern gar keine Zugverbindungen. Obwohl der Kontinent 22 Prozent der Fläche der Welt ausmacht, liegen dort lediglich sieben Prozent des globalen Schienennetzes. »Die meisten Linien sind langsame, kleine, unterkapitalisierte Netzwerke mit geringen Achslasten«, resümiert eine Studie der Afrikanischen Entwicklungsbank. Afrika braucht rund 70 Milliarden US-Dollar pro Jahr, um die Defizite auszugleichen, kann aber derzeit nur etwas mehr als 30 Milliarden aufbringen. Der Rest muss aus dem Ausland kommen, von Regierungen mit unternehmerischer Weitsicht und einem dicken Geldbeutel.

Wie schwierig die Finanzierung und Umsetzung sein kann, sieht man selbst in Südafrika. Das Land am Kap ist ein Paradebeispiel dafür, wie nahe Erste und Dritte Welt beieinanderliegen können. Selbst hier fehlt es noch an Infrastruktur, was die Wirtschaft täglich vor große Herausforderungen stellt. Johannesburg hat den Gautrain, Südafrikas neues hochmodernes U- und S-Bahn-System, das die Stadt mit Pretoria und dem internationalen Flughafen OR Tambo schnell und effizient verbindet. Es ist das modernste seiner Art in Afrika – wird angesichts der gehobenen Ticketpreise jedoch nur von der Mittelklasse genutzt. Die einfache Bevölkerung zwängt sich nach wie vor in die knallgelben Vorstadtzüge der Metrorail, um von den Townships in die Innenstädte zur Arbeit zu gelangen. Metrorail-Züge fahren auch in Kapstadt, Durban und East London. Das wirre Schienensystem, das die südafrikanische Provinz Gauteng durchzieht und das den alten Strömen der Arbeitsmigranten folgt, ist veraltet und überlastet. Gelegentlich kommt es vor, dass Diebe über Nacht Hunderte Meter Gleise abbauen, um sie an Altmetallhändler zu verkaufen. Am nächsten Morgen pendeln dort dann keine Züge mehr. Die Menschen müssen auf Kleinbusse umsteigen und kommen zu spät oder gar nicht zur Arbeit. PRASA (Passenger Rail Agency of South Africa), die staatliche Gesellschaft, zuständig für den Personenverkehr, hat alle Hände voll zu tun, den Betrieb auf ihren 2000 Kilometer Schienen und 370 Bahnhöfen überhaupt aufrechtzuerhalten.

Auch die Fernzüge der staatlichen Eisenbahngesellschaft Shosholoza Meyl sind nicht viel besser. Sie stammen meist noch aus den 1950er-Jahren und rumpeln mit einer Durchschnittsgeschwindigkeit von rund 50 Stundenkilometern meist mit stundenlanger Verspätung zwischen den Metropolen des Landes hin und her. Der Name »Shosholoza« leitet sich von dem wohl bekanntesten, volkshymnengleichen Lied in Südafrika ab und bedeutet so etwas wie »Geh mutig vor«. »Meyl« heißt schlicht Fernverkehrszug. Außen wirken die bunt bemalten Züge so freundlich wie ein Regenbogen – im Inneren erinnern sie eher an die graue DDR. Die Waggons sind schmutzig und schlecht gewartet, die veralteten und maroden Schienen bremsen die Züge. Immerhin: Das Bahnpersonal bleibt vor allem im Vergleich zu Deutschland erstaunlich freundlich und erträgt die Zumutungen mit Humor.

Der Zustand und die Kapazität des Schienennetzes in Südafrika reichen erst recht nicht für den zunehmenden Güterverkehr. Insgesamt laufen mehr als 20 500 Kilometer Schienen für Frachtzüge durch Südafrika, ein Großteil davon wurde bereits 1925 gebaut. Die Hoffnung ist, dass diese Schienen ihr 100-jähriges Dienstjubiläum in zehn Jahren nicht mehr erleben. Selbst die Signaltechnik stammt aus den 1960er-Jahren und müsste dringend modernisiert werden. Die Kohle aus den großen Minen in der nordöstlichen Provinz Mpumalanga etwa muss zum Hafen von Richards Bay am Indischen Ozean transportiert werden. Der nächste südliche Hafen ist Durban, gut 150 Kilometer entfernt. Der nächste im Norden liegt schon in Mosambik, etwa 450 Kilometer weit weg in Maputo. Der Kohleterminal im Hafen von Richards Bay ist einer der größten der Welt. Die Kohle kann jedoch nicht schnell genug ans Meer transportiert werden. Eine 147 Kilometer lange Stichstrecke durch das benachbarte Swasiland soll nun die Hauptstrecke entlasten und zusätzliche 15 Millionen Tonnen Kapazität pro Jahr bringen. Neue Kohleminen werden zudem über neue Bahnlinien an das Bahnnetzwerk angeschlossen. Gleichzeitig fließt mehr als die Hälfte des jährlichen Budgets von PRASA in die Instandhaltung der existierenden Trassen. Und bei alldem reden wir in Südafrika noch von dem einzigen funktionierenden Eisenbahnnetzwerk auf dem ganzen Kontinent. Das bedeutet schlicht: In anderen Ländern ist es noch schlimmer. Oder andersherum betrachtet: Hier liegen große Chancen. Infrastrukturaufträge winken für Jahrzehnte, möglicherweise auch für deutsche Mittelständler, und sei es nur als Zulieferer für Signaltechnik, Waggons oder Eisenbahnkräne, in denen die Deutschen Weltmarktführer sind.

Wo die Kapazitäten der Eisenbahnen nicht mehr ausreichen, mühen sich schwer beladene Lkw in langen Konvois auf der Nationalstraße über Ausläufer der Drakensberge vom Hafen am Indischen Ozean in Durban in Richtung Johannesburg und weiter ins Innere des südlichen Afrika. Die autobahnähnlichen Fernstrecken lassen sich gut fahren. In den vergangenen Jahren wurden fast alle neu geteert. Die staatliche Autobahnbetreibergesellschaft SANRAL ist verantwortlich für mehr als 21 000 Kilometer Fernstraßen in Südafrika und hat das gut im Griff. Im Großraum Johannesburg und Pretoria, ein wichtiger Autobahnknotenpunkt der nationalen Wirtschaft, wurden insgesamt 180 Kilometer Autobahn gleichzeitig erneuert und ausgebaut, meist von drei auf fünf Spuren. Der Verkehr kommt nun seltener ins Stocken. Trotzdem stieß die Finanzierung der Autobahnerneuerung auf wenig Begeisterung, denn die Autofahrer müssen seitdem Maut zahlen. Auch die Lebenshaltungskosten der Pendler – und das sind die meisten Arbeitnehmer – sind damit gestiegen: Die höheren Aufwendungen für den Transport, etwa von Lebensmitteln, schlagen die Händler auf die Preise auf.

Bei den Regional- und Lokalstraßen sieht es nach wie vor schlecht aus. Hier sind wir wieder in dem Afrika, das nur gebremst funktioniert. Jahrzehntelanger Schlendrian bei der Instandsetzung und zunehmender Schwerlastverkehr haben auf weiten Strecken die Teerdecken erodieren lassen. Überall tun sich riesige und mitunter gefährliche Schlaglöcher auf. Anfang 2014 sorgte ein Bild einer jungen Frau, Rosie Morrison, in den Medien für Aufregung. Lediglich mit einem Bikini bekleidet nahm Morrison ein Bad im schlammigen Wasser eines Schlagloches auf der Landstraße R36 in der Provinz Mpumalanga. Das Loch hatte einen Durchmesser von eineinhalb Metern. Morrison hatte Seife und Handtuch dabei sowie ein Buch zum Schmökern und ein Glas südafrikanischen Rotwein. »Die Straße kann nicht mehr geflickt werden, sondern muss rehabilitiert werden«, musste Dumisani Malamule, ein Sprecher der Provinzregierung, zugeben. Die schweren Lkw der Minen haben die Straße kaputt gefahren, eine Transportalternative wie etwa die Eisenbahn gibt es in der betroffenen Region nicht.

Die Abgeordneten des Parlaments mussten sich kürzlich vom Leiter des Transport Department vorrechnen lassen: Südafrika benötigt umgerechnet rund zehn Milliarden Euro für die Reparatur regionaler Straßen. Rund 173 000 Kilometer der Straßen, davon gerade mal 16 500 Kilometer geteert, sind in einem »schlechten oder sehr schlechten« Zustand. Die Reparatur habe »monumentale Ausmaße«, heißt es in einem Bericht. Und das, um es noch einmal zu betonen, in Südafrika, einem Land, in dem die Verwaltung trotz massiver Aufgaben im Vergleich zu anderen Ländern des Kontinents noch relativ gut funktioniert.

Im Rest von Afrika sieht es wesentlich schlechter aus. Das liegt nicht nur an der Armut oder gar dem Unvermögen afrikanischer Verwaltungen, die Infrastruktur zu planen, sondern auch an der kolonialen Vergangenheit. Die Kolonialherren haben dankenswerterweise die Infrastruktur Afrikas aufgebaut:

Die meisten Eisenbahnlinien stammen noch aus der Zeit. Weniger bekannt ist, dass die Kolonialherren auch Beweglichkeit verhindert haben, vor allem wenn es um Nachbarländer ging, die einer anderen Kolonialmacht gehörten. Insofern ist die Infrastruktur zerstückelt. Niemand plante über Grenzen hinweg. »Wir kommen aus einer kolonialen Vergangenheit, in der viele Länder durch holzschnittartige Grenzen geteilt wurden und es keine Bewegungsfreiheit gab«, erläutert der südafrikanische Präsident Jacob Zuma. »Daher ist es schwierig, unsere Länder mit Infrastruktur zu verbinden.«

Die marode Infrastruktur des Kontinents diktierte denn auch wieder einmal die Agenda beim World Economic Forum on Africa, das im Mai 2014 in der nigerianischen Hauptstadt Abuja im Norden des Landes stattfand. Es war das erste Mal, dass das Forum in Westafrika abgehalten wurde. Von Beginn an stand es unter keinem guten Stern, kurz zuvor waren terroristische Anschläge in der Nähe des Tagungsortes verübt worden. Hochrangige Teilnehmer wie einige Minister aus Südafrika, die ihr Kommen zugesagt hatten, trauten der nigerianischen Regierung nicht zu, für ausreichend Sicherheit zu sorgen, und sagten kurzfristig ab. Der ehemalige Wirtschaftsminister und Ex-Vorsitzende der FDP, Philipp Rösler, mittlerweile Vorsitzender des Aufsichtsrates des World Economic Forum, versuchte, im Vorfeld des Treffens die Wogen zu glätten. Auch er war sich bewusst, dass Nigeria sich angesichts der nicht abreißenden Anschlagsserie innenpolitisch in einer schwierigen Situation befand und international unter Druck stand. Auf der Veranstaltung ging es aber darum, die längerfristige Rolle Nigerias für Afrika deutlich zu machen, das Zugpferd, »das die Hoffnungen und Herausforderungen eines ganzen Kontinents nicht nur verkörpert, sondern diese tatsächlich mitbestimmen kann«, so Rösler.

Nur einen Monat später kam die politische und wirtschaftliche Elite des Kontinents dann erneut zusammen, diesmal in der senegalesischen Hauptstadt Dakar. Die »Neue Partnerschaft für Afrikas Entwicklung« NEPAD, eine Initiative der Afrikanischen Entwicklungsbank, hatte das Treffen organisiert. Das Thema lautete: Wie kann Afrika den Aufbau der Infrastruktur finanzieren? Nach jahrzehntelanger Abhängigkeit von ausländischen Investoren sollte nun zum ersten Mal ein Konzept entstehen, wie Afrika beim Aufbau der Infrastruktur mehr auf eigenen finanziellen Beinen stehen kann. Das Fazit von Donald Kaberuka, Präsident der Afrikanischen Entwicklungsbank: »Mit ›business as usual‹ lässt sich unsere Infrastruktur nicht finanzieren.«

Gegen Ende des Gipfels kristallisierten sich 16 Projekte heraus, denen höchste Priorität eingeräumt wurde. Auf der Liste stehen Wasserkraftwerke, die Erweiterung von Häfen, die Modernisierung von Eisenbahnlinien, neue Glasfaser- und Stromnetze sowie der Ausbau von wichtigen Fernstraßen. Gebaut wird in Staaten, in denen die Wirtschaft gut läuft, darunter Boomländer wie Nigeria, Angola und Kenia, aber auch Länder aus der wirtschaftlich zweiten Reihe wie Tansania, Sambia, Uganda oder Kamerun. Die Projekte gehören zu einem Bündel von insgesamt 51 Bauvorhaben, die bis 2020 fertiggestellt werden sollen. Gesamtvolumen: 68 Milliarden US-Dollar. Die Resonanz war positiv. Für Ibrahim Mayaki etwa, CEO von NEPAD, war der Gipfel kein »afrikanischer Talk Shop«, bei dem nur geredet und nicht gehandelt wird, sondern hat »neue Ansätze in der Vorbereitung der Infrastrukturprojekte« gebracht. Darunter fallen auch neue Strategien der Finanzierung.

Afrika entwickelt sich weiter – auch was die Strategie angeht. Inzwischen tun sich die Länder einer Region zusammen, um gemeinsam ihre Infrastruktur auszubauen. Die führenden Mitgliedsstaaten der ostafrikanischen Gemeinschaft Kenia, Uganda und Tansania einigten sich darauf, einen Großteil ihres Staatshaushalts für Infrastruktur zu verwenden. Kenias Finanzminister, Henry Rotich, kündigte ein Budget von 20,34 Milliarden US-Dollar an, das sind mehr als 85 Prozent des nationalen Haushalts. Ein gewaltiger Kraftakt für das Land. Seine resolute

Kollegin aus Uganda, Maria Kiwanuka, die ihr Regierungshandwerk während zehn Jahren bei der Weltbank gelernt hat, bevor sie sich in ihrem Heimatland als Unternehmerin einen Namen machte, sagte rund 5,2 Milliarden US-Dollar zu. Für das Geld werden vor allem Straßen gebaut. Wieder: Ein Großteil der Investition soll aus eigenen Staatseinnahmen finanziert werden. Zusätzliche Steuern sollen sicherstellen, dass das Geld nicht ausgeht. In Tansania stellt Finanzministerin Saada Mkuya zwölf Milliarden US-Dollar bereit. Auch Ruanda investiert. Die Regierungen haben inzwischen verstanden, dass neue Infrastruktur der wichtigste Motor für wirtschaftlichen Aufschwung ist und erst dann internationale Industrieinvestitionen ins Land fließen.

Beim Wettbewerb um die Aufträge spielen die Chinesen ganz vorn mit. Ende November 2014 schlossen die Chinesen in Nigeria den größten Auslandsauftrag ihrer Geschichte ab. Die China Railway Construction Corporation (CRCC) baut eine 1400 Kilometer lange Zugstrecke mit Bahnhöfen zwischen der Metropole Lagos im Westen Nigerias und der südöstlichen Hafenstadt Calabar. Für 12 Milliarden US-Dollar erhielt CRCC von Nigerias Regierung den Zuschlag. Die Verbindung wird während der Bauphase 200 000 Stellen und dauerhaft 30 000 Jobs für Nigerianer schaffen. Der Bauauftrag ist für China mindestens so wichtig, wie für Nigeria und Afrika insgesamt. Er ist ein Meilenstein für Peking. Denn es bedeutet Wirtschaftswachstum für China in einer Zeit in der Peking der schwächelnden Wirtschaft Ende 2014 mit einer Zinssenkung Spielraum verschaffen musste. Allein die CRCC hat in Nigeria 112 Projekte mit einem Vertragsvolumen von knapp 30 Milliarden US-Dollar und rund 20 000 lokalen Mitarbeitern. Damit ist es gleichzeitig auch ein Meilenstein von CRCC, auf dem Weg zum global konkurrenzfähigen chinesischen Großkonzern. Dem Unternehmen gelang damit eine Schlappe im globalen Wettbewerb auszugleichen, die die CRCC kurz zuvor in Mexiko erlitten hat. Für über drei Milliarden US-Dollar sollte CRCC eine neue Hochgeschwindigkeitsstrecke in Mexiko bauen. Die dortige Regierung machte aber einen plötzlichen Rückzieher – angeblich wegen Unregelmäßigkeiten beim Vergabeverfahren. Die Chinesen planen nun eine Klage gegen die Mexikaner. Denn sie wollen verhindern, dass Mitbewerber wie Siemens nun wieder gute Chancen haben, den Deal abzugreifen. Der deutsche Wettbewerber von CRCC hatte zuvor sein Angebot nicht fristgerecht abgegeben.

Anfang Dezember dann konnte die CRCC trotz Ebola-Krise eine andere Strecke in Nigeria bereits fertigstellen. Es handelt sich um eine Strecke von der Hauptstadt Abuja nach Norden in den Bundesstaat Kaduna. Seit Anfang 2015 fahren die Züge: »Wir haben negative Auswirkungen der Ebola-Epidemie, hohe Temperaturen von 50 Grad Celsius, Terroranschläge und andere unvorstellbare Schwierigkeiten überwunden«, sagt Cao Baogang Vizevorsitzender der CRCC Afrika. Das schwierigste an den Verhandlungen war die Frage der Lokalisierung von Arbeitskräften. In dieser Frage geben die afrikanischen Regierungen längst nicht mehr soviel nach wie früher. Ähnliches passiert in Äthiopien, wo es um die Erneuerung der Linie von Addis Abeba nach Dschibuti geht. Gesamtkosten: drei Milliarden US-Dollar für 756 Kilometer Eisenbahntrasse, die von Zügen mit einer Geschwindigkeit von 120 Kilometern pro Stunde genutzt werden kann – die schnellste in der Geschichte Äthiopiens. Auch in Angola, einem wichtigen Öllieferanten, bauen die Chinesen Infrastruktur aus. In Südafrika gab es bis vor Kurzem noch die Idee eines Prestigeprojektes: eine Hochgeschwindigkeitsverbindung von Durban nach Johannesburg. Doch deren Umsetzung verlief im Sand. Stattdessen liefern die Chinesen nur Lokomotiven im Wert von 400 Millionen US-Dollar. So sollen die bestehenden Züge, die in der Regel die Minen mit den Seehäfen verbinden, entlastet werden.

Ein Dreh- und Angelpunkt in Ostafrika ist die kenianische Hafenstadt Mombasa. Deren Hafen gilt als der zentrale Umschlagplatz der Region, auch wenn erst 30 Prozent der Waren, die dort ankommen, in die Nachbarländer gehen. Tansania und

Uganda profitieren immer mehr von Mombasa. Und die anderen Länder der Region wie der Südsudan, Burundi, der Osten des Kongos und Ruanda, die keinen eigenen Zugang zum Meer haben, wickeln ihren Handel mehr und mehr über Mombasa ab. Der Hafen hat einen Einzugsbereich von 130 Millionen Menschen. Vor allem Eisen, Stahl und Autos werden importiert, das meiste davon aus Fernost. China führt viele seiner einfachen, aber preiswerten Autos über Mombasa ein. Exportiert werden hauptsächlich Kaffee und Tee, aber auch Natriumkarbonat, das für die Herstellung von Glas verwendet wird. Mombasa ist auch an die Eisenbahnlinie über Nairobi nach Uganda angeschlossen, die aber dringend renoviert werden muss.

Das Frachtaufkommen im Hafen von Mombasa wuchs von 2011 bis 2013 um zehn Prozent auf über 22 Millionen Tonnen. Die riesigen Containerkräne, die in den Himmel ragen, arbeiten Tag und Nacht. Mittlerweile geht auch die Abfertigung schneller. Lagen die Schiffe früher im Durchschnitt eine Woche an der Pier, sind es heute nur noch drei Tage. Dennoch warten am Horizont noch immer zahlreiche riesige Frachtschiffe auf der Reede darauf, dass sie an die Reihe kommen. Mombasa könnte schon jetzt, ohne die neue Eisenbahnstrecke in die Hauptstadt Nigerias, viermal mehr Schiffe abfertigen, aber die Kapazität reicht dazu nicht aus. Die Hafenbehörde ist darum bemüht, die Warenabfertigung so effizient wie möglich zu gestalten. Gelegentlich streiken die Hafenarbeiter, weil sie mehr Lohn wollen. Dann ruht alles. Ständig wird der Hafen erweitert, mit tatkräftiger Unterstützung der chinesischen Regierung.

Die Chinesen sicherten sich so Sonderkonzessionen im Hafen. Ihre Schiffe werden nun bevorzugt abgefertigt, was ihnen den Handel mit den ostafrikanischen Ländern einfacher macht. Aber der Weitertransport ist schwierig. Es ist teuer, Güter in Ostafrika zu transportieren. Ein Container aus Ostasien kann innerhalb einer Woche für rund 2000 Euro nach Mombasa verschifft werden. Von dort bis zum Zielort in Kampala, der 1200 Kilometer entfernten Hauptstadt von Uganda, kann der Weitertransport allerdings zusätzliche drei Wochen in Anspruch nehmen, was noch einmal um die 4500 US-Dollar kostet. Deshalb haben sich wieder die Chinesen entschlossen, nun auch endlich die Bahnstrecke von Mombasa über Nairobi nach Uganda mitzufinanzieren und auszubauen. Beim Besuch von Premierminister Li Keqiang im Frühjahr 2014 wurde der Vertrag von der China Road and Bridge Corporation (CRBC) und dem Ministry of Transport, Republic of Kenya (MOT) unterschrieben. Vier Milliarden US-Dollar wird der erste Teil der Strecke kosten. Die Fahrzeit zwischen Mombasa und Nairobi verkürzt sich damit von zwölf auf viereinhalb Stunden beim Personenverkehr und acht Stunden beim Güterverkehr. Die Transportkosten sinken um 75 Prozent. »Dieses Projekt wird meinen Ruf als Präsident bestimmen«, sagte Präsident Uhuru Kenyatta bei der Vertragsunterzeichnung. »Das, was wir hier tun, wird mit ziemlicher Sicherheit nicht nur Kenia verändern, sondern ganz Ostafrika.« Es ist neu, dass afrikanische Politiker stolz auf Eisenbahnnetzwerke sind. Lange waren sie eher stolz auf Bauten, die man besser vorzeigen kann: Stadien, Ministerien, Shopping Malls. Neu ist auch, dass es ihnen nun auch gelingt, die Finanzierung hinzubekommen. Die China Exim Bank trägt 90 Prozent der Kosten für die erste Phase bis Nairobi. Die kenianische Regierung die restlichen zehn Prozent.

Der Bau begann im Oktober 2014. Genau 120 Jahre nachdem die Briten mit der Errichtung der Schmalspurlinie begonnen hatten. Eine Bahn, die mit dem Spitznamen Lunatic Express später Geschichte machen sollte, als eine der wichtigsten Infrastrukturprojekte der Kolonialzeit. 1899 erreichten die Gleise Nairobi, 1901 die Stadt Kisumu am Ostrand des Victoriasees in Uganda. Allerdings mussten damals über 30 000 überwiegend indische Zwangsarbeiter die Schienen verlegen, um den Zeitrahmen einzuhalten. 2500 von ihnen starben beim Bau der Bahn. Allein in einer Nacht im Jahr 1898 kamen 28 bei einem Angriff von zwei Löwen um. Andere starben bei Attacken durch Massai, denen Züge Angst machten, oder an Malaria.

Von den Überlebenden sind 6000 Inder im Land geblieben. Ihre Nachfahren wurden in den 1970er-Jahren von Ugandas Diktator Idi Amin ausgewiesen. Diesmal sind es die Chinesen, die die Strecke bauen, keine Zwangsarbeiter mehr, sondern auch für chinesische Verhältnisse gut bezahlte Montagearbeiter. 2018 sollen bereits die ersten Züge rollen.

Im Ersten Weltkrieg spielte die Eisenbahnlinie eine zentrale Rolle. Sie wurde von dem deutschen General Paul Emil von Lettow-Vorbeck erobert. Er ging in die Geschichte ein als der einzige deutsche General, dem es gelang, mit seiner kaiserlichen Schutztruppe im Ersten Weltkrieg auf britisches Gebiet vorzudringen. Er griff aus Deutsch-Ostafrika, dem heutigen Tansania, das damals britische Kenia an. Mit 3000 Deutschen und 11 000 Afrikanern gelang es ihm, eine Armee von 300 000 britischen, belgischen und portugiesischen Truppen zu schlagen. Seine wichtigste Beute war die Eisenbahnlinie. Sein Sieg ging als »die größte und erfolgreichste einzelne Guerillaaktion in die Geschichte ein«, wie der amerikanische Militärhistoriker Francis Edwin Hyde noch in den 1980er-Jahren betonte. Genützt hat es nichts. Die Deutschen verloren den Ersten Weltkrieg, und die Eisenbahn wurde bis zur Unabhängigkeit Kenias 1963 von den Briten kontrolliert.

Den meisten Menschen im Westen ist der General allerdings aus einem anderen Grund bekannt. Auf seinen Posten reiste er mit dem Schiff von Neapel aus und lernte auf dieser Reise eine Frau kennen, deren Trauzeuge er in Mombasa werden sollte. Für diese Frau hatte der Zug von Mombasa nach Nairobi eine entscheidende Bedeutung. Sie hieß Tania Blixen. Über ihr Leben drehte der Regisseur Sydney Pollack 1985 nach ihrem gleichnamigen autobiografischen Roman von 1937 den Film *Out of Africa*, mit Meryl Streep, Robert Redford und Klaus Maria Brandauer in den Hauptrollen. Der Film spielt auch in diesem Zug: Dort lernt die frisch verheiratete Blixen ihre große Liebe, den Großwildjäger Denys Finch Hatton, kennen. Doch die Zugverbindung war noch aus einem weniger romantischen

Grund für sie wichtig. Erst die Bahn ermöglichte es, dass Blixen eine Kaffeefarm am Rande Nairobis betreiben konnte. Die Eisenbahn sei das »ehrgeizige und meisterhafte Symbol der materiellen Zivilisation, die durch eine Natur der gleichsam wilden Menschen und Tiere getrieben wurde«, schwärmt US-Präsident Theodore Roosevelt, als er mit dem Zug auf Safari fuhr. In unseren Ohren klingt das heute ebenso rassistisch wie pathetisch, es gibt jedoch den Stolz und die Bedeutung der Eisenbahnlinie damals ziemlich authentisch wieder. Und auch wenn die Sprache nicht mehr zeitgemäß ist, eines können wir noch heute aus den Äußerungen lernen: Infrastruktur kann nicht nur Berge versetzen, sondern auch Menschen ins Schwärmen bringen und vor allem: Infrastruktur kann heute wie damals zu großen Taten motivieren. Dass nun diese Strecke rehabilitiert wird, ist nicht weniger als ein historisches Ereignis, von dem man noch gar nicht absehen kann, wie es die Menschen in Kenia und in den Nachbarländern verändert, welche Chancen es ihnen gibt.

Die moderne Strecke soll ein Netzwerk werden, wenn sie voll ausgebaut ist. In Nairobi teilen sich die Gleise, ein Zweig geht Richtung Norden in die äthiopische Hauptstadt Addis Abeba. Der andere teilt sich gleich mehrfach. Eine Strecke geht in Richtung Nordwesten nach Juba, der neuen Hauptstadt des jüngsten Staates Südsudan, der erst 2011 gegründet wurde und seitdem im Chaos versinkt. Eine andere führt nach Kampala in Uganda. Ugandas Präsident Yoweri Museveni ist glücklich: »Wir sind froh, dass China sich auf die wichtigen Infrastrukturprojekte konzentriert.« Allein hätte Uganda das nicht stemmen können. Museveni kann sich eine Spitze gegen den Westen nicht verkneifen: »Die Chinesen belehren uns nicht, wie man lokale Regierungen führt, und werfen uns nicht andere Themen vor, die ich hier nicht weiter erwähnen will.« Die anderen Themen sind Korruption.

Auch im Kongo ist man dankbar, dort soll die Trasse bis nach Kisangani gehen. Den Bau neuer Eisenbahnlinien lässt sich das Land mehr kosten, als der Staatshaushalt hergibt. Neun Milliarden US-Dollar sind für das Mammutvorhaben geplant. Zwei staatliche chinesische Bauunternehmen und ein Kupferkonzern haben den Zuschlag bekommen.

Auch nach Ruanda soll das Zugnetzwerk reichen und von dort nach Bujumbura in Burundi. Wenn dieses Streckengeflecht erst fertig ist, werden auch im Westen die Namen dieser Städte sehr geläufig werden. Daran wird man den Erfolg des Eisenbahnnetzwerks am besten messen können. »Dieses Projekt demonstriert«, lobt sich Premierminister Li Keqiang beim Abschluss des Vertrages über den Bau, »dass es gleichberechtigte Kooperation und gegenseitigen Nutzen zwischen China und Ostafrika gibt.« Er reagiert damit auch auf die Kritik, China beute Afrika aus. Es ist nicht überraschend, das Uhuru Kenyatta nicht dieser Ansicht ist. Das Verhältnis basiere auf »gegenseitigem Vertrauen«. Kenia hat einen »ehrenhaften Partner in China« gefunden.

Und tatsächlich: Die Chinesen sind immer mehr gezwungen, sich zu benehmen, denn die asiatischen Wettbewerber schlafen nicht. Das bedeutet vor allem, mehr zu lokalisieren, sprich die Firmen und Arbeitskräfte vor Ort miteinzubeziehen, wie es die afrikanischen Regierungen fordern. Die China Communications Construction Company (CCCC) betont, dass das Eisenbahnprojekt allein während seiner Bauzeit 1,5 Prozent zum Bruttoinlandsprodukt beitragen und 60 neue Arbeitsplätze pro Kilometer schaffen wird. Darüber hinaus könnte das Projekt 10 000 Jobs im Zulieferbereich schaffen, weil Stahl, Zement, Aggregate, Stromversorgung, Kabel und Dachziegel für die Bahnhöfe vor Ort eingekauft werden. Hält die CCCC ihre Versprechen nicht, gibt es von der Politik Druck. Denn die CCCC baut auch Teile des neuen Hafens im kenianischen Lamu. Und die ebenfalls chinesische Anhui Construction Engineering Group hat 2012 mit der staatlichen Kenya Airports Authority ein 654-Millionen-US-Dollar-Geschäft unterschrieben, um den Flughafen auszubauen. Insgesamt hat Anhui eine Exportkreditlinie von 546 Millionen US-Dollar verhandelt. Der Flughafenterminal soll pünktlich zur Jungfernfahrt des ersten Zuges fertig sein. Bis dahin werden rund 40 neue Bahnhöfe entstehen. Jeder dieser Bahnhöfe bedeutet Chancen für ein besseres Leben vieler Menschen. Und kaum jemand zweifelt daran, dass die Chinesen ihren Plan einhalten und die Strecke pünktlich 2018 eröffnet wird.

Bis dahin soll dann auch der Hafen von Mombasa ausgebaut sein. Vorbild dafür ist der Hafen von Durban, der größte in Afrika. Rund 70 Millionen Tonnen pro Jahr kann er abfertigen, mehr als dreimal so viel wie derzeit Mombasa. Gemeinsam mit Melbourne in Australien ist Durban die Nummer eins bei Containerhäfen in der südlichen Hemisphäre. Durban unterhält auch ein großes Trockendock zur Reparatur von Schiffen.

Der Eingangskanal zum Hafen wurde kürzlich breiter und tiefer gebaggert, damit nun auch die mit knapp 400 Metern größten Containerschiffe, in Südkorea gebaut und betrieben von der dänischen Containerschiffsreederei Maersk, anlegen können. Das ist wie so oft derzeit in Afrika erst der Anfang. Die Hafenbetreibergesellschaft Transnet hat das einige Kilometer südlich der Metropole gelegene Gelände des ehemaligen internationalen Flughafens von Durban gekauft, nachdem der neue King Shaka International Airport 35 Kilometer nördlich von Durban kurz vor der Fußball-WM 2010 eröffnet wurde. Hier wird ein neuer moderner Containerhafen für fast sieben Milliarden Euro entstehen – zwei Kilometer im Landesinnern. Zwischen dem alten Flughafen und dem Meer liegen große petrochemische Einrichtungen, darunter Raffinerien. Der neue Hafen muss ins Land gegraben werden, daher der schlichte Name: Durban Dig-Out Port, kurz DDOP.

Der Spatenstich ist für Mitte 2016 geplant. Der Direktor des Projekts, Marc Descoins, hatte ursprünglich erwartet, dass die ersten Schiffe bereits 2020 anlegen können, aufgrund technischer Hürden kann sich die Eröffnung jedoch verzögern. Weitere 20 Jahre dürften ins Land gehen, bis alle Bauphasen des neuen Hafens abgeschlossen sind. Dann sollen zwischen neun und zwölf Millionen Container abgefertigt werden. 2013 waren es lediglich 2,7 Millionen. Mit dem neuen Hafen will Südafrika seine Führungsposition auf dem Kontinent festigen. Transnet schätzt, dass durch den Bau des Hafens 64 000 Jobs geschaffen werden und zusätzlich 400 Millionen Euro pro Jahr in die Wirtschaft des Landes fließen. Langfristig geht man von zusätzlichen 28 000 Arbeitsplätzen aus. Für die Übergangszeit wird der existierende Hafen für gut 130 Millionen Euro renoviert. Vor allem Exporteure hatten sich in der Vergangenheit darüber beklagt, dass der Hafen zu teuer und ineffizient sei. Im globalen Vergleich ist Durban immer noch ein teurer Hafen.

Die Erweiterung des Hafens von Durban ist Teil eines Masterplans, alle wichtigen Häfen in Südafrika gleichzeitig zu erweitern oder zumindest zu modernisieren. Darunter fallen die Kohleterminals von Richards Bay und East London sowie der neue Tiefseehafen von Ngqura bei Port Elizabeth in der Nähe der Industriezone Coega. Coega, eine 4,1-Milliarden-US-Dollar-Investition ist noch nicht so richtig in Schwung gekommen, aber die Chinesen haben kürzlich zugesagt, eine Lkw-Fabrik dort zu bauen. Auch der Hafen von Saldanha Bay in der Provinz Western Cape, über den vor allem Mangan verschifft wird, soll erweitert werden. Weitere Pläne sehen den Ausbau von Terminals zur Verschiffung von Autos und Lkw sowie petrochemischer Produkte vor. Zudem möchte Südafrika in Zukunft mehr Bohrinseln reparieren und warten, ein lukrativer Service, der in den Erdöl produzierenden Ländern entlang der west- und ostafrikanischen Küste dringend gebraucht wird.

Rohstoffe, wie wir in Kapitel 2 schon gehört haben, werden auf Jahrzehnte noch eine wichtige Einnahmequelle für Südafrika bleiben. Der Regierung ist deshalb viel daran gelegen, dass die veralteten Häfen nicht zum Nadelöhr für Exporte werden. Die Pläne gehen aber nur auf, wenn die Wirtschaft im Rest Afrikas weiter wächst. Verlangsamt sich das Wachstum, wirkt sich dies auch auf die Wirtschaft von Südafrika aus. Der Einbruch im Handel mit den europäischen Staaten in den vergangenen Jahren hat sich bereits bemerkbar gemacht, auch wenn dies durch eine

Zunahme des Handels mit Ostasien, vor allem China, mehr als kompensiert werden konnte. Industrieexperten gehen dennoch davon aus, dass mindestens fünf Prozent Wirtschaftswachstum in Südafrika notwendig sind, damit die Rechnung aufgeht.

Ähnlich wie in Kenia geht es jetzt auch mit Südafrika beim Eisenbahnbau voran. Das ist auch dringend nötig. Im südlichen Afrika ist der Anteil der Gütertransporte auf der Schiene von 80 Prozent in den 1980er-Jahren auf derzeit noch zwölf Prozent gefallen. Anfang 2014 vergab Transnet Aufträge im Wert von rund 3,5 Milliarden Euro. Vier verschiedene Firmen, Bombardier und General Electric und zwei chinesische Firmen, liefern 1064 Lokomotiven. Die Loks müssen nun vor Ort montiert werden, damit auch in Südafrika Arbeitsplätze und Industrie-Know-how entstehen. Die Afrikaner lernen dazu, vor allem die Chinesen sind zu Zugeständnissen bereit.

Den umfangreichsten Deal hatte Metrorail zu vergeben. Fast alle der mehr als 4500 Züge rollen seit den 1950er-Jahren. Nach 1980 wurde kein neuer Zug mehr gekauft. Für rund vier Milliarden Euro hat Gibela, ein afrikanisches Joint Venture, geführt von dem französischen Konzern Alstom, den Zuschlag bekommen, 600 Vorstadtzüge mit 3600 Waggons zu liefern. Die Bahnen sind auf dem neuesten Stand der Technik und unterscheiden sich kaum von S-Bahn-Zügen in deutschen Großstädten. Darüber hinaus wird Gibela über einen Zeitraum von 18 Jahren technische Supportleistungen und einen Ersatzteilservice bereitstellen. Es ist eines der umfangreichsten Bahntechnikprojekte weltweit und Alstoms größter Vertragsabschluss seit Gründung des Unternehmens.

Alle Züge sind mit Klimaanlage, ergonomischen Sitzen, einem Echtzeit-Informationssystem und Wi-Fi-Internetzugang ausgestattet. Auch in diesem Fall wird lokalisiert. Gibela wird eine Produktionsstätte in Ekurhuleni östlich von Johannesburg errichten, inklusive Entwicklungs- und Ausbildungszentrum. Das Projekt wird bereits ab 2015 über 1500 direkte Arbeitsplätze im Werk und 33 000 indirekte Stellen über die ersten zehn Jahre schaffen. Damit gehen über 65 Prozent der Arbeitsplätze an lokale Arbeiter. Die ersten 20 Züge werden im brasilianischen Lapa gefertigt.

Die Signaltechnik, wichtig für den reibungslosen Bahnverkehr, konnte sich der deutsche Konzern Siemens sichern, ein Auftrag von 180 Millionen Euro. Schon 2015 sollen die ersten Züge fahren. Die Tickets werden von der Regierung stark subventioniert, sodass sich auch ärmere Menschen die Fahrt leisten können.

Von den Bahninvestitionen wird auch das – noch – beschauliche Modderfontein im Osten von Johannesburg profitieren. Zudem gibt es bereits Gespräche mit den Betreibern des Gautrain über einen eigenen S-Bahnhof. Die 20 Millionen US-Dollar dafür ist das Bauunternehmen Shanghai Zendai gern bereit zu zahlen. Zendai-Chef Dai Zhikang will, dass sein Vorzeigeprojekt ein Erfolg wird, er sieht Modderfontein als »Meilenstein« für sein Unternehmen – und als Chance, nicht nur in Südafrika, sondern auf dem gesamten Kontinent Fuß zu fassen.

Das Modderfontein-Areal, ein Filetstück Südafrikas, ließ er sich 100 Millionen US-Dollar kosten. Er zahlte den kompletten Betrag cash und bekam dafür 15 Prozent Rabatt. Innerhalb von vier Jahren soll das gesamte Gebiet übertragen werden.

»Es gibt in Südafrikas Wirtschaft nur wenige Unternehmen, die vorab so viel Geld investieren, obwohl sie wissen, dass es lange dauern kann, bis das Geld wieder reinkommt«, sagte Mark Dytor, der Verkäufer. Er ist Vorstandschef des südafrikanischen Sprengstoff- und Chemieunternehmens AECI. »Deshalb war dieser Deal ideal für uns.« Und weil der Deal so gut war, hat AECI seine Immobilientochter Heartland gleich mit verkauft.

Dass ausgerechnet ein chinesisches Unternehmen den Zuschlag bekam, ist bei vielen lokalen Firmen auf Kritik gestoßen. Gerne hätten sie in Modderfontein mitgemischt. Ursprünglich war offenbar geplant, einzelne Teile des Areals an verschiedene Unternehmen zu verkaufen. Barry Gould etwa, Direktor der

Baufirma Capco, befand sich bereits im Kaufprozess, als er erfuhr, dass er und andere Interessenten aus dem Rennen sind, weil ein chinesisches Konsortium alles übernehmen wolle. Gould hält es für »unfair«, dass die Chinesen den Zuschlag allein bekommen haben. Er weiß zwar auch, dass dieser Weg bequemer für den Verkäufer ist, aber »man kann doch nicht den ganzen Markt ausschließen, nur weil es bequem ist«. Die lokalen Käufer »haben keine soliden Angebote gemacht«, sagt AECI-Finanzvorstand Mark Kathan dazu nur knapp.

Goulds Unternehmen wollte industrielles Gebiet für gerade mal eine Millionen US-Dollar kaufen und muss sich jetzt woanders umschauen. Das ist schwierig, denn südafrikanische Firmen haben selten eine Chance gegen die Großen aus China, die wie der Visionär Dai einen guten Riecher haben und die »Preise verderben«, wie Gould findet. Dai hingegen ist überzeugt, dass in der Marktwirtschaft das bessere Angebot gewinnen soll. Die Frage ist jedoch auch: Was ist gut für Südafrika? Das ist keine wirtschaftliche, sondern eine politische Frage. Zwar ist Südafrika nach Neuseeland erst das zweite Land außerhalb Chinas, in das Dai investiert. Und auch in China wurden seine Ideen zuweilen als »verrückt« bezeichnet. Dennoch lässt der unglaubliche Erfolg seiner Immobilien Gutes hoffen. Zudem hätte kein südafrikanisches Unternehmen so schnell so viele neue Arbeitsplätze schaffen können.

Rund 22 000 neue Jobs sollen in den nächsten zehn Jahren dort entstehen, gut die Hälfte für teils oder gänzlich ungelernte Kräfte. Und Dai hat versichert, mit lokalen Lieferanten zusammenzuarbeiten. Nach südafrikanischen Schätzungen wird die südafrikanische Wirtschaft davon direkt oder indirekt mit 1,4 Milliarden US-Dollar profitieren. Die Zeiten, in denen Ausländer sich in Afrika einfach bedienen konnten, dürften nun endgültig vorbei sein.

4   Pro Bono

Vom Ende der Armut

»Entwicklungshilfe kann nur ein Lückenbüßer sein. Handel und der unternehmerische Kapitalismus haben mehr Menschen aus der Armut befreit als Hilfe von außen.« Dieses Zitat stammt nicht von Lloyd C. Blankfein, dem Chef der Investmentbank Goldman Sachs, und auch nicht von Christine Lagarde, der Chefin des Internationalen Währungsfonds (IWF), sondern von einem Mann, der mit bürgerlichem Namen Paul David Hewson heißt.

Er ist ein weltbekannter Rockmusiker, dessen Markenzeichen hellblau oder orange gefärbte breite Bulgari-Sonnenbrillen sind. Wie kein anderer hat er sich für Afrika eingesetzt. Ein Mann, der dabei einen großen Wandel durchlaufen hat, an dessen Ende dieser erstaunliche Satz steht, den er 2013 bei einem Vortrag an der renommierten Georgetown University in Washington sagte. Und der dabei auch daran erinnerte, in welchem Maße China und Indien die Auswirkungen der globalen Finanzkrise auf den Westen abgefangen haben. Bereits auf einer Technologiekonferenz in Irland ein Jahr zuvor hatte er betont, er sei demütig angesichts der Erkenntnis, wie groß die Bedeutung von Wirtschaft und Unternehmertum für die Entwicklung Afrikas sei.

Besser bekannt ist der Mann unter seinem Künstlernamen Bono. Der Ire ist Kopf und Sänger der irischen Kultband U2, einer der erfolgreichsten Rockbands überhaupt. Seine Facebook-

Beteiligung hat ihn zum Milliardär gemacht. Zusammen mit Bob Geldof, ebenfalls Ire, ebenfalls Sänger und Aktivist, hat sich der heute 55-Jährige in den vergangenen Jahrzehnten einen Namen als Kämpfer gegen die Armut vor allem in Afrika gemacht – und dabei eine erstaunliche Wandlung vollzogen.

Am Anfang seines Engagements war er erklärter Kapitalismuskritiker und Entwicklungshilfebefürworter: »Entweder investieren unsere Regierungen in Leben oder in Tod«, sagte er noch in den 1980er-Jahren. »Entweder sie investieren die Steuern in Raketen und Waffen oder sie investieren es in die Hilfe für die Armen in Afrika. Das Geld ist jedenfalls da.« Über Jahrzehnte hinweg setzte sich Bono vor allem für die Bekämpfung von HIV/Aids in Afrika und einen Schuldenerlass für Länder in der Dritten Welt ein. Seite an Seite kämpfte er mit Bob Geldof. Im Juli 1985 trat Bonos Band U2 bei »Live Aid« auf, einem Doppelbenefizkonzert in London und Philadelphia, das auf die Hungersnot in Äthiopien aufmerksam machen wollte. Die Idee dazu kam von Geldof. Er hatte vor Weihnachten 1984 englische Musiker von Rang und Namen um sich geschart und die Hitsingle »Do They Know It's Christmas?« aufgenommen, nachdem er eine Fernsehdokumentation über das Leiden in Äthiopien gesehen hatte. Noch heute wird das Lied regelmäßig vor Weihnachten im Radio gespielt. Aus Amerika kam von »USA for Africa« das Stück »We Are The World«. Deutsche Musiker steuerten ein eigenes Lied mit dem Titel »Nackt im Wind« bei. Bei der Liveaufführung im Sommer 1985 vor dem Kölner Dom sprach der Musiker Udo Lindenberg von Spendengeldern, die »nur ein erster Teil einer Rückzahlung an die durch Kolonialherrschaft ausgeplünderten Länder« seien. Die Aktion brachte gut 100 Millionen US-Dollar für die Welthungerhilfe ein.

Die Initiativen kamen an. Zu der Zeit war das Afrika-Bild noch geprägt von Hunger und Elend. Die Fans liebten die politisch engagierte Rockmusik, sie erinnerte viele an die legendären 1960er-Jahre, als Politik und Musik im Westen eine noch stärkere Einheit waren.

2002 gründete Bono dann zusammen mit Mitstreitern »Debt, AIDS, Trade in Africa« (DATA) eine nicht staatliche Organisation mit dem Ziel, Afrika in eine bessere Zukunft zu führen. Das traf die damals antiimperialistische Stimmung. Und schlug in die gleiche Kerbe wie die westliche Entwicklungspolitik: Afrika, der hoffnungslose Kontinent, dem geholfen werden musste – an dieser Sichtweise hatte sich nach wie vor wenig geändert.

Dann kam das Wendejahr 2005. 20 Jahre nach dem ersten Konzert taten Bono und Geldof sich wieder zusammen und organisierten eine Neuauflage von Live Aid, diesmal mit dem Namen »Live 8« in Anlehnung an den G8-Gipfel im schottischen Gleneagles, wo unter anderem über Entwicklungshilfe und Schuldenerlass für einige der ärmsten Länder in Afrika verhandelt wurde. Die Konzerte liefen parallel in den G8-Ländern.

Alles beim Alten, hätte man meinen können. Dabei war alles anders. Waren die Afrikaner 20 Jahre zuvor nur der stumme und hilflose Empfänger des westlichen Wohlwollens, regte sich diesmal verständliche Kritik: Es sei kein Konzert in Afrika geplant. Also setzten die beiden Musiker kurzfristig ein Konzert in Johannesburg an – bei dem dann deutlicher denn je wurde, dass selbst diese Art der Hilfe inzwischen zu gönnerhaft für Afrika ist. Sie stammt aus einer anderen Zeit. Bei den weltweit zehn Konzerten unter dem Motto »Lasst Armut Geschichte werden« feierten rund 1,7 Millionen Musikfans vor Ort. Rund zwei Milliarden Menschen verfolgten die Shows im Fernsehen. In Johannesburg war die Resonanz nicht besonders groß. Nicht mal 10 000 Konzertbesucher kamen in Südafrika zum Mary Fitzgerald Square. Und die interessierten sich mehr für die Ansprache von Nelson Mandela als für die engagierten Musiker. Westliche Rockstars sangen in reichen Ländern für Afrika. Afrikanische Musiker waren kaum eingeladen. Die aus westlicher Sicht großartige Veranstaltung hatte aus afrikanischer Sicht etwas Herablassendes. Die Menschen in Johannesburg waren schon sehr weit entfernt von den jungen Menschen in den G8-Ländern, denen noch eingebläut wurde, der Kapitalismus sei verantwortlich für das Elend in der Dritten Welt.

Es sollte noch ein gutes Jahrzehnt dauern, bis ihre Botschaft bei Bono angekommen war: »Ausländische Entwicklungshilfe ist das Heftpflaster für die Armut, freie Unternehmen sind die Heilung«, erklärte er an der Georgetown University in Washington. Bonos öffentliche Einsicht, dass sein beeindruckender Kampf für die richtige Sache die falsche ideologische Verpackung hatte, ist wohl persönlich seine größte Leistung: »Manchmal höre ich mich selbst, und ich kann es kaum glauben.« Sein Mitstreiter Bob Geldorf blieb seinen alten Sichtweisen treu. Im November 2014 nahm er mit einer Reihe von bekannten britischen Musikern eine neue Version des Klassikers von 1984 »Do They Know It's Christmas?« auf. Unter dem Namen »Band Aid 30« sollte der Erlös der Ebola-Bekämpfung in Westafrika zugute kommen. Es war mittlerweile die vierte Version des weltweit bekannten Hits. Und dieses Mal zog das Projekt den Zorn vieler Afrikaner auf sich, die es leid waren, mal wieder in einem »kulturell unsensiblen« Lied, das sich »Stereotypen bedient«, als mittellose hilfsbedürftige Arme dargestellt zu werden. Eine deutsche Version erschien unter Leitung von Campino, dem Sänger der Punkband Die Toten Hosen. Es ist hoffentlich das letzte Mal, dass europäische Sänger ohne afrikanische Sänger über Afrika singen.

Dass die Armut in Afrika stark zurückgeht, hat nur noch wenig mit der Entwicklungshilfe zu tun, wie sie der Westen über Jahrzehnte in Afrika betrieben hat. Abgesehen davon, dass die Entwicklungshilfeleistungen des Westens seit Jahren unentschieden hin und her schwanken – mal werden die Mittel gekürzt, dann wieder unter dem Stichwort »Millenniumsziele« deutlich hochgefahren, dann wieder gekürzt –, hat sich der Weg der karitativen, wenn man so will bemutternden und punktuellen Armutsbekämpfung als Sackgasse erwiesen. Unsummen wurden verbrannt ohne nachhaltigen Erfolg – diese

Erkenntnis hat sich mittlerweile bei allen Beteiligten durchgesetzt.

Der Königsweg für die Entwicklung Afrikas: Investitionen und Unternehmertum, selbstverständlich mit klaren Spielregeln des jeweiligen Staates nach dem Motto »Alles ist möglich, aber nichts, was dem Gemeinwohl schadet«. Hier haben sich aus afrikanischer Sicht China und andere asiatische Staaten, allen voran Japan, sowie Lateinamerika mit Brasilien an der Spitze als interessante Partner erwiesen. Die EU und die USA hingegen, die jede Art von Engagement unverändert an politische Vorgaben koppeln, sind auch auf diesem Feld ins Abseits geraten. Das Problem sind nicht die politischen Vorgaben. Der Wunsch nach Transparenz und guter Regierungsführung ist auch in Afrika vorhanden. Abschreckend ist jedoch der herablassende Tonfall, in dem solche Konditionen häufig kommuniziert werden. Als sei der Westen der Erziehungsberechtigte der Afrikaner. Zudem sind die Anforderungen häufig unrealistisch.

Die Entwicklungshilfe der Europäer und Amerikaner entdeckte in den 1970er-Jahren das Einzelschicksal und die Modellprojekte. Die soziale Hilfe verfünffachte sich bis Ende des Jahrzehnts und machte damit rund die Hälfte des Gesamtbudgets der afrikanischen Staaten aus. Das entsprach Anfang der 1980er-Jahre rund 36 Milliarden US-Dollar, das meiste davon jeweils zwischen Geberregierungen und Entwicklungsländern ausgehandelt. Viele sinnvolle Einzelprojekte entstanden, die Einzelnen auf wundersame Weise halfen, aber genauso schnell wieder verkümmerten, als die Hilfe eingestellt wurde.

In der folgenden Phase übernahmen deshalb die Weltbank und der IWF eine zentrale Rolle in der Afrika-Hilfe, und sie setzten verstärkt auf Kreditvergabe. Aus bilateraler wurde multilaterale Hilfe. Kredite waren so einfacher zu bekommen. Die afrikanischen Regierungen freuten sich zuerst. Das klang nach mehr Geld. Sie unterschätzten jedoch die Abhängigkeit gegenüber dem Westen, die daraus entstand. Die Zinsen waren variabel, die Länder hatten Einnahmen in lokalen Währungen, jedoch Schulden in US-Dollar. Nach der Ölkrise von 1979 und dem Krieg zwischen Irak und Iran schraubten die westlichen Industrieländer ihre Zinsen hoch. Den überschuldeten Entwicklungsländern stand das Wasser plötzlich bis zum Hals. 1982 saßen die afrikanischen Staaten auf einem Schuldenberg von acht Milliarden US-Dollar. Natürlich hatte niemand die Länder gezwungen, das Geld aufzunehmen, aber hatte der Westen sie auch über die Risiken aufgeklärt oder diese versteckt, um im Notfall die Kontrolle zu behalten?

Die weltweite Rezession verschlimmerte die Lage. Die Weltbank und der IWF konnten den Afrikanern nun Strukturanpassungsprogramme verordnen. Kredite gab es nur noch, wenn ein Entwicklungsland willig war, auf einen neoliberalen Politikkurs einzuschwenken. Das bedeutet sparen, Subventionen abbauen, Staatsbetriebe privatisieren und den Verwaltungsapparat verschlanken. Und vor allem konnten sie gezwungen werden, ihre Märkte für ausländische Investitionen zu öffnen. Manche Länder gaben ihre Souveränität praktisch ab. IWF-Abgesandte diktierten ganzen Ministerien die Marschroute und bestimmten die Regierungspolitik.

Doch der Wettbewerb und der schlanke Staat, den sich der Westen wünschte, kam für die Länder zu früh. Die Volkswirtschaften in den Entwicklungsländern sprangen nicht an. Es fehlte die Infrastruktur, die Verwaltung war instabil, und die Grundlagen, die Unternehmen brauchen, um sich zu entfalten, fehlten. In diesem Umfeld war es den Menschen zu riskant, sich selbständig zu machen. Ende der 1980er-Jahre wurde die Dritte Welt von einem Schuldenberg von mehr als einer Billion US-Dollar erdrückt. Die Afrikaner waren in der Hand ihrer Gläubiger, den ehemaligen Kolonialherren.

Die westlichen Geberländer suchten die Schuld natürlich nicht bei ihren falschen Konzepten, sondern in Afrika. Die Regierungen seien schlecht geführt. Von nun an war »Good Governance«

der Leitbegriff einer neuen westlichen Entwicklungshilfekultur.
Die westlichen Geberländer wollten effiziente Staatsverwaltungen sehen, abgesichert durch notwendige rechtliche Rahmen.
Korruption wurde nicht mehr toleriert. Im Westen herrschte die Meinung, ohne eine gute Dosis Demokratie würde es mit der Entwicklung in Afrika unter keinen Umständen klappen.
Gleichzeitig nahm allerdings auch die Bereitschaft der westlichen Welt rapide ab, den armen Ländern finanziell zu helfen.
In den 1990er-Jahren sank die Gesamtsumme der globalen Entwicklungshilfe von 17 auf zwölf Milliarden US-Dollar. Die Entwicklungshilfeindustrie, die dem verlorenen Kontinent Afrika auf die Beine helfen sollte, war knapp bei Kasse. Asien stieg nun auf. Die Mühe wurde dort mit besseren Wachstumsraten belohnt. 2005 auf dem G8-Gipfel im schottischen Gleneagles beschlossen die Regierungschefs dann insgesamt 18 hochverschuldeten Entwicklungsländern mit sofortiger Wirkung rund 40 Milliarden US-Dollar Schulden, mit denen sie bei der Weltbank, dem IWF und der Afrikanischen Entwicklungsbank in der Kreide standen, zu entlassen. Die afrikanischen Länder konnten nun mehr Geld für die Armutsbekämpfung verwenden. Die steigenden Preise für Rohstoffe um 2005 spülten noch mehr Einkünfte in die leeren Staatskassen. Damit war es für die meisten möglich, nicht wieder in die Schuldenfalle zu geraten.

Nach der Jahrtausendwende setzte der Westen seinen verkorksten Langzeitversuch, Afrika auf die Beine zu helfen, unbeeindruckt fort. »Millenniumsziele« tauften die Vereinten Nationen den neuen Anlauf. In der bis dahin größten UN-Vollversammlung einigten sich 189 Mitgliedsstaaten auf das neue Mammutprojekt, das bis zum Jahr 2015 die Armut in der Welt halbieren sollte. Die Welt war begeistert – und bereit, wieder Geld in die Entwicklungshilfe zu stecken. Kritiker, die anmerkten, die Millenniumsziele seien eine Fortführung der herkömmlichen Entwicklungspolitik mit neuer Verpackung, wurden nicht gehört. Dafür war der Medienerfolg des Projekts zu gut. Ein Medienerfolg übrigens, der Afrika durchaus helfen sollte.

Bald waren tatsächlich erste Resultate zu sehen. Die Diplomaten in New York verkündeten schon im Jahr 2010, fünf Jahre vor der 2015er-Marke, dass die Zahl der Menschen, die in extremer Armut leben, die also pro Tag weniger als 1,25 US-Dollar ausgeben können, erfolgreich halbiert worden sei. Das lag allerdings eher an Asien als an Afrika. Insgesamt ist die Zwischenbilanz der Millenniumsziele nicht überzeugend. Weder konnte die Kindersterblichkeit um zwei Drittel gesenkt werden noch die Sterblichkeitsrate von Müttern um drei Viertel. Die Initiatoren verteidigten sich – nicht ganz zu Unrecht – mit dem Argument: Es sei dennoch gut gewesen, sich die hohen Ziele zu stecken.

Allerdings zeigte sich bald, dass die Ziele nicht ganz so fest im Bewusstsein der westlichen Regierungen verankert waren, wie die Initiatoren gehofft hatten. Die globale Finanzkrise 2008 warf das ehrgeizige Projekt zurück. Die Amerikaner hatten wenig Geld, und bald darauf gerieten auch einige Länder Europas in Schwierigkeiten. Spanien etwa musste rund die Hälfte seines Budgets für auswärtige Hilfe streichen, Italien etwas mehr als ein Drittel. In anderen westlichen Ländern ist die Entwicklungshilfe ebenfalls rückläufig.

Bereits 1970 hatten die Vereinten Nationen festgelegt, die westlichen Industrienationen sollten 0,7 Prozent ihres Bruttoinlandseinkommens als Entwicklungshilfe ausgeben. Abgesehen davon, dass diese Ziele zu statisch waren und zum Beispiel zinsgünstige Darlehen nicht berücksichtigten, wurden sie von den meisten Ländern nicht erreicht. Der wichtigste Geber, die USA, kommt lediglich auf 0,19 Prozent. 2013 erfüllten gerade mal die drei skandinavischen Länder Norwegen, Schweden und Dänemark sowie das kleine Luxemburg und die ehemalige Kolonialgroßmacht Großbritannien ihr UN-Soll. Insgesamt sinken die Summen wieder stark nach dem kurzen, durch die Millenniumsziele ausgelösten Hype seit einigen Jahren. Gab es 2010 noch mit insgesamt 136,7 Milliarden US-Dollar einen Rekordwert, sank die westliche Entwicklungshilfe bis 2012 auf 128,4 Milliarden US-Dollar. Die Gesamtsumme, die bisher aus dem Westen geflossen ist, bleibt dennoch gewaltig: Mit gut zwei Billionen US-Dollar haben westliche Länder in den vergangenen 50 Jahren versucht, den Menschen in Afrika unter die Arme zu greifen. Die Resultate sind allerdings bescheiden, mit Ausnahmen wie der HIV-Aids Bekämpfung der NGO ONE. Auch ihr ist es zu verdanken, dass jetzt mehr als neun Millionen Menschen in Afrika Zugang zu lebensrettenden Aids-Medikamenten haben. 2002 waren es nur 50 000. Viele Hilfsprojekte liefen jedoch ins Leere. Selbst Mitarbeiter der Vereinten Nationen und anderer Hilfsorganisationen räumen nun ein, dass viele dieser Mittel für nichts und wieder nichts versenkt wurden. Das liegt natürlich nicht nur an den Geberländern, sondern auch an denen, die das Geld genommen haben.

Eine der heftigsten Kritikerinnen der traditionellen Entwicklungshilfe ist Dambisa Moyo, die 2009 mit ihrem Buch *Dead Aid* einen Bestseller landete und darin offen aussprach, was großen Teilen der Entwicklungshilfeindustrie insgeheim schon lange klar war: Das, was der Westen in einem halben Jahrhundert in Afrika geleistet hat, war im Großen und Ganzen eine gewaltige Geld- und Zeitverschwendung.

Moyo prangerte in ihrem Buch an, dass sich trotz der Billionen, die aus dem Westen nach Afrika geflossen sind, kaum etwas zum Guten gewendet habe. Stattdessen hingen die meisten afrikanischen Staaten noch immer am Tropf und Wohlwollen des Westens. Entwicklungshilfe »zementiert« für Moyo die Probleme des Kontinents. Die Geldflut aus dem Westen lasse nicht zu, dass Staaten wirtschaftlich vernünftig handeln, eine ökonomische Entwicklung vollziehen, mit Wachstum und Dynamik Armut bekämpfen. Anders als in Asien entstand eine Abhängigkeitsmentalität.

Moyo muss es wissen. Sie wurde 1970 in Sambia geboren.

Nach einem Putschversuch in ihrer Heimat floh sie 1990 in die USA und studierte Volkswirtschaftslehre in Washington und Harvard. Sie promovierte in Oxford und arbeitete danach mehrere Jahre für die Investmentbank Goldman Sachs und die Weltbank. Ihr ökonomisches Fachwissen, ihre Kenntnisse zur wirtschaftlichen Entwicklung Afrikas und nicht zuletzt ihre provokanten Veröffentlichungen machen Moyo für die *New York Times* zu einer der 100 einflussreichsten Personen der Welt.

In ihrem Buch liefert die Afrika-Überfliegerin Lösungsansätze für eine Welt ohne Entwicklungshilfe: Anleihen, Mikrokredite und vor allem ausländische Direktinvestitionen. Allerdings zählen nicht zuletzt für Deutschland die Mikrokredite zu den erfolgreichen Projekten in der Entwicklungshilfe. Moyo hebt allerdings auch – und das bereits vor dem Erscheinen ihres Buches im Jahr 2009 – die besondere Rolle Chinas und anderer Emerging Markets hervor, die Afrika effektiver aufbauen. Denn natürlich lag es eigentlich schon lange auf der Hand, die Chinesen zu fragen, wenn man einen Kontinent mit Hunderten Millionen hungernden Menschen wirtschaftlich nach oben bringen will: In den vergangenen drei Jahrzehnten haben es die chinesische Regierung und die fleißige Bevölkerung geschafft, rund 680 Millionen Menschen für immer aus der Armut zu befreien. Die Zahl der Menschen, die in extremer Armut leben, sank in China um mehr als zwei Drittel.

Diese Erfolgsgeschichte versuchen die Chinesen derzeit in Afrika zu wiederholen. Nicht aus Menschenfreundlichkeit, sondern aus geschäftlichen und politischen Interessen haben sie das traditionelle Verständnis der Entwicklungshilfe in Afrika neu definiert. Sie haben ein neues Modell entwickelt, das alles bisher Dagewesene in den Schatten stellt. Die Geschäfte mit Afrika stehen inzwischen nach einer Dekade voller Irrungen und Wirrungen unter folgendem Motto: China verdient nur, wenn es Afrika gut geht. Und: Wenn die Chinesen lange auf dem Kontinent bleiben wollen, müssen sie sich so benehmen, dass sie lange bleiben dürfen.

Schon seit den 1960er-Jahren arbeiten die Chinesen mit Afrika zusammen. Aber richtig sichtbar wurde das erst unter der Herrschaft von Deng Xiaoping in den 1980er-Jahren, als das Reich der Mitte sich der Welt öffnete und wirtschaftlich auf ungeahnte Weise für den Westen an Bedeutung gewann. Bereits 1982 reiste der damalige Premierminister Zhao Ziyang wochenlang durch Afrika und besuchte 11 Länder. Zunächst unterstützte Peking vor allem Länder wie Mali oder Ghana, deren Regierungen als sogenannte »blockfreie Bruderstaaten« galten. Blockfrei bedeutete damals, dass diese Länder wie China weder ins Lager der Sowjetunion, noch der USA gehören wollten. Bereits 1964 steckte der damalige Premierminister Zhou Enlai Chinas sogenannte »Acht Prinzipien der wirtschaftlichen und technischen Unterstützung« ab. Dabei ging es unter anderem um gegenseitige Hilfe, die beiderseitige Anerkennung der staatlichen Souveränität sowie die Vergabe von zinslosen Krediten. China wollte vermeiden, dass die Partnerländer von der Finanzhilfe abhängig werden und ihnen stattdessen mit der neuesten Technologie, die damals zur Verfügung stand, wirtschaftlich auf die Beine helfen. Wenn sich ein Land im Laufe einer erfolgreichen Zusammenarbeit China politisch verpflichtet fühlen würde, war das ein gern gesehener Nebeneffekt. Es sei denn, es ging darum zu verhindern, dass Taiwan zu noch mehr Ländern diplomatische Beziehungen aufbaut. Dann stand zunächst einmal die Politik im Vordergrund. In den meisten Fällen jedoch verfügte China damals gar nicht über das Geld in den Wettbewerb zwischen Ost und West als Player auf Augenhöhe einzusteigen. Umso mehr war China gezwungen, in besonderer Weise auf die Sorgen und Nöte der neuen Freunde einzugehen. Zuwendung statt Geld war damals vor allem die chinesische Marktlücke.

Afrika-Politik war für China zweitens immer auch ein Stück weit Innenpolitik, oder besser gesagt Taiwan-Politik. 1971 bekam die Volksrepublik China das Recht, ihr Land bei den Vereinten Nationen zu vertreten; davor war das Sache der Inselrepublik

Taiwan. Dafür, dass China nun diese Rolle spielt, hatten sich die Amerikaner eingesetzt. Sie hatten sich inzwischen mit Peking zusammengetan, um die Sowjetunion einzukreisen. Damit das aus Pekinger Sicht abtrünnige Taiwan sich politisch nicht weiter entfalten konnte, investierte China in die Zusammenarbeit mit den Staaten, die keine engen Beziehungen mit Taiwan unterhielten oder sich in Richtung Peking umorientieren wollten. Dafür gibt es einen Begriff, der diese Politik auf den Punkt bringt: Scheckbuchdiplomatie. Daran hat sich bis heute wenig geändert. Taiwan ist in Afrika weitestgehend isoliert und unterhält auf dem Kontinent lediglich diplomatische Beziehungen mit drei kleineren afrikanischen Staaten: Burkina Faso, São Tomé und Príncipe sowie Swasiland.

Mit der einheimischen Wirtschaft Chinas wuchs auch das Engagement in Afrika. Das Reich der Mitte brauchte Rohstoffe, Afrika hat davon reichlich. China baute die Beziehungen zu afrikanischen Ländern zunehmend aus. Das Modell war simpel: China gewährte zinslose oder günstige Kredite für die Aufbauhilfe, die die jeweiligen Länder in Form von Rohstoffen an China zurückzahlten. Der Rohstoffhunger Chinas führt dazu, dass sich Außenwirtschaftspolitik und Außenpolitik zunehmend vermischen.

Diese Entwicklung wurde von den traditionellen Entwicklungshilfeländern des Westens lange mit Argwohn verfolgt. China wurde zunächst als Spieler gesehen, der sich nicht an die – westlichen – Spielregeln hält. Die Regierungen im Westen störten sich vor allem daran, dass China auch Schurkenstaaten wirtschaftlich unterstützte, ohne sich um deren autoritäre Strukturen oder die Verletzung von Menschenrechten zu kümmern. Der Westen nahm dies allerdings selbst auch nicht so genau. Die Amerikaner unterstützten jahrzehntelang Mobutu Sese Seko, den Präsidenten der Demokratischen Republik Kongo, einen der korruptesten Diktatoren Afrikas. Sie waren sein größter Geldgeber. 1983 lobte US-Präsident Ronald Reagan Mobutu als »einen gutwilligen Mann mit gesundem Menschenverstand«. Die Freundschaft hielt, solange die USA Mobutu brauchten, um gegen den Einfluss der Sowjetunion in Afrika zu kämpfen. Kaum war die Sowjetunion zusammengebrochen, endete auch die Freundschaft. Der Vorwurf des Westens war deshalb auch doppelzüngig, wenn wieder einmal behauptet wurde: Den Chinesen gehe es nur ums Geschäft und nicht um das Wohl der Menschen. Westliche Entwicklungshilfe hingegen, so die Argumentation, unterliege strengen Kriterien, nach denen entschieden werde, ob ein Land Hilfe bekommen solle oder nicht. Halten sich die Nehmerländer nicht an vertraglich festgelegte Vereinbarungen, wird die Hilfe schon einmal kurzerhand gekappt. Daran wäre im Grunde nichts auszusetzen, wenn die westlichen Gläubiger nicht während des Spiels die Spielregeln verändern würden. Und wenn sie nicht unterschätzen würden, wie schwierig Good Governance ist, wenn man keinen Strom, kein Internet und keine Straßen hat. Und vor allem, wenn sie sich eingestehen würden, dass Afrika ohne Korruption ein Ideal ist, das sich nicht einfach erreichen lässt.

China scherte sich wenig um derartige Anschuldigungen und intensivierte weiter seine Verbindungen in afrikanische Länder. Im Jahr 2000 wurden die Beziehungen formalisiert: Zusammen mit damals 44 afrikanischen Staaten schuf China das Forum on China-Africa Cooperation (FOCAC) eine, wie China es nannte, »strategische Partnerschaft«. Im Westen hieß es, die Regierung in Peking »hofiert« die Staatsführer aus Afrika. China hielt dagegen, man verhandle »auf Augenhöhe« und zeige sich als »verlässlicher Partner«. Selbst Präsidenten, um die westliche Regierungen lieber einen Bogen machen, wurden und werden von chinesischen Präsidenten mit diesem Respekt empfangen.

Es folgten drei weitere FOCAC-Gipfel: 2006, 2009 und 2012. Jedes Mal verdoppelten die Chinesen ihre finanzielle Hilfe. 2012 waren es allein 20 Milliarden US-Dollar, rund ein Sechstel dessen, was alle westlichen Staaten zusammen im gleichen Jahr an Entwicklungshilfe leisteten. 2011 veröffentlichte die chinesische Regierung das »White Paper on China's Foreign Aid«. Es war das erste chinesische Entwicklungshilfepapier.

Ein Großteil der chinesischen Hilfe der vergangenen zehn Jahre wurde für Transportinfrastruktur, den Energie- sowie Kommunikationssektor verwendet. Indem die Chinesen rund 30 Prozent, also wesentlich mehr als westliche Geberländer, für Infrastruktur ausgeben, orientieren sie sich mehr an den Bedürfnissen der afrikanischen Staaten.

Während die Chinagipfel international Aufsehen erregten, wurde das japanische Engagement, das viel früher einsetzte, nur von Spezialisten zur Kenntnis genommen. Bereits 1993 lancierten die Japaner zusammen mit den Vereinten Nationen die Tokyo International Conference on African Development (TICAD). Die fünfte und bisher letzte Konferenz fand Anfang Juni 2013 statt. UN-Generalsekretär Ban Ki-moon war ebenso anwesend wie der Vorsitzende der Afrikanischen Union, Hailemariam Desalegn, und die Vorsitzende der Kommission der Afrikanischen Union, Nkosazana Dlamini-Zuma. Das Ergebnis der Konferenz war bahnbrechend: Die japanische Regierung will 32 Milliarden US-Dollar in Afrika investieren. Die Hilfe soll Grundlage für weitere Investitionen im privaten und öffentlichen Sektor sein. Mit dem Geld soll in den kommenden fünf Jahren die Wirtschaft in afrikanischen Ländern angekurbelt und der Handel intensiviert werden. Der japanische Premierminister Shinzō Abe erklärte, dass ein Teil des Finanzpakets auch herkömmliche Entwicklungshilfe enthalte, das meiste jedoch dem wirtschaftlichen Aufbau diene: »Afrika braucht jetzt Investoren aus der Privatwirtschaft und Public-Private-Partnerships. Das ist sehr wichtig für die Entwicklung der Wirtschaft.«

Ausgerechnet die Japaner übernahmen damit stillschweigend das chinesische Modell. Sie wollen den Chinesen Afrika nicht überlassen, sondern selbst eine Rolle bei Afrikas Aufbruch spielen. Die Chinesen sahen die Ankündigung der Japaner erstaunlicherweise gelassen: Man sei erfreut über die neuen Initiativen Japans, die Kooperationen anregen und dem Frieden und der

Entwicklung auf dem afrikanischen Kontinent dienlich sein werden. Ganz ohne einen Seitenhieb ging es allerdings nicht. »Hoffentlich wird Japan seine Versprechen auch einlösen«, bemerkte der Regierungssprecher am Ende süffisant. Japan ist hoch verschuldet.

Auch Indien und Südkorea engagieren sich inzwischen in gleicher Weise.

Der Vorstoß Asiens bringt den Westen in Verlegenheit. Denn seit Jahrzehnten hielt er verbissen an seiner erzieherischen Entwicklungshilfe fest, in der die für Afrika wichtige soziale Verantwortung wenig überzeugend und maßvoll vermittelt wurde. Mittlerweile steuern auch einige westliche Länder zaghaft gegen, darunter Deutschland. Der Entwicklungshilfeminister der schwarz-gelben Koalition, Dirk Niebel, hat während seiner Amtszeit die Weichen dafür gestellt. Im Wahlkampf 2009 hatte der FDP-Mann noch die Abschaffung des Entwicklungshilfeministeriums gefordert. Es war eine Ironie des Schicksals, dass ausgerechnet er in den Koalitionsverhandlungen dieses Ressort zugesprochen bekam. Als Minister vereidigt, wollte Niebel sein Ressort natürlich nicht mehr abschaffen, baute es aber umfassend um. Niebel trat mit dem Vorsatz an, alles anders machen zu wollen als seine SPD-Vorgängerin Heidemarie Wieczorek-Zeul.

Der FDP-Mann wollte den gesellschaftlichen Wandel Afrikas durch die Wirtschaft vorantreiben. Ausländische Unterstützung ja, aber nicht als Hilfe, sondern als geschäftliche Investition, am besten als private. Der Staat sollte vor allem den Handel fördern. Niebel entsandte Spezialisten für Entwicklungszusammenarbeit in die Industrie- und Handelskammern sowie an die Auslandskammern, um Unternehmen bei ihren Investitionen in Entwicklungsländern zu beraten. Außerdem schuf er neue Subventionstöpfe, aus denen kleine Mittelständler etwa Machbarkeitsstudien finanzieren können. Die Maßnahmen reichten zwar nicht, um zu dem aufzuschließen, was die Chinesen bereits in Afrika geleistet haben. Doch zumindest war es ein erster

Schritt weg von 50 Jahren gescheiterter Entwicklungshilfe mit dem falschen Ansatz. Sein Nachfolger Gerd Müller von der CSU geht sogar noch einen Schritt weiter. Im Oktober 2014 setzte er sich in Peking mit seinem Kollegen Gao Hucheng zusammen, um darüber zu sprechen, wie China und Deutschland gemeinsam in Afrika helfen können. Gao war natürlich sehr aufgeschlossen für dieses Angebot, auch wenn man an seinem Vorschlag der Arbeitsteilung sicherlich noch arbeiten muss. Die Chinesen machen die Arbeit, die Deutschen bezahlen, schlug er Müller vor. Gao ist übrigens nicht etwa der Entwicklungshilfeminister, sondern der Handelsminister Chinas. Wenn sie wollen, können die Deutschen allerdings mehr als bezahlen. Vertreter der afrikanischen Zivilgesellschaft, aber auch afrikanische Politiker interessieren sich immer mehr für Rechtsstaatlichkeit und Transparenz. Werte, die für Afrikas Aufstieg sehr wichtig sind. Gemeinsam mit den chinesischen Werten Stabilität und Prosperität könnte daraus eine gute Mischung für Afrika werden, wenn beide Seiten zu Kompromissen bereit sind. Das bedeutet, Stabilität und Geld verdienen ist nicht alles, aber Transparenz und Mitbestimmung eben auch nicht. Aber auch im Bereich des Infrastrukturaufbaus könnten China und Deutschland Hand in Hand mit Afrika arbeiten. Deutsche Ingenieure könnten die Abläufe und die Qualität der Brücken, Bahnlinien und Kraftwerke noch optimieren. Das ist übrigens keine Zukunftsmusik, sondern wird von Ingenieurbüros wie H. P. Gauff Ingenieure, die seit 1965 in Afrika arbeiten, längst erfolgreich praktiziert. Seit einigen Jahrzehnten auch mit Chinesen in Afrika. Heute kontrollieren sie in vielen afrikanischen Ländern Chinesen im Auftrag afrikanischer Regierungen und kommen dabei mit ihren chinesischen Partnern sehr gut klar. Die wirtschaftliche Praxis hat also längst Kooperationsformen zwischen Afrika, China und Deutschland entstehen lassen, die die Politik nur institutionalisieren müsste.

Nicht nur in Deutschland orientiert sich die Politik langsam um. Der Westen hat seine Fehler in Afrika erkannt und erste

Konsequenzen gezogen. Zwar qualifizieren nicht alle westlichen Staaten ihre Arbeit der letzten fünf Jahrzehnte gleich als »Hirseschüsselpolitik« oder »Schlabberpulli-Entwicklungshilfe aus der linken Kuschelecke« ab, wie es Niebel in seiner Amtszeit immer wieder gerne tat. Viele lassen jedoch ihre verfehlten Hilfsprogramme im Stillen auslaufen. Oder sie vollziehen ihre Kurswechsel so ungestüm und holprig wie Großbritannien mit Südafrika. Die Briten verkündeten 2013, ihre Zahlungen von 22 Millionen Euro bis 2015 komplett einzustellen. Am Kap fühlt man sich düpiert, obwohl man tatsächlich infrage stellen kann, ob das Land die Hilfe eigentlich noch braucht.

Südafrika ist eine Zweiklassengesellschaft. Auf der einen Seite stehen die Wohlsituierten, die es als Teil der aufstrebenden Mittelklasse zu etwas gebracht haben. Sie können sich ein komfortables Leben leisten. Auf der anderen Seite leben Millionen armer Menschen in den Townships und den ländlichen Gegenden. Für sie bedeutet das Leben an den Randgebieten der Gesellschaft einen täglichen Kampf. In vielen Teilen des Landes fehlt es an allem, besonders an Schulbildung und Gesundheitsfürsorge. Jobs sind knapp, und wenn es Arbeit gibt, wird sie meist schlecht bezahlt. Während sich die Mittelklasse mit dem nagelneuen BMW 3er in den städtischen Vororten in die Schlange vor der Autowaschanlage einreiht, gibt es in vielen unterentwickelten Gebieten nicht einmal fließendes Wasser. Auch 20 Jahre nach dem Ende der Apartheid ist der soziale Aufstieg für einen Großteil der Südafrikaner unerreichbar. Insofern kann man Südafrika noch in Entwicklungshilfeprogramme aufnehmen, muss es aber nicht.

In jedem Fall verhielten die Briten sich extrem unklug: Die Nachricht vom Ende der Unterstützung streuten britische Diplomaten unvermittelt am Rande einer Konferenz von afrikanischen Ministern und Wirtschaftsführern in London. Die südafrikanische Regierung zeigte sich verwundert über die, wie sie fand, »unilaterale« Bekanntgabe, die sie »bedauere«. Clayson Monyela, Sprecher des Außenministeriums, sprach von einer massiven Entscheidung mit weitreichenden Auswirkungen auf die Entwicklungsprojekte und fügte hinzu: »Wir müssen unsere Beziehungen neu definieren«. Letzteres war nicht unbedingt freundlich gemeint.

Auch Südafrikas damaliger Finanzminister Pravin Gordhan war überrascht. Zwar war er bereits im Juli 2012 von dem damaligen britischen Entwicklungshilfeminister über geplante Änderungen der britischen Entwicklungshilfestrategie informiert worden. Während seines Besuches in London wurde er um ein Treffen für eine gemeinsame Erklärung zum anstehenden World Economic Forum on Africa gebeten. Aber die Unterhändler der beiden Regierungen konnten sich nicht auf den genauen Wortlaut einigen. Stattdessen las Gordhan kurz darauf in der englischen *Times*, dass der britische Entwicklungshilfeminister sich angeblich mit ihm respektive der südafrikanischen Regierung in Sachen Entwicklungshilfe geeinigt habe. Südafrika, argumentierten die Briten, sei jetzt in der Lage, seine eigene Entwicklung zu finanzieren.

Gordhan fühlte sich brüskiert, erst recht, als der britische Außenminister, William Hague, seine Kollegen vom Kap der »bürokratischen Verwirrung« bezichtigte. Die Südafrikaner beklagten sich, von der britischen Regierung nicht ernst genommen zu werden. »Es geht nicht ums Geld«, ließ das Außenministerium in Pretoria vermelden, »sondern um das Prinzip. Es gibt keine Verwirrung auf unserer Seite. Wir wissen, was besprochen wurde. Es gab keine Diskussion über das Ende der Entwicklungshilfe.« Die südafrikanische Regierung vertrat zu Recht die Ansicht, dass diese weitreichende Entscheidung zuvor durch angemessene diplomatische Kanäle hätte kommuniziert werden müssen, wie das international üblich ist.

Die heftigen Reaktionen, die das Ende der britischen Entwicklungshilfe bei Politikern in Südafrika ausgelöste hatte, sind erstaunlich. Denn eigentlich hat das Land am Kap Almosen aus dem Westen schon lange nicht mehr nötig. Die gesamten Zahlungen, die Südafrika aus dem Ausland bekommt, machen nicht einmal ein Prozent des Staatshaushaltes aus. Umgekehrt sind selbst für ein kriselndes Land wie England 22 Millionen Euro keinen außenpolitischen Eklat wert.

Inzwischen ist den Briten nicht verborgen geblieben, dass das Land am Kap sich vom Westen abgewendet und stattdessen den Partnern unter den Schwellenländern zugewandt hat. Ein Land, auf das England durchaus gern weiter Einfluss hätte. Das dürfte nun schwierig werden. Vor 2011, als Premierminister David Cameron in seiner Amtszeit zum ersten Mal Afrika besuchte, war Südafrika noch Prioritätenland der britischen Entwicklungshilfe. Aber auch damals deutete Cameron den Wandel von »Aid to Trade«, also Handel statt Entwicklungshilfe an. »Es ist nun möglich, sich ein Afrika vorzustellen, das nicht mehr auf Hilfe angewiesen ist und stattdessen eine Quelle des Wachstums für die ganze Welt wird. Dazu brauchen wir Unternehmertum und Handel«, so Cameron. Er dachte dabei mit Sicherheit auch an britische Firmen, denen mehr Handelsverträge zugutekommen würden. Für die allerdings dürfte angesichts des diplomatischen Fauxpas der politische Flankenschutz vorerst fehlen. Zumal derartige Peinlichkeiten ihren festen Platz in den britisch-südafrikanischen Beziehungen haben. Schon Margaret Thatcher hatte sich unbeliebt gemacht, als sie als eine der letzten westlichen Regierungen das südafrikanische Apartheidregime unterstützt hatte. Und, schlimmer noch, Nelson Mandela als »Terroristen« bezeichnet hatte. »Seitdem gab es nur Ausfälle«, schreibt Jeremy Kuper, Herausgeber des *Gateway to Africa Magazine* im englischen *Guardian*. Zu Thatchers Beerdigung im April 2013 schickte die Regierungspartei Südafrikas, ANC, keine Vertreter. Im November 2014 sollte Präsident Jacob Zuma der wichtigste Keynote-Speaker bei einer BRICS-Konferenz in London sein. Der britische Premierminister David Cameron zeigte allerdings wenig Interesse, den südafrikanischen Regierungchef zu treffen, und bot stattdessen seinen Stellvertreter Nick Clegg an. Zuma entschied sich daraufhin kurzerhand, nicht nach London zu reisen. Ein Vertreter des Außenministeriums in Pretoria schimpfte daraufhin, die Briten würden Zuma »wie einen Führer irgendeines Inselstaates« behandeln, der »keine internationale Bedeutung« hat.

Es sind allerdings nicht nur die Briten, die ihre Programme reduziert haben. Die Amerikaner, Südafrikas größter Geldgeber in Sachen Entwicklungshilfe, werden ihr HIV/Aids-Programm bis 2017 fast halbieren. Stattdessen konzentriert sich die Obama-Regierung auf die Förderung des Handels. Mithilfe der staatseigenen Export-Import Bank sollen in den USA hergestellte Waren verkauft werden.

Auch die Weltbank verleiht weniger Geld an Südafrika und setzt mittlerweile lieber auf technische Unterstützung. 2010 hatte die Bank noch einen Kredit von 3,75 Milliarden US-Dollar abgesegnet. Damit wird gerade die Kusile Power Station, das größte Kohlekraftwerk auf dem afrikanischen Kontinent, gebaut. Kritiker, darunter hohe US-Politiker, warfen der Bank vor, dies habe wenig mit nachhaltiger Entwicklung zu tun. Derzeit plant die Weltbank daher ein Forschungscenter zur Unterstützung der nachhaltigen Entwicklung in Pretoria. Den neuen Trend in der Entwicklungshilfe greift auch die Afrikanische Entwicklungsbank auf; sie will in Zukunft Sektoren wie Energie, Transport, Rohstoffe und Landwirtschaft unterstützen.

Bei aller Kürzung der Hilfsleistungen hat Südafrika für die westlichen Länder weiterhin eine strategische wirtschaftliche Bedeutung. Das Land am Kap ist ein wichtiger Rohstofflieferant. Es hat große Vorkommen von Gold, Diamanten und Uran. Großbritannien war einmal wichtigster Handelspartner Südafrikas, wurde aber dann von Deutschland abgelöst. Mittlerweile nehmen die Chinesen die Topstellung ein.

Südafrika spielt trotz aller wirtschaftlichen und sozialen Probleme jetzt eine Liga höher: bei den BRICS-Schwergewichten. Es sieht sich inzwischen als großer Bruder der afrikanischen Familie. Deshalb hat das Land sogar selbst eine Entwicklungshilfeorganisation ins Leben gerufen: die South African Development Partnership Agency (SADPA). Sie basiert auf dem vom ehemaligen südafrikanischen Präsidenten Thabo Mbeki ins Leben gerufenen African Renaissance Fund (ARF). Mbeki hatte dieses Programm im Jahr 2000 etabliert, um von Südafrika aus Demokratie und Entwicklung auf dem Kontinent zu verbreiten. Zivigesellschaftliche Ratschläge werden von afrikanischen Brüdern und Schwestern leichter angenommen, als von den ehemaligen Herren aus dem Westen. Kritiker vermissten beim ARF eine strategische Richtung und warfen Mbeki vor, auch mit Ländern, in denen die Menschenrechte missachtet wurden, eine Partnerschaft einzugehen. Eine Diskussion, die einem aus der europäischen Entwicklungshilfe bekannt vorkommt.

Die SADPA ist denn auch pragmatischer konzipiert und ohne postkolonialen Ballast. Die Organisation will sich mehr auf zeitgemäße Herausforderungen konzentrieren und ein verlängerter Arm der Wirtschaftspolitik werden, so wie es die Kollegen in den BRICS-Staaten vormachen. Südafrika ist viel daran gelegen, dass Afrika stabiler wird. Denn schon jetzt ist das Land am Kap Zufluchtsort von Millionen von Wirtschaftsflüchtlingen aus Krisengebieten des Kontinents.

Allerdings muss das Land sich auch der Herausforderung einer steilen Lernkurve unterziehen, auch wenn es bereits auf verschiedenen internationalen Bühnen wie BRICS und den G20 mitspielt. Hat es einmal den Status eines Geberlandes erreicht, muss es sich der Verantwortung stellen, die mit der neuen außenpolitischen Rolle einhergeht. Die SADPA wird mehr Mittel brauchen, um sichtbar zu werden. Nicht allen Ländern auf dem Kontinent wird diese Entwicklung gefallen. Schon jetzt ist der Führungsanspruch von Südafrika umstritten, besonders in Nigeria. Aber solche Rangeleien um die Vormachtstellung gehören zu einem wirtschaftlich erstarkenden Kontinent dazu und sind letztlich ein weiterer Beweis dafür: Afrika wird selbstständig.

5 Problemzonen

Die Schwächen Afrikas

Es sind höchstens ein bis zwei Lkw, die auf die Pontonfähre über den Sambesi am Grenzübergang Kazungula passen. Das alte rostige 70-Tonnen-Boot, auf dem das Ruderhaus wie ein Jägerstand aufgebaut ist, verbindet Botswana und Sambia im südlichen Afrika. Es ist die einzige Stelle der Welt, an der vier Landesgrenzen aufeinandertreffen, neben Botswana und Sambia auch Namibia und Simbabwe. Einer der wichtigsten afrikanischen Knotenpunkte. Die Brücke über den Fluss lässt jedoch auf sich warten.

Die Fahrt über den 400 Meter breiten Strom – der viertgrößte Afrikas – dauert nur sieben Minuten. Dennoch stauen sich auf beiden Seiten die Trucks kilometerweit, und das tagelang. Im Frühjahr 2013 brach eine der beiden Pontonfähren zusammen. Ersatz musste importiert werden. Auf der sambischen Seite liefen über 150 Lastwagen auf. Dort wo die Fahrzeuge stehen, gibt es keine Läden, keine Toiletten, ja nicht einmal ein Restaurant, nur ein paar Verkäufer mit Bauchläden, die Snacks anbieten. Die Lastwagenfahrer verlassen die Straße besser nicht. In der Buschlandschaft rechts und links der Straße leben giftige Schlangen. Die HIV/Aids-Rate nimmt in der Region um Kazungula stark zu, weil sich die wartenden Fahrer ihre Zeit mit einheimischen Frauen vertreiben, die auf den Zusatzverdienst angewiesen sind. Die Grenze hat keine funktionierende Abfertigungsstelle. Die Zollpapiere werden nur im 70 Kilometer entfernten Livingstone an den Victoriafällen abgestempelt.

Das ist nur eines dieser zahllosen Nadelöhre, die Afrika bremsen. Sie machen den Binnenhandel im südlichen Afrika sehr schwer. Sie frustrieren sowohl Transportunternehmer als auch Händler.

Kazungula ist eigentlich nur ein kleiner Ort am Ufer des Sambesi im Süden von Sambia, rund 70 Kilometer westlich der weltberühmten Victoriafälle. Niemand würde den Ort kennen, wäre er nicht dieser wichtige Zwischenstopp an der Fernverkehrsstrecke, die die südafrikanische Metropole Johannesburg sowie die Hafenstadt Durban mit dem südlichen und östlichen Afrika verbindet: Sambia, Malawi, die Demokratische Republik Kongo und Tansania, alles Länder, in denen die Wirtschaft wächst und für die der Austausch von Waren und Gütern wichtig ist.

Engpässe wie Kazungula machen die 2850 Kilometer lange Fahrt von Durban ins kongolesische Kupferbergbaugebiet Lubumbashi zur nervenzehrenden Tortur.

Bis zum Sambesi hingegen ist die Fahrt angenehm. Die Fernstraßen in Südafrika und Botswana, anders als im benachbarten Simbabwe, sind praktisch neu und haben kaum Schlaglöcher. Die Lastwagen kommen zügig voran. Jenseits des Sambesi ist dann alles anders. Es ist zuweilen einfacher, billiger und schneller, einen Container mehr als 10 000 Kilometer von China nach Südafrika zu schicken als von Südafrika ins 1500 Kilometer entfernte Sambia.

Afrika hat viele solcher Schwachstellen, die dem Wirtschaftsboom des Kontinents zu schaffen machen, ihn bremsen, aber zum Glück nicht mehr ersticken. Und dabei geht es nicht nur um Infrastruktur. Die Schere zwischen Arm und Reich gehört dazu. Die hohe Arbeitslosigkeit, der Hunger, die allmählich nachlassenden, aber immer noch folgenschweren militärischen Konflikte sowie die korrupten Regierungen. Die beiden größten neuen Probleme des Kontinents haben mit dem Aufbruch Afrikas zu tun: der religiös motivierte Antimodernisierungsterror und eine neue Seuchengefahr, die sich durch noch schlechte Gesundheitsversorgung, aber eben gleichzeitig auch durch die anrollende Reisewelle des Afrika-Booms vorübergehend sogar vergrößern wird, bis die Gesundheitsversorgung so gut ist, dass die Afrikaner unbesorgt reisen können.

Die Medienstichworte zu Afrikas Schwächen lauten: Mali-Krieg, Sudan-Konflikt, Ebola, Boko Haram, al-Shabaab und Bootsflüchtlinge. Ebenfalls auf diese Liste gehören die Folgen des Wachstums, allen voran die Korruption, aber eben auch der Diadochenkampf zwischen den beiden größten Wirtschaftsmächten des Kontinents, Nigeria und Südafrika. Der Dauerzwist zwischen den beiden Staaten verhindert ein Zusammenwachsen des Kontinents und schwächt die Position gegenüber ausländischen Investoren.

Negativschlagzeilen bestimmen unverändert die Afrika-Berichterstattung. Allen voran Meldungen über ertrunkene Flüchtlinge aus Afrika vor den Küsten Italiens, vor allem im Frühjahr 2014, als die Bilder von einfachen Booten, auf denen Hunderte von Menschen am Deck dicht gedrängt standen, um die Welt gingen. Als dann ein Boot mit nordafrikanischen Flüchtlingen kenterte und die italienischen Behörden 17 Leichen bargen, darunter zwei Kinder und zwölf Frauen, mahnte sogar Papst Franziskus, die Menschenrechte nicht mit Füßen zu treten und trotz der europäischen Zuwanderungsgesetze menschlich zu handeln, damit in Zukunft solch »beschämende Tragödien« vermieden werden. Und selbst an Silvester, dem letzten Tag des Jahres 2014, wurden auf einem einzigen Frachter auf dem Weg nach Italien über 700 Flüchtlinge gezählt. Einstweilen dominieren und bestätigen diese Tragödien das Bild, das die Welt, vor allem der Westen, von Afrika hat. Mitleid und eine irrationale Furcht vor zu vielen Flüchtlingen halten sich die Waage.

Man denkt jedoch nicht um in Europa. Der alte Kontinent ist weit davon entfernt, etwa über eine Art Marshall-Plan für Afrika nachzudenken. Ein Marshall-Plan allerdings, der nicht von außen auf Afrika übergestülpt wird, sondern aus Afrika heraus entwickelt wird. Dies wäre durchaus im europäischen Eigeninteresse, eine Art weitsichtiger Selbstschutz. Afrikaner setzen ihr Leben aufs Spiel, weil sie von einem besseren Leben träumen, sie geben all ihr Geld aus, um sich durch Schlepperbanden nach Europa schleusen zu lassen und dort Zuflucht zu suchen. Die Vorstellung von den Zuständen in Europa mögen Illusionen sein. Illusionen, die von den Schlepperbanden gestreut werden und auf sehr offene Ohren treffen, bei Menschen, die zu Hause keine Perspektive haben. Auch den Afrikanern, die einfach nur aus Karrieregründen emigrieren, sollten wir erklären, wie Europa wirklich ist, damit sie ihre Chancen realistischer abwägen können. Aber wir können auch, und das ist viel geschickter, in den Wohlstand Afrikas investieren, um zu verhindern, dass Migranten- und Flüchtlingswellen eine gewaltige Dimension einnehmen. Gegenwärtig leben auf dem afrikanischen Kontinent ungefähr eine Milliarde Menschen. Im Jahr 2030 dürften es schon mehr als 1,6 Milliarden sein. Wenn Europa dazu beiträgt, dass die meisten von ihnen Arbeit haben und dass die meisten Afrikaner eines Tages dauerhaft davon überzeugt sind, das nächste Jahr auf ihrem Kontinent eine Zukunft zu haben, dann haben wir eine Mittelschicht geschaffen, die Abnehmer ist für Europas Autos und Maschinen.

Internationale Schätzungen gehen davon aus, dass sich bis zum Jahr 2050 die Zahl der Menschen in Afrika verdoppeln wird und bis zum Ende des Jahrhunderts die Bevölkerung sogar noch um ein Vierfaches wachsen könnte. Die Subsahara-Region hat die meisten und größten Probleme, auch weil sich dort 33 der 48 am wenigsten entwickelten Länder der Welt befinden. Laut Schätzung der Weltbank müssen 73 Prozent der Bewohner der Subsahara mit weniger als zwei US-Dollar am Tag auskommen, leben also unterhalb der Armutsgrenze.

Explosionsartiges Bevölkerungswachstum ist gefährlich. Es stellt sich nicht nur die Frage, wie die vielen Menschen genug zu essen bekommen. Die Gesundheits- und Bildungssysteme müssen ebenfalls ausgebaut werden. Auch Infrastrukturmaßnahmen und Fragen der Ressourcenverteilung müssen offensiv angegangen werden. In Ruanda ist man das Thema bereits angegangen: Nach dem Vorbild des chinesischen Ein-Kind-Politik hat man die Drei-Kinder-Politik eingeführt.

Es wäre zu einfach, die Schwäche Afrikas im rasanten Bevölkerungswachstum zu sehen, sprich in einem Afrika, das schneller wächst, als der Kontinent in der Lage sein wird, Schulen zu bauen, Infrastruktur zu erweitern und zu verbessern oder die gesundheitliche Versorgung sowie Nahrungsmittelsicherheit für seine Bewohner zu garantieren. Denn dies gilt nicht für Gesamtafrika, sondern nur für einige Teile.

Die ausländischen Direktinvestitionen in Afrika haben sich in nur einem Jahrzehnt versiebenfacht. Waren es lange vor allem die Landwirtschaft und das produzierende Gewerbe, die boomten, sind es nun Dienstleistungsunternehmen und vor allem die Baubranche, die Arbeitsplätze schaffen.

Ghana, Mosambik, Namibia wie auch Südafrika, allesamt Länder, in denen die Demokratie nunmehr Fuß gefasst hat, haben von diesen Entwicklungen profitiert. Doch es gibt auch Gegenbeispiele, Staaten wie Eritrea oder Somalia, wo Bürgerkriege und Gewalt gemischt mit Hungersnot und unzureichender medizinischer Versorgung weite Teile der Bevölkerung veranlassen, ihr Leben zu riskieren, um woanders bessere Bedingungen zu suchen.

Mit mehr als 50 Staaten und Hunderten von Sprachen und Kulturen hat Afrika gerade in der jüngsten Vergangenheit eine Vielzahl von unterschiedlichen regionalen Konflikten in relativ kurzer Zeit durchlaufen. Jeder davon hat sehr spezifische Hintergründe und Konsequenzen und ist Ursache dafür, warum einige Regionen trotz gewaltiger Investitionen schwächeln und nicht richtig aus der Misere des Teufelskreises von Bürgerkriegen, Diktaturen, Korruption, Armut und Gewalt kommen.

Neu sind die Flüchtlingsströme aus den Ländern wie Eritrea und Somalia nicht. Hinzugekommen sind die Elfenbeinküste, Mali und Libyen. Gewalt und Bürgerkriege vertreiben dort die Einwohner und veranlassen sie, alles zurückzulassen und als innerafrikanische Flüchtlinge in die Nachbarländer zu ziehen. Flüchtlinge werden gerne mit Migranten verwechselt. Flüchtlinge sind Menschen, die man aufnehmen muss, weil sie in ihrer Heimat in Gefahr sind oder gar verfolgt werden. Migranten hingegen verlassen ihr Land oft freiwillig, weil sie in einem anderen Land eine bessere Perspektive sehen. Sie beanspruchen ein Menschenrecht, nämlich das der Freizügigkeit ihr Leben zu führen und zu arbeiten, wo sie wollen. Flüchtlinge haben ein Recht auf Asyl, Migranten nicht unbedingt.

2014 wurden über 40000 Flüchtlinge an den europäischen Grenzen aufgegriffen, die meisten von ihnen waren keine Flüchtlinge. Laut Schätzungen der UN sind es in den letzten zwei Jahrzehnten etwa 20000 Migranten gewesen, die in Europa ein besseres Leben erhofften – und dabei ums Leben gekommen sind.

Europas Migrantenpolitik hat versagt. Während Italien, Spanien, Portugal und auch Griechenland im Süden den Hauptanteil der Flüchtlingsströme aus Afrika aufnehmen, halten sich Deutschland, Belgien oder auch Dänemark im Norden weitestgehend zurück. Nach Untersuchungen von Amnesty International – die Organisation spricht sogar von einem »Krieg gegen Flüchtlinge« – hat die EU Milliarden gegen die Flüchtlinge investiert. So wurden zwischen 2007 und 2013 zwei Milliarden Euro für den Bau von Maschendrahtzäunen ausgegeben, während nur 700 Millionen Euro in die Verbesserung der Lage von Asylsuchenden flossen. Deutschland und Europa haben bisher nicht begriffen, wie wichtig es ist, alles daranzusetzen, dass es Afrika besser geht. Damit würden vor allem die Flüchtlingsströme zurückgehen, die Migrantenströme nicht unbedingt. Wenn die Migranten gut ausgebildet sind, ist das ja auch kein Problem.

Ein weiteres Problem Afrikas, das nun die ganze Welt umtreibt, aber schon seit über einer Dekade in Afrika existiert, ist der islamistische Terrorismus. Bereits 2003 hat die islamistische Terrororganisation Boko Haram im Norden Nigerias die ersten Anschläge verübt. Die islamistische al-Shabaab-Miliz gründete sich zwischen 2004 und 2006 in Somalia. Ansar-al-Sharia nennt sich die Organisation in Libyen und Tunesien. Sie ist die jüngste Organisation, die sich nach Gaddafis Sturz etablierte. Die malische Terrororganisation Ansar Dine entstand bereits in den 1990er Jahren. Sehr gefährlich kann es werden, wenn die Islamisten sich Uran beschaffen und zum Atomterrorismus aufrüsten. Schon 2013 gab es einen Zwischenfall in Niger, einem Nachbarstaat von Nigeria. Dort stürmten Terroristen eine von der französischen Atomfirma AREVA betriebene Uranmine. Die »Bewegung für die Einheit von Dschihad in Westafrika«, eine führende militante Gruppe im Westen des Kontinents, bekannte sich zu der Attacke, die 26 Menschen das Leben kostete. Die Bewegung unterhält Verbindungen zu Boko Haram, inzwischen leider bestens bekannt als die neue Terrormacht in Afrikas Powerhouse Nigeria.

Denn vor allem Länder, die zu den Leitmächten des afrikanischen Aufbruchs gehören, leiden unter den Terroristen, allen voran Nigeria und Kenia. Die einzige Ausnahme: Südafrika. Selbst das so lange friedliche Ostafrika leidet nun unter dem neuen Terrorismus, wie die Terroranschläge in der Westgate Mall, einem modernen Einkaufszentrum in der kenianischen Hauptstadt Nairobi, im September 2013 zeigten. Bilder, von denen man glaubte, dass sie in Kenia der Vergangenheit angehören.

Ein halbes Dutzend schwer bewaffneter, vermummter Angreifer hatten die Mall gestürmt. Die Attacke dauerte drei Tage. Am Ende waren 67 Menschen tot, unter ihnen vier Terroristen. Die meisten Opfer waren Kenianer, darunter ein Neffe von Kenias Präsidenten Uhuru Kenyatta und dessen Verlobte. Aber auch einige Ausländer, die als Diplomaten und Geschäftsleute in Nairobi arbeiteten, kamen ums Leben. 300 Menschen wurden teilweise schwer verletzt. Die islamische Terrorgruppe al-Shabaab bekannte sich zu dem brutalen Anschlag – aus Vergeltung gegen die Stationierung von kenianischen Truppen in der südsomalischen Hafenstadt Kismayo. Die militante Bewegung operiert seit Jahren vor allem im Süden von Somalia, das sie weitestgehend unter Kontrolle gebracht hat. In den vergangenen Jahren verübte al-Shabaab aber auch Anschläge in Nachbarländern, wie Uganda und Kenia. Neu ist dieser Terrorismus deshalb, weil es nicht mehr um die Vorherrschaft von lokalen Klans geht, deren Patenonkel aus den Fronten des Kalten Kriegs stammen, sondern um einen Terrorismus, der verhindern möchte, dass die Welt sich modernisiert. War Afrika lange der Ort von Stellvertreterkriegen der beiden Weltmächte USA und Sowjetunion, sind nun alle Länder, die sich modernisieren wollen, aber in der Übergangsphase noch große Schwächen haben, Opfer dieser religiös motivierten Terroristen. In dem Maß, in dem Afrika moderner wird, schlagen die Terroristen auch dort zu, wie man es bisher eher aus den USA, Russland, der EU, aber auch aus China kannte. Und sie haben es sehr einfach, weil die Überwachungs- und Sicherheitsstandards in Afrika noch sehr niedrig sind. Die Ambitionen dieser Gotteskrieger ähneln denen in anderen Regionen der Welt. Das Ziel beispielsweise der al-Shabaab ist es, einen streng islamischen Gottesstaat im östlichen Afrika aufzubauen.

Das Westgate-Mall-Attentat war ein monströser Anfang, dem in den folgenden Monaten eher kleinere Ziele, wie Busse oder öffentliche Märkte, folgten. Die Opferzahlen waren zwar geringer, aber die Angst der Menschen wird größer, da sie nun das Gefühl haben, ein Anschlag könne immer und überall passieren. Im Dezember 2013 starben sechs Menschen bei einem Bombenattentat auf einen Bus in Eastleigh, einem Stadtteil von Nairobi, in dem viele Somalier wohnen. Im März 2014 kamen zwei Menschen bei einem Anschlag auf eine katholische Kirche ums Leben. Dann wieder Eastleigh, diesmal Handgranaten, insgesamt sechs Menschen starben. Und so ging es weiter bis zum Juni 2014, als an zwei aufeinanderfolgenden Tagen mehrere Bomben in der Stadt Mpeketoni an Kenias Küste explodierten, mit mehr als 60 Toten die blutigsten Anschläge seit der Westgate Mall. Diesmal traf es indirekt auch die Tourismusindustrie, mit 14 Prozent des Bruttoinlandsprodukts ein wichtiger Wirtschaftszweig des Landes. Westliche Regierungen gaben Reisewarnungen aus, mit der Folge, dass viele Touristen ausblieben. Damit haben sie den Ländern mehr geschadet als ihren Landsleuten genutzt. Denn bisher richteten sich die Anschläge nicht gegen Einrichtungen des westlich orientierten Tourismus. Gegen Ende 2014 spitzte sich die Lage noch einmal zu. Erst starben im November 28 Menschen bei einem Angriff auf einen Bus, dann wurden im Dezember 36 Arbeiter in einem Steinbruch erschossen. Beide Anschläge fanden im Nordosten von Kenia statt. Allerdings waren beide Anschläge in nicht touristischen Gebieten und nicht gegen Ausländer oder Touristen gerichtet.

Doch nicht nur die internationale Gemeinschaft reagierte über, auch die Sicherheitskräfte Kenias agierten ungestüm. Als Antwort auf die Anschläge im März 2014 ließ die Polizei mehrere Tausend Somalier in einem Stadion zusammentreiben, was deren Vertrauen in ihr Gastland nicht gerade vertiefte. Unangenehm fiel auch auf, dass die Soldaten, die die Menschen in der Westgate Shopping Mall befreiten, in den unbeaufsichtigten Luxusgeschäften zugegriffen haben wie in Selbstbedienungsläden. Sehr erstaunlich war die Reaktion von Kenias Präsident Kenyatta auf die Anschläge in Mpeketoni. Nach zwei Tagen Staatstrauer erklärte er, dass diesmal al-Shabaab nicht verantwortlich sei. Stattdessen schob er den Schwarzen Peter lokalen Gruppen zu, die die Opposition im Land unterstützen und die politische Ordnung untergraben wollen. Möglicherweise wollte Kenyatta nur den Eindruck vermeiden, dass seine Regierung keine Antwort auf den Terrorismus hat und daher geschwächt sei. Trotzdem: Die innenpolitische Instrumentalisierung ist ein fataler Weg. Nach dem letzten Terrorakt musste aber Kenias Polizeichef, David Kimaiyo, seinen Hut nehmen. Der öffentliche Druck war zu groß geworden und Kenyatta sah sich zum Handeln gezwungen.

In Westafrika ist die Lage nicht besser. Der Terror der Islamisten in Nigeria wirkt sich destabilisierend auf das westafrikanische Powerhouse aus. Dort macht die islamistische Terroristengruppe Boko Haram weite Teile des Nordostens des Landes unsicher. Die Region ist unterentwickelt, die Menschen sind arme Bauern und Kleinhändler. Ihre Dörfer werden regelmäßig überfallen und Bewohner getötet. Sie sind diesen Angriffen hilflos ausgeliefert. Vor allem auf die christliche Bevölkerung Nigerias hat es die Terrorgruppe abgesehen.

Es wird vermutet, dass die Kämpfer von Boko Haram in den Dschihad-Camps der al-Qaida in Nord-Mali und Mauretanien ihr Training bekommen. Gerade der Wüstenstaat Mauretanien hat sich in den vergangenen Jahren stark islamisiert. Ein Militärputsch beendete 2005 die mehr als 20 Jahre andauernde Herrschaft des Präsidenten Maaouya Ould Sid'Ahmed Taya. Zwei Jahre später läuteten Wahlen die kurze demokratische Phase des Landes ein, die durch einen erneuten Putsch 2008 abrupt ein Ende fand. Islamische Kräfte werden seitdem stärker. Das Terrornetzwerk al-Qaida benutzt Mauretanien seit Jahren als Basis für seine Anschläge und Entführungen. Frankreich beschloss daher im Juli 2014 eine langfristig angelegte Militäroperation in der Sahel-Zone, unter anderem Mauretanien, mit dem Ziel, eine weitere Ausbreitung des Terrornetzwerks zu unterbinden.

Weltweit erschreckende Schlagzeilen machte Boko Haram im April 2014, als die Bewegung 276 Mädchen aus einer Schule in Chibok im Bundesstaat Borno entführte. Die nigerianische Armee-Einheit, die Präsident Jonathan daraufhin schickte, um die verschleppten Schulmädchen zu finden und zu befreien, schien schlechter ausgerüstet und motiviert als ihre Gegner. Bei Gegenschlägen kamen Boko-Haram-Kämpfer ums Leben, aber auch viele Zivilisten. Nigerianischen Generälen wird vorgeworfen, an Boko Haram Waffen verkauft zu haben. Dass 2013 Hunderte Boko-Haram-Kämpfer in Internierungslagern der nigerianischen Armee umgekommen sein sollen, hat die Lage nicht entspannt. Präsident Goodluck Jonathan stand in keinem guten Licht. Um sein Image zu verbessern, engagierte er sogar ein PR-Unternehmen aus Washington. Doch nur mit einem neuen Image wird er das Terrorismusproblem nicht los. Boko Haram war in den vergangenen fünf Jahren für den Tod von 13 000 Menschen verantwortlich und verschaffte Nigeria den traurigen Ruhm, inzwischen das Land in der Welt mit den meisten Toten durch Terrorismus innerhalb eines Jahres zu sein. In den zwölf Monaten bis Mitte 2014 sollen rund 3500 Menschen Anschlägen zum Opfer gefallen sein. Im Oktober 2014 verkündete die Regierung, eine Waffenruhe mit Boko Haram sei vereinbart, kurz danach wurde jedoch wieder eine Gruppe Mädchen entführt.

Südafrika muss sich immerhin nicht mit religiös motiviertem Terrorismus herumschlagen. Dafür kämpft es mit den Folgen der Apartheid. Die Unzufriedenheit vieler Schwarzer mit der Entwicklung ihres Landes führt nicht nur dazu, dass sie Weiße bedrohen, ausrauben, vergewaltigen oder gar erschießen, sondern sich vor allem auch untereinander bekämpfen. Die Gewalt ist am heftigsten in den unterentwickelten Townships, richtet sich aber auch gegen die Mittelklasse. Es sind jedoch keine Terroristen, die den Staat zerstören wollen, sondern kriminelle Einzeltäter.

Der Terrorismus mag eine relativ junge Erscheinung sein, doch der Kontinent hat auch nach wie vor mit seinen Altlasten zu kämpfen, allem voran dem Sudan-Konflikt. Vier afrikanische Staatsführer lud US-Präsident Barack Obama nicht zum ersten US-Afrika-Gipfel 2014 ein: den Präsidenten von Simbabwe, Robert Mugabe, den Präsidenten von Eritrea, Isayas Afewerki, und der Zentralafrikanischen Republik, Catherine

Samba-Panza, sowie den Präsidenten des Sudan, Umar Hasan Ahmad al-Baschir. Gegen Letzteren hat der Internationale Gerichtshof in Den Haag 2009 einen Haftbefehl ausgestellt. Ihm werden Verbrechen gegen die Menschlichkeit und Kriegsverbrechen in der sudanesischen Region Darfur vorgeworfen.

Al-Baschir hingegen sieht sich seit Jahrzehnten als Spielball auswärtiger Mächte. Und tatsächlich – ohne dass dies irgendetwas entschuldigen darf – ist der Sudan gezeichnet von einer langen Geschichte zum Teil unerbittlicher ausländischer Bemühungen, an das sudanesische Öl und Gas zu gelangen. Zudem verfügt das Land über Eisen, Gold und Uran. Der Strafgerichtshof selbst ist von diesen Interessen nicht ausgenommen. Wenn man gegen al-Baschir Anklage erhebt, kann man mit der gleichen Begründung auch Anklage gegen den ehemaligen US-Präsidenten Georg W. Bush erheben, der ohne internationale Rückendeckung in den Irak einmarschiert ist.

Am 30. Juni 1989 übernahm al-Baschir nach einem Militärputsch die Macht im Land. Seitdem versucht er mit allen Mitteln, die Ordnung aufrechtzuerhalten. Viele Politiker im Westen sind überzeugt, dass es eine »afrikanische Mentalität« sei, Machtkämpfe gewalttätig auszutragen. Aber genau dazu hat der Westen seinen Teil beigetragen. Al-Baschir hat nie die Unterstützung bekommen, die er gebraucht hätte, um sein Land zu stabilisieren.

Um den aktuellen Konflikt zu verstehen, muss man sich die Geschichte des Sudan vor Augen führen: Bis 1956 war das Land fest in Kolonialhand der Briten, die zu dem Zeitpunkt 60 Jahre geherrscht und Raubbau an den Bodenschätzen betrieben hatten. Entgegen den Erwartungen und Hoffnungen des Westens orientierte sich die erste Regierung nach der Unabhängigkeit am 1. Januar 1956 in Richtung Sowjetunion. Die Russen halfen großzügig bei der Aufrüstung der Armee. Das Land erlebte einen moderaten wirtschaftlichen Aufschwung, die Menschen hatten erstmals das Gefühl, es gehe bergauf. Dann kam das Öl dazu. Seit Mitte der 1960er-Jahre wird es gefördert. Goldene Zeiten schienen anzubrechen. Doch die Amerikaner verfolgten die Entwicklung mit Argwohn und Verärgerung, entschlossen sich jedoch dann, auf den Sudan zuzugehen, die Bodenschätze waren zu interessant. 1972 nahm Washington diplomatische Beziehungen mit dem Sudan auf. Die Chinesen verhielten sich derweil abwartend: Sie gönnten den Russen, mit denen sich Peking schon in 1950er-Jahren verkracht hatte, die Niederlage, sahen den amerikanischen Einfluss mit Sorge – waren aber selbst noch zu schwach, um eine Rolle zu spielen. Und so konnten sie nicht verhindern, dass die Amerikaner immer größere Brocken des Ölgeschäftes übernahmen. Seit 1975 förderten amerikanische Unternehmen Öl und investierten Millionen US-Dollar. Die Regierung investierte viel Geld in die Armee und half bei der Ausbildung der Soldaten. Washington fehlte jedoch das Fingerspitzengefühl, und so entstand bei vielen Menschen im Land der Eindruck, erneut kolonialisiert zu werden.

Diese antiamerikanische Stimmung nutzte al-Baschir und putschte sich 1989 an die Macht, mit dem Versprechen, einen islamischen Staat zu entwickeln. Die Amerikaner hätten die Möglichkeit gehabt, sich mit al-Baschir zu arrangieren. Doch Kompromisse waren ihre Sache nicht. Er oder wir, lautete das Ultimatum, was dazu führt, dass al-Baschir sich beeilen musste, die Amerikaner aus dem Land zu drängen. Die Lage spitzte sich zu. Al-Baschir siegte. Nach Überfällen auf amerikanische Öleinrichtungen 1995 zogen sich die USA und später auch die anderen europäischen Mächte aus dem Sudan zurück. Damit schlug die Stunde der Chinesen. Sie waren nun entwickelt genug, das Vakuum zu füllen. Bereits 1992 hatten sie sich 40 Prozent der Öllizenzen gesichert, jetzt investierten sie in die Infrastruktur. In relativ kurzer Zeit stieg China zum wichtigsten Außenhandelspartner des Sudan auf. 2010 kaufte die Volksrepublik fast 90 Prozent des sudanesischen Öls. Das Land wurde stabiler. Der Norden mit seiner Hauptstadt Khartum blühte auf.

Es bleiben die Konflikte im Süden. Al-Baschir führte mit seinem islamischen Regime praktisch vom ersten Tag an Krieg gegen den christlich und animistisch geprägten Süden des Landes. Und der Westen unterstützte aus den Nachbarländern den Süden, mit dem Ziel, das Land zu teilen und einen großen Teil der Ölfelder zu bekommen.

Die globale Dimension des Konfliktes ist neu, die regionalen Konflikte sind uralt. Der Süden fühlte sich bereits in der Kolonialzeit vernachlässigt, seit der Unabhängigkeit des Landes wurde er dann vom Norden unterdrückt und verlangte stets nach einer weitreichenden Autonomie. Nach einem jahrzehntelangen, immer wieder aufflammendem Sezessionskrieg im Südsudan von 1955 bis 1972 und noch einmal von 1983 bis 2005 entstand schließlich im Jahre 2005 die autonome Region Südsudan. Die Aufständischen im Süden mit ihren westlichen Alliierten hatten ein Teilziel erreicht, al-Baschir, der sich mit allen auch sehr brutalen Mitteln dagegen gewehrt hatte, musste den Süden aufgeben. Die nächste Stufe sollte ein Referendum werden. Im Januar 2011 entschieden sich, was wenig überraschend war, 99 Prozent der Wähler für die Unabhängigkeit. Am 9. Juli 2011 wurde der Südsudan ein eigenständiger Staat.

Es sollte ein Pyrrhussieg für die äußeren Mächte werden und ein Desaster für die Menschen im Süden. Die Kämpfe gehen dennoch unvermindert weiter. Denn es ist bis heute nicht klar, wer wie viel Öl bekommt.

Nach US-Schätzungen betragen die Ölreserven des Sudan rund fünf Milliarden Barrel, ein Großteil davon im Südsudan. Die meisten Ölfelder sind noch nicht erschlossen und die Konzessionen noch nicht vergeben – es erstaunt denn auch nicht, dass die Hälfte aller Sudanesen, von denen die meisten ihren kargen Lebensunterhalt in der Landwirtschaft verdienen, unterhalb der Armutsgrenze lebt – die Begehrlichkeiten der ausländischen Mächte sind entsprechend gewaltig. Gegenwärtig geht ein Drittel des sudanesischen Erdöls nach China. Damit deckt das afrikanische Land schätzungsweise sechs bis acht Prozent der gesamten Ölimporte Pekings ab. Zudem verfügt der Sudan über geschätzte 85 Milliarden Kubikmeter Erdgas.

Mit der Unabhängigkeit vom Südsudan verlor der Sudan nicht nur etwa ein Drittel seiner Landfläche und rund ein Viertel seiner Bevölkerung, sondern auch drei Viertel seiner Ölreserven. Trotz des neu gewonnenen Ölreichtums konnte der Südsudan sich aber nicht stabilisieren. Neun der zehn Nachbarstaaten sind im Kriegszustand mit der Zentralregierung in Juba. Denn die neue Regierung dachte gar nicht daran, die Helfer aus den Nachbarstaaten an den Ölvorkommen zu beteiligen. In die Lage, Ölinfrastruktur aufzubauen, ist der Südsudan noch gar nicht gekommen. Im Gegenteil, Zehntausende Südsudanesen sind auf der Flucht. Es herrschen Hunger und Armut. Die Kämpfer der marodierenden Stammesgruppen werfen der Regierung vor, die Staatseinnahmen nicht genügend im Land zu verteilen. Zudem kämpfen bereits südsudanesische Truppen gegen sudanesische Streitkräfte. Auch innerhalb der Regierung von Juba gibt es Machtkämpfe.

Während der Sudan weiterhin als schwacher Staat gilt, ist der Südsudan ein »failed state«, ein gescheiterter Staat also. Das Öl ist in weitere Ferne gerückt denn je.

Die Bilanz der vergangenen Jahre sieht folgendermaßen aus: Al-Baschir regiert mit harter Hand, was nicht den westlichen Vorstellungen entspricht. Die Chinesen hielten sich aus der Innenpolitik raus und machten Geschäfte. Die Amerikaner hingegen unterstützten nach ihrem Quasi-Rauswurf aus dem Sudan wie gesagt die Nachbarländer mit Waffen, die wiederum die Rebellen gegen al-Baschir unterstützten, und entfachten damit die Stammeskriege an den Grenzen des Sudan erst recht. Seit 1996 drängten die USA zudem erfolgreich auf UN-Sanktionen gegen den Sudan, das Land hatte der Familie von Osama bin Laden Zuflucht gewährt. Al-Baschir hatte zwar angeboten, bin Laden auszuliefern. Doch sie unterschätzten bin Laden damals noch, und ihnen war der Sturz al-Baschirs wichtiger. Während in anderen Ländern Afrikas, die vom Westen in Ruhe gelassen wurden, die Stammes- und Religionsfehden allmählich verebbten, kam der Sudan nie zur Ruhe. Und auch die Amerikaner kamen nicht an ihr Ziel: Sie schafften es nicht, al-Baschir zu stürzen. Das Öl ist schlechter erreichbar denn je. Die Strategie der USA, die innersudanesischen Stammesfehden für ihre eigenen wirtschaftlichen und geostrategischen Zwecke zu nutzen, war nicht aufgegangen.

Experten für die Region waren wenig von diesem Ausgang überrascht. Die Stammesfehden im Sudan sind, wenn man so will, so alt sind wie Kain und Abel. Es ist ein Kampf zwischen Bauern und Hirten um Land und ein Kampf zwischen christlich und animistisch geprägten Gruppen und islamisch geprägten. Wer brutaler und unzivilisierter vorgeht, lässt sich kaum sagen. Den meisten Fachleuten war klar, dass nach zwei Jahrzehnte langem Sezessionskrieg im Südsudan es nicht zu Ende sein würde, als 2005 die autonome Region Südsudan gebildet und dann später der Staat Südsudan ins Leben gerufen wurde.

Eine Schwäche Afrikas, die auf den ersten Blick nach dem uralten Vorurteil vom zurückgebliebenen, unterentwickelten, unhygienischen Kontinent, dem Schmuddelkind der Welt, passt, ist bei genauerer Betrachtung ein Phänomen, das im Gegenteil eng mit der Modernisierung Afrikas zusammenhängt, allerdings auf andere Weise als der Terrorismus: Ebola.

1976 brach die Krankheit im damaligen Zaire der heutigen Demokratischen Republik Kongo zum ersten Mal aus. Damals gab es 280 Tote. Grund der Ausbreitung waren kontaminierte Nadeln in Krankenhäusern. Gleichzeitig gab es unabhängig davon 151 Tote im heutigen Sudan. Der nächste größere Ausbruch kam erst wieder 1995 mit 254 Opfern in der Demokratischen Republik Kongo, Waldarbeiter verbreiteten Ebola in einem Krankenhaus. Die nächste Welle kam 2001 in Uganda. Unzureichende Schutzmaßnahmen bei Begräbnissen führten zu 224 Toten. Zwei Jahre später im Kongo noch einmal 128 Tote.

2007 starben im Mai 167 und im Oktober 187 Menschen an Ebola im Kongo. Stets starben nur wenige Hundert Menschen, bis dann 2014 die Zahl auf gut 8000 Tote und 20 000 Infizierte anstieg. Woran liegt das? Der plötzliche Ausbruch der Seuche ist jedenfalls keine afrikanische Apokalypse. Es gibt viele Erklärungsversuche, der überzeugendste hat jedoch mit dem Aufbruch Afrikas zu tun und der gleichzeitigen medizinischen Rückständigkeit des Kontinents. Der Aufbruch Afrikas führt dazu, dass die Menschen mehr reisen, und sei es nur in ihrer Region. Damit werden Krankheiten schneller übertragen als früher. Und damit ist sie durchaus vergleichbar mit SARS 2002 in China. Dort hat es eine ähnlich unglückliche Modernisierungskombination gegeben, wenn auch auf einem anderen Entwicklungsniveau. Deswegen hat die Krankheit zwar kurzzeitig ein ganzes Land mit über einer Milliarde Menschen lahm gelegt, aber am Ende nur etwa 1000 Todesopfer gefordert. Übertragen wurden die Erreger von Fledermäusen und Schleichkatzen, die in Südchina als Delikatessen gelten. Dass solche Kombinationen entstehen, bedeutet im Übrigen nicht, dass solche Seuchen unvermeidlich sind, sondern nur, dass die Wahrscheinlichkeit extrem steigt, dass sie ausbrechen.

Die Menschen in Afrika stecken sich allerdings kaum auf den Reisen selbst an, sondern durch engen Kontakt mit Angehörigen, nachdem sie an ihrem Ziel angekommen sind. Busse und Flugzeuge gehören nach Einschätzung der Weltgesundheitsorganisation (WHO) nicht zu den Ansteckungszentren. »Anders als Tuberkulose und Grippe wird Ebola nicht durch die Luft übertragen«, sagt Dr. Isabelle Nuttall, Director des globalen Alarm-Centers der WHO. »Es kann nur im direkten Kontakt mit Körperflüssigkeiten einer Person übertragen werden.« Die Wahrscheinlichkeit, dass die Crew oder Passagiere mit Körperflüssigkeiten der betreffenden Personen in Berührung kämen, sei sehr gering. Zudem fühlen sich Ebola-Kranke nach kurzer Zeit schlecht und können nicht mehr reisen. Die WHO sei deshalb »dagegen, Flüge in die und aus den betroffenen Ländern zu stoppen«. Auch auf Flughäfen sieht die WHO-Expertin »kein großes Risiko für die Ausbreitung von Ebola«. Gleichzeitig ist die medizinische Versorgung in den betroffenen Ländern noch so schlecht, sind die Schutzmaßnahmen noch so unzureichend, dass die Reisenden, einmal an ihrem Ziel angekommen, viele andere Menschen anstecken können. Es fehlt an medizinischer Infrastruktur und an gut ausgebildetem medizinischen Personal. Und so gelingt es dem Virus nun Jahrzehnte nach seinem Ausbruch, plötzlich große Strecken auf dem boomenden Kontinent zurückzulegen.

Dass dies allerdings ein vorübergehendes Phänomen für den Kontinent ist, zeigt der Umgang mit Ebola in Nigeria. Am 20. Juli 2014 war ein Infizierter aus Liberia am Flughafen der 20-Millionen-Menschen-Metropole Lagos zusammengebrochen. Fünf Tage später starb der Mann in einem Krankenhaus in Lagos. Zu diesem Zeitpunkt hatten sich bereits 20 Menschen bei ihm mit Ebola angesteckt. Die Befürchtungen waren groß, dass es einen urbanen Ausbruch geben würde, der ein Massensterben in dem bevölkerungsreichsten Land Afrikas verursachen würde.

Doch die nigerianischen Behörden reagierten schnell und besonnen, auf eine Art und Weise, wie es ihnen viele Beobachter im Westen nicht zugetraut hätten. So gelang es, alle die Menschen ausfindig zu machen, mit denen der Patient Kontakt hatte. Mehrere Hundert direkte und indirekte Kontaktpersonen wurden unter Beobachtung gestellt. Unter ihnen war auch ein Arzt, der sich infizierte und nach seiner Erkrankung noch Patienten operiert hatte.

Die nigerianischen Behörden stellten Geld und Material zur Verfügung. So konnten sofort Isolierstationen eingerichtet werden. Und die Behörden ließen sich sofort international unterstützen. So kam zügig medizinisch gut ausgebildetes nigerianisches und internationales Personal zum Einsatz. Als sehr hilfreich erwies sich das virologische Labor des Lagos University Teaching Hospital, das in den letzten Jahren aufgebaut worden war. Es ist bereits so gut ausgestattet, dass die Ärzte dort sofort zuverlässige Tests durchführen konnten – und positiv getestete Patienten umgehend unter Quarantäne stellten. Die Nigerianer hatten Krisenteams, die sich um die Personen kümmerten, die aus den Isolierstationen entkommen waren. Weil Nigeria schon viel fortschrittlicher ist, als man dies auf den ersten Blick vermuten würde, war der Spuk so schnell zu Ende, wie er gekommen war. Nach 42 Tagen ohne neuen Fall, also der doppelten Inkubationszeit, wurde Nigeria bereits am 20. Oktober von der WHO für Ebola-frei erklärt: »Das ist eine spektakuläre Erfolgsgeschichte«, so die WHO, »Es ist möglich, Ebola zu kontrollieren. Es ist möglich, Ebola zu besiegen. Wir haben das in Nigeria erlebt«, sagte Onyebuchi Chukwu, der nigerianische Gesundheitsminister, und das, ohne die Grenzen Nigerias zu schließen oder den Flugverkehr einzustellen. Wichtig war in Nigeria auch die Aufklärung der Menschen, um eine Panik in dem Land mit 174 Millionen Menschen zu vermeiden. Die Behörden nutzten unter anderem die sozialen Medien, um Falschinformationen, die sich rasch ausbreiteten, zu entkräften. Helfer gingen von Haus zu Haus, um die Bevölkerung über die Risiken zu informieren. Führende Politiker, Geistliche oder bekannte Schauspieler klärten die Bevölkerung im Radio und im Fernsehen auf. Die Botschaft war klar und einfach: Je früher man sich behandeln lässt, desto höher sind die Heilungschancen. Da alle afrikanischen Staaten sich mehr oder weniger schnell in Richtung des Entwicklungsstandes von Nigeria bewegen, ist die Seuche also ein Übergangsphänomen der afrikanischen Entwicklung und nicht etwa eine unabänderliche afrikanische Gefahr, die nunmehr die ganze Welt bedroht. Auch Länder, die gar keine Ebola-Infizierten haben, leiden unter der Seuche. Zum Beispiel Gambia. Dort brachen seit Ausbruch der Ebola-Epidemie im März 2014 rund 65 Prozent aller Hotelreservierungen ein. Das kleine westafrikanische Land lebt neben dem Tourismus vor allem vom Anbau von Erdnüssen, möchte aber in Zukunft ein Erdöl produzierender Staat werden. Gambia, das seit

20 Jahren von dem Diktator Yahya Jammeh geführt wird, sorgte zuletzt für internationale Schlagzeilen, als es 2013 aus dem Commonwealth austrat, den Jammeh als »neokoloniale Institution« bezeichnete. Auch in der Krise wurde Jammeh wieder deutlich. Er beklagte sich über mangelnde Hilfe des Westens, der zur Behandlung der wenigen erkrankten Europäer und Amerikaner »keine Kosten und Mühen scheut«, während die Afrikaner »wie Hunde« sterben. Dennoch hilft der Westen auch ihm. Der Tourismus brach allerdings nicht nur in Gambia ein. In den klassischen Safari-Ländern Tansania, Kenia, Südafrika und Botswana gingen die Buchungen um bis zu 50 Prozent zurück, auch wenn die Länder tausende Kilometer von Westafrika entfernt liegen. Die meisten der Stornierungen kamen von westlichen Touristen.

Das war die Folge einer zum Teil hysterischen Berichterstattung im Westen. Ihre Wirkung war konstruktiv und verheerend zugleich. Es ist zweifellos der Berichterstattung zu verdanken, dass die betroffenen Länder spät, aber nicht zu spät internationale Hilfe bekamen. Gleichzeitig jedoch haben die Medien skrupellos Angst und Schrecken verbreitet und dann auch noch darüber berichtet. »Die absolute Hysterie um Ebola unterstreicht, dass was falsch läuft in unserer Politik«, schrieb die *New York Times* bereits Ende Oktober 2014. Und selbst der amerikanische Fernsehsender CNN, der selbst auch gerne aufdreht, sprach von einer »Epidemie der Überreaktionen«. Von dieser Hysterie haben sich auch westlich dominierte internationale Institutionen anstecken lassen. Selbst die Weltbank musste zurückrudern. Ursprünglich schätzten deren Ökonomen den von Ebola verursachten Schaden für die Wirtschaft von Subsahara-Afrika auf 32 Milliarden US-Dollar. Im Dezember 2014 revidierte der Chefökonom der Bank, Francisco Ferreira, diese Zahlen auf »eher 3 – 4 Milliarden US-Dollar«, was dem Wert eines mittleren chinesischen Infrastrukturauftrags entspricht, also bei den Wachstumszahlen kaum zu Buche schlägt. Anfang Oktober noch hatte sich selbst die Weltgesundheitsorganisation

(WHO) von der Hysterie hinreißen lassen. Empört protestierte Liberias Präsidentin Ellen Johnson Sirleaf als die WHO ihre neuen Ebola-Hochrechnungen verkündete. »Das ist absoluter Unsinn«, wehrte sich die Präsidentin, die noch zuvor den Westen flehentlich um Hilfe gebeten hatte. Auch die 20 000 von der WHO vermuteten Toten bis Januar seien »völlig überzogen«. Ende 2014 zeigte sich, dass Silreaf Recht behalten sollte. Die WHO hat Ebola erst verschlafen und dann besonders laut geschrien und musste schließlich zurückrudern. Weder die westlichen Medien noch die westlich geprägten internationalen Organisationen verhielten sich vernünftig. Vernünftig bedeutet in diesem Fall, dass man die Epidemie weder herunterspielt noch Panik macht. Aus diesem Blickwinkel betrachtet ist es schon seltsam, dass *tagesschau.de* den Deutschen allen Ernstes rät: »Der beste Schutz ist es, den Kontakt zu kranken oder toten Affen sowie Flughunden zu meiden.« Zudem wird dazu geraten, »rohes Fleisch dieser Tiere nicht selbst zuzubereiten oder zu essen«.

Selbstverständlich ließen sich nicht alle im Westen von der Hysterie anstecken. Ein kluges Zeichen setzte Mitte September der deutsche Afrika-Verein. Eine Delegation mit Vertretern von 20 deutschen Firmen reiste in die Republik Kongo und die Demokratische Republik Kongo, in der bereits mehrere Menschen an dem Virus gestorben waren. »Die Resonanz auf die Reise war groß, und wir freuen uns, dass sich vor allem die Afrika-erfahrenen Firmen nicht von einem Ebola-Ausbruch verunsichern lassen, der mehrere Tausend Kilometer entfernt ist«, sagte der Hauptgeschäftsführer des Afrika-Vereins Christoph Kannengießer. »Das unterstreicht unsere Warnung vor überzogenen Reaktionen, die am Ende den Menschen vor Ort mehr schaden, als dass sie ihnen helfen.«

Auch wurde Ebola in den westlichen Medien viel zu selten in Beziehung zu anderen ansteckenden Krankheiten gesetzt. Die Gesamtzahl der Ebola-Toten seit 1976 lag Ende Oktober 2014 bei knapp 7000. So viele Menschen sterben leider alle drei bis vier Tage in Afrika an Malaria, darunter in der Mehrzahl Kinder unter fünf Jahren. Und das, obwohl die Erkrankungen vor allem bei Kindern in den vergangenen zehn Jahren bereits um rund 30 Prozent zurückgegangen sind. Mit Nigeria und der Demokratischen Republik Kongo liegen zwei von drei Ländern, in denen es die Hälfte aller Malaria-Toten 2013 gab, in Afrika. Das dritte Land ist Indien. Und Indien ebenso wie Afrika schafft es trotz dieser enormen Belastung, stabil zu wachsen.

Es ist viel wahrscheinlicher für Afrikaner, an Malaria zu erkranken und zu sterben als an Ebola und das, obwohl es für Malaria im Unterschied zu Ebola Medikamente gibt. Das Gleiche gilt für Tuberkulose. An dieser Krankheit starben allein 2012 über 350 000 Afrikaner, Tendenz ebenfalls deutlich sinkend. Die Zahl der Tuberkulose-Toten ist zwischen 1990 und 2012 um 45 Prozent gesunken. Auch bei HIV/Aids hat sich die Lage in Afrika dramatisch verbessert. Die Zahl der Infizierten und Toten geht kontinuierlich zurück. Dennoch gab es 2013 1,1 Millionen HIV/Aids-Tote in Afrika. Angesichts dieser Gesundheitsprobleme ist Ebola trotz der tragischen Schicksale und der großen Dramatik in den Medien ein eher kleines Problem, das verhältnismäßig schnell eingedämmt werden kann, wenn es auch zu Beginn 2015 noch nicht besiegt ist.

Was in der Berichterstattung ebenfalls gern übersehen wird, ist, dass die Einzelfälle in der Republik Kongo nichts mit den Fällen in Westafrika zu tun haben, sondern »normale« Einzelfälle sind, wie sie in Afrika immer vorkommen. »Der eine Virus hat sich nicht aus dem anderen Virus entwickelt«, so die wenigstens diesmal vernünftige Einschätzung der WHO. Auf den Karten fast aller westlichen Medien sah es so aus, als ob die Seuche von Westafrika in den Kongo übergesprungen ist.

In der internationalen Wirtschaft, die seit Langem mit Afrika zu tun hat, ist die Wahrnehmung der Epidemie natürlich realistischer als in den Medien. Niemand war Anfang September 2014 sprachlos, als Kerfalla Yansané, der Minenminister von Guinea, auf einer großen Minenkonferenz im australischen

Perth davon sprach, dass Guinea in der kommenden Dekade 50 Milliarden US-Dollar an Investitionen in seinen Minensektor einsammeln will. Auch wenn das Land die meisten Todesfälle der Ebola-Epidemie zu vermelden hat, bei einem Bruttoinlandsprodukt von gerade mal sieben Milliarden US-Dollar. Aber es verfügt eben auch über eines der größten Eisenerzvorkommen Afrikas.

Allein das Simandou-Projekt im Südosten Guineas würde das Bruttoinlandsprodukt des Landes verdoppeln und damit auch die Gesundheitsversorgung der elf Millionen Einwohner des Landes entscheidend verbessern. Die beiden Unternehmen, die die Vorkommen abbauen wollen, der britisch-australische Minenkonzern Rio Tinto und die Aluminium Corporation of China Limited (Chinalco) halten selbstverständlich weiter an dem Projekt fest und rechnen nur mit einem Jahr Verzögerung. Eine Zugverbindung von Simandou quer durchs Land zum Meer und ein neuer Tiefseehafen werden rund 20 Milliarden US-Dollar kosten. Simandou ist dann die größte Kupfermine Afrikas. Auch dies wurde im Westen nur am Rande berichtet. In den drei am stärksten von Ebola betroffenen Ländern, Liberia, Guinea und Sierra Leone, geht die Weltbank von wirtschaftlichen Einbußen in Höhe von nun mehr nur noch 359 Millionen US-Dollar aus, und sagte dort einen Einbruch des Wachstums zwischen 2,1 und 3,4 Prozent voraus. Sobald die Epidemie unter Kontrolle gebracht werde, rechnet die Weltbank nun mit einer raschen Erholung der Volkswirtschaften der drei Länder.

Neben der unglücklichen Verkettung von Afrikas Reiseaufbruch und rückständiger medizinischer Versorgung ist ein drittes Problem für die Ausbreitung der Seuche verantwortlich. Da es bis 2014 nur wenige Fälle gab, war das Interesse der Pharmaindustrie gering, viel Geld in die Medikamente gegen Ebola zu investieren.

Das änderte sich im Herbst 2014. Die neuen Medikamente heißen ZMapp, Favipiravir oder TKM-Ebola. Mit Hochdruck arbeiten die Labore der Pharmakonzerne inzwischen an Mitteln gegen die tödliche Krankheit, weil dem ersten Hersteller, dessen Medikament wirkt, große Medienaufmerksamkeit sicher ist. So kündigte das US-Unternehmen Johnson & Johnson (J&J) an, die Entwicklung seines Ebola-Impfstoffes zu beschleunigen. Eine Million Impfdosen wolle man 2015 zur Verfügung stellen. Auch beim kanadischen Hersteller Tekmira Pharmaceuticals kommt man nun schnell voran. Das neue Medikament TKM-Ebola, das derzeit in der Erprobungsphase ist, soll auch 2015 verfügbar sein. Anders als die beiden genannten Medikamente hat das in Japan entwickelte Medikament Favipiravir bereits eine Zulassung für die Anwendung am Menschen erhalten – allerdings nicht als Ebola-Medikament, sondern als Grippe-Mittel. In Tierversuchen hat Favipiravir jedoch gezeigt, dass es auch das Ebola-Virus im Körper wirksam bekämpfen kann. Unter den möglichen Impfstoffkandidaten gegen Ebola gelten vor allem zwei als besonders aussichtsreich: der in Kanada entwickelte Wirkstoff VSV-EBOV sowie das von dem britischen Pharmahersteller GlaxoSmithKline produzierte cAd3-ZEBOV.

Angesichts solcher Ankündigungen hofft die WHO darauf, schon Anfang 2015 eine erste Impfkampagne in Afrika starten zu können. Allerdings gibt es ein Nadelöhr, was die Hilfe betrifft. Auch wenn sich herausstellt, dass ein Medikament wirkt, ist es nicht so einfach, schnell große Mengen zu produzieren.

Nicht nur Unternehmen, sondern auch Nationen und Staatenverbände wie die EU strengen sich nun an, weil sie von einem Erfolg politisch profitieren können. Die EU-Kommission und der europäische Pharmaverband haben sich zusammengetan und geben je 100 Millionen Euro. Die Förderung fließt im Rahmen der Innovative Medicines Initiative (IMI). Davon sollen klinische Studien finanziert werden. Selbst die Chinesen spielen inzwischen mit. Sihuan Pharmaceutical, der drittgrößte Pharmakonzern des Landes, hat bereits Ende Oktober 2014 mehrere Tausend Dosen seines experimentellen Medikaments

JK-05 in die Krisenregion geschickt. Die Lieferung ist zwar vorerst nur für chinesische Helfer gedacht, für den Fall, dass sie sich mit dem Virus infizieren. Allerdings forscht das Unternehmen zusammen mit der chinesischen Militärakademie für Medizin, kurz AMMS. Mit der Hilfe der großen Armeekapazitäten soll das Medikament noch vor Anfang 2015 in Afrika verfügbar sein.

Zwar hat JK-05 im Labor schon ermutigende Erfolge erzielt. Versuche an Menschen gab es aber bisher nicht. Deswegen ist JK-05 in China bis jetzt auch nur für »militärische Notfälle« zugelassen, was immer das heißen mag. Sollten die Tests an Menschen positiv ausfallen, dürfte das chinesische Medikament weltweit das erste sein, das großflächig eingesetzt werden kann, da es aufgrund einer recht einfachen Struktur zügig in großen Mengen hergestellt werden kann. Das wäre ein Vorteil zum Beispiel gegenüber dem amerikanischen Mittel ZMapp.

Das chinesische Militär hatte schon bei der SARS-Epidemie vor einem guten Jahrzehnt eine große Rolle gespielt. Damals wurde ein Impfstoff gegen die Krankheit erstaunlich schnell für die Bevölkerung zugelassen und hat stark dazu beigetragen, den Ausbruch unter Kontrolle zu halten.

Anders als in Amerika ist in China der politische Druck, schnell Ergebnisse zu bekommen, sehr viel größer. Das kann zum entscheidenden Vorteil werden. Dabei geht es nicht nur um die Zehntausenden Chinesen, die in den betroffenen Gebieten im Westen des Kontinents arbeiten. Peking ist überzeugt, dass ein heilendes Medikament auch politisch sehr nützlich sein kann. Es würde Chinas Image im Westen und bei den China-Kritikern in Afrika sehr verbessern. Deshalb lässt Peking Zeit, Geld und Ressourcen in das Medikament investieren, das in China selbst nicht gebraucht wird. Hinzu kommt, dass die Regierung der eigenen Bevölkerung stolz verkünden kann, dass China in dieser Frage erfolgreicher als der Westen war. Die internationale Imagefrage ist jedoch wichtiger. Dass Ebola nun im Machtkampf des internationalen politischen Alltags angekommen ist und dafür instrumentalisiert wird, mag zynisch klingen. Für die Kranken ist es eher ein Vorteil.

Einige westliche Medien und Politiker versuchten, Peking an den Pranger zu stellen, weil China angeblich weniger gespendet hätte als die westlichen Länder. Bis zum 31. Oktober 2014 habe China 47 Millionen US-Dollar geleistet gegenüber 377 Millionen von Seiten der USA und beispielsweise 162 Millionen von Großbritannien und 131 Millionen von Deutschland. Peking wiederum behauptete wenig später, es seien 120 Millionen gewesen. Solche Rechenspiele sind wenig sinnvoll. Mit wieviel Geld wird ein amerikanischer Soldat veranschlagt? Und ist ein chinesischer Arzt genauso teuer wie ein amerikanischer?

Mit Sicherheit lässt sich jedoch feststellen: Peking hat sich an der Hysterie nicht beteiligt, nicht zuletzt weil die Politiker sich aus SARS-Zeiten 2002 noch gut erinnern können, was Gerüchte auslösen können. Die Chinesen waren die ersten, die geholfen haben. Feststellen kann man auch: Im April 2014 hat Peking bereits die ersten Hilfsgüter im Wert von 600 000 US-Dollar geschickt. Zu diesem Zeitpunkt hat sich im Westen noch niemand für Ebola interessiert. Das erste Labor mit dem ersten 100-Betten-Krankenhaus überhaupt kam Anfang August aus China. Erst Mitte Dezember hat die WHO eines der Ebola-Behandlungszentren in Liberia an die Deutschen übergeben. Vertreter des deutschen Roten Kreuzes und der Bundeswehr sollen Ebola-Patienten behandeln. »Heute ist ein so großes Behandlungszentrum eine Verschwendung von Zeit und Geld«, sagt Sebastian Viadal von Ärzte ohne Grenzen. Man müsse stattdessen die Menschen auf dem Land behandeln und das Gesundheitssystem aufbauen. Immerhin haben die Deutschen den Lufthansa Airbus »Villingen Schwennigen« zu einem weltweit einmaligen Rettungsflugzeug umgebaut. Das Flugzeug dient vor allem dazu, internationalen Seuchenhelfern in der Region die Sicherheit zu geben, im Falle einer schweren Ebola-Erkrankung sicher zurückgeholt zu werden: »Wir müssen zugeben, dass wir als internationale Staatengemeinschaft ein wenig zu spät gekommen sind,« sagt selbst Frank-Walter Steinmeier bei der Übergabe Ende November 2014. »Umso mehr sind wir gefordert, nun das Mögliche zu tun.«

Und damit sich Peking nicht den Vorwurf machen lassen muss, wieder einmal einen politischen Alleingang zu riskieren, kündigten Ende Oktober der französische Außenminister Laurent Fabius und sein chinesischer Kollege Wang Yi an, die Ebola-Epidemie zusammen zu bekämpfen. Künftig sollen gemeinsame Laboruntersuchungen intensiviert und Erfahrungen in der Epidemievorbeugung ausgetauscht werden. Auch die Zusammenarbeit in Westafrika wollen sie ausbauen. Die Franzosen wiederum hoffen, sich so enger an China zu binden und damit den einen oder anderen Auftrag mehr für Frankreichs schwächelnde Wirtschaft aus China zu holen. Kaum aus Peking zurück, fuhr Fabius mit seinem deutschen Kollegen Frank-Walter Steinmeier nach Nigeria, um dort Gespräche zu führen. Gegen Ende des Jahres 2014 häuften sich dann die guten Nachrichten selbst aus Krisenherden wie Liberia. Laut WHO haben die Fälle von Ebola-Erkrankungen dort zwischen Mitte September und Ende des Jahres stark abgenommen. Nur noch 20 Menschen pro Woche infizieren sich neu. Die Seuche ist also weitgehend unter Kontrolle, besonders dank internationaler und vor allem auch westlicher Hilfe.

Nachdem die Erkrankungszahlen sich stabilisiert hatten, verloren die westlichen Medien allmählich das Interesse an dem Thema. Als China Mitte November den größten Auslandsauftrag in seiner Geschichte bekannt gab, eine 12 Milliarden US-Dollar Zugstrecke in Nigerias Süden, schwenkte die Berichterstattung von Seuchenbekämpfung auf Wirtschaft um – von dem verlorenen auf den boomenden Kontinent. Plötzlich kann sich der Westen nicht mehr als Entwicklungshelfer gebärden, sondern muss sich die eher unangenehme Frage stellen, ob seine Unternehmen nicht doch gerade einen gigantischen Aufschwung verpassen und man auf die selbst erzeugte Hysterie hereingefallen ist. Der deutsche Außenminister Frank-Walter

Steinmeier, der zu dieser Zeit gerade in Südafrika war, stellte sich auf die neue Nachrichtenlage ein: Das wirtschaftliche Wachstum Afrikas »gerät uns regelmäßig aus dem Wahrnehmungsspektrum«, kritisierte er zu Recht. Es sei vornehmlich durch »die Krisenherde bestimmt«.

Anfang des Jahres 2015 zeichnet sich bereits ab: Der Zugauftrag der Chinesen bringt der afrikanischen Wirtschaft wahrscheinlich mehr als ihr Ebola geschadet hat. Denn der Ausbau des Eisenbahnnetzwerks bedeutet neue Jobs. In den nächsten Jahren sollen während des Baus 200 000 neue Jobs geschaffen werden und später sogar 30 000 dauerhafte Arbeitsplätze bestehen bleiben. Dem Wirtschaftswachstum des Kontinents hat Ebola jedenfalls kaum geschadet: Subsahara-Afrika ist noch nie so stark gewachsen wie 2014.

Für die Geschichtsbücher kann man festhalten, dass der Westen erst zögerlich und dann erstaunlich hysterisch reagiert hat, bevor umfassend geholfen wurde. China war hingegen eher pragmatisch, maßvoll und vorausschauend. Es ist eben ein Unterschied, wenn man solche Krisen erst vor einer guten Dekade selbst erlebt hat oder sie nur als apokalyptischen Nervenkitzel aus den Medien kennt.

Dass bei der aufsteigenden Weltmacht China ebenso wie bei der absteigenden Weltmacht USA eine große Portion Eigennutz im Spiel ist, versteht sich von selbst. Die Chinesen wollen ihre Bauprojekte zu Ende bringen. Die Amerikaner waren froh, dass sie nach der langen Ablehnung auf dem afrikanischen Kontinent wieder Soldaten schicken durften. 3000 Mann wurden ins Krisengebiet gesendet. Mal sehen ob sie bleiben, wenn die Krise vorbei ist.

Die Unkalkulierbarkeit des Westens hat allerdings auch positive Folgen: Sie zwingt Afrika, sich auf eigene Beine zu stellen. Zum ersten Mal in der Geschichte Afrikas taten sich Afrikas Geschäftsleute angesichts einer Krise zusammen und spendeten Geld. So kamen immerhin 45 Millionen US-Dollar zusammen. Nicht nur Graça Machel, Menschenrechtsaktivistin und Witwe von Nelson Mandela, hatte sich öffentlich darüber beklagt, dass Afrika sich in Krisenzeiten immer für Hilfe an das Ausland wende, obwohl es auf dem Kontinent so viel eigene Expertise und Geld gäbe.

Nun ist es wichtig, dass alle gemeinsam aus der Krise lernen: In dieser gefährlichen Übergangsphase zwischen hoher Mobilität und schlechter Gesundheitsversorgung ist es sinnvoll, dass die Afrikanische Union ein Frühwarnsystem und eine schnelle medizinische Eingreiftruppe aufbaut. Healthkeeping statt Peacekeeping, wenn man so will. Die 100 Millionen US-Dollar der WHO, die jetzt akut ausgegeben werden müssen, hätten dafür gereicht. Diese afrikanische medizinische Eingreiftruppe kann durchaus international unterstützt werden. In diese Richtung geht die Forderung von Frank-Walter Steinmeier vom Herbst 2014. Zum Auftakt des EU-Außenministerratstreffens in Luxemburg schlug er einen internationalen Bereitschaftsdienst mit dem Namen Weißhelme vor. Er denkt dabei an einen Pool von Experten, Medizinern und Pflegepersonal, die bei Krisen schnell reagieren können. Wichtig dabei ist: Die Befehlsgewalt über die Weißhelme muss bei der Afrikanischen Union liegen. Eine Initiative übrigens, die auch in Peking begrüßt wurde. Das beste Mittel gegen Epidemien ist jedoch überall auf der Welt wirtschaftlicher Aufschwung. Und das gilt natürlich auch für Afrika.

Denn eine der größten Schwächen Afrikas ist nach wie vor die Armut mit all ihren Nebenwirkungen wie politischer Instabilität, Klankämpfen und sogar Piraterie. Nach wie vor lebt ein Großteil der Afrikaner am Rande des Existenzminimums. Vom neuen Reichtum profitieren bisher nur wenige, und diejenigen ziehen sich in teure gut gesicherte Wohnkomplexe zurück. So wie in Indien klafft die Schere zwischen Arm und Reich weit auseinander. Diese Ungleichverteilung der Einkommen in einer Volkswirtschaft wird in der Wirtschaftswissenschaft durch den Gini-Index dargestellt, entwickelt von dem italienischen Statistiker Corrado Gini. Von den zehn am stärksten betroffenen

Ländern in dem Index befinden sich sechs in Afrika, darunter ausgerechnet das wirtschaftlich erfolgreichste Land des Kontinents: Südafrika.

Es gibt nicht genug Arbeit für die jungen Leute, die sowieso schon schlecht ausgebildet sind. Die Hälfte aller Afrikaner lebt mittlerweile in Städten, die schon jetzt dem Ansturm nicht gewachsen sind, und es kommen immer mehr. Der Rohstoffboom, der dem Kontinent auf die Beine half, hat auch Nachteile. Ein Großteil der Länder in Afrika hängt einseitig von Rohstoffen ab. Einnahmen für wenige. Die einfachen Arbeitskräfte verdienen weiterhin nicht genug.

Politische Unruhen sind die Folge. Manchen Staaten, wie der Demokratischen Republik Kongo oder dem Sudan, gelingt es nicht, ihre gewalttätigen Konflikte zu beenden. Westafrikanische Staaten, darunter Liberia und Sierra Leone, haben sich noch nicht von den Nachwehen ihrer brutalen Bürgerkriege erholt. Daran konnten auch die umfangreichen Peacekeeping-Operationen der Vereinten Nationen nichts ändern. Andere Länder leiden wie Somalia unverändert unter dem langen Kampf zwischen verschiedenen Klans und einer schwachen Regierung, die nicht für Ordnung sorgen kann. Die Afrikanische Friedens- und Sicherheitsarchitektur (APSA), die bereits 2002 gegründet wurde, entwickelt sich nur langsam. Zu ihr gehört ein Friedens- und Sicherheitsrat, ein kontinentales Frühwarnsystem, der Rat der Weisen, eine afrikanische Eingreiftruppe und ein Friedensfonds. Das klingt erstmal sehr vielversprechend. Der Alltag von APSA ist jedoch mühsam. Die APSA-Missionen hängen von ausländischen Gebern ab. Es ist schwierig für die Afrikaner eine gemeinsame Linie zu finden und die Kapazitäten sind einfach zu gering, um die Krisen dauerhaft einzudämmen. Deswegen muss die Afrikanische Union immer wieder internationale Truppen um Hilfe bitten. Die APSA zu stärken und nicht etwa eigenmächtig zu handeln, sollte ein wichtiges Ziel der internationalen Gemeinschaft sein.

Zwei bettelarme Länder, Lesotho im südlichen Afrika und

Guinea-Bissau in Westafrika, sind bekannt für ihre zahlreichen Putschversuche. Im Juni 2014 hatte Lesothos Premierminister Thomas Thabane das Parlament des Landes aufgelöst, um einem Misstrauensvotum seiner Koalitionsregierung aus dem Weg zu gehen. Sein stellvertretender Premierminister, Mothetjoa Metsing, hinterging Thabane jedoch und brachte Teile des Militärs auf seine Seite. Thabane hingegen wurde von der Polizei unterstützt. Als im August das Militär mehrere Polizeistationen angriff, floh Thabane ins benachbarte Südafrika und bezichtigte Metsing eines Putschversuchs. Der Konflikt drohte zu eskalieren. Gefährlich war das auch für Südafrika, das einen Großteil seines Wassers aus Lesotho bezieht. Der stellvertretende Präsident Südafrikas, Cyril Ramaphosa, wurde kurzerhand von der Südafrikanischen Entwicklungsgemeinschaft (SADC) als Vermittler eingesetzt und war erfolgreich. Anfang Oktober 2014 einigten sich die Konfliktparteien auf vorgezogene Neuwahlen, angesetzt für Februar 2015, zwei Jahre früher als ursprünglich geplant. Bereits 1994 und 1998 musste die SADC bei Unruhen in Lesotho eingreifen.

In Guinea-Bissau, einer ehemaligen portugiesischen Kolonie, fanden seit der Unabhängigkeit 1974 so viele Putsche statt, dass kein einziger Präsident seine Amtsperiode zu Ende bringen konnte. Doch der amtierende Präsident José Mário Vaz möchte dem Land neue Stabilität geben. Im Oktober 2014 begnadigte er eine Gruppe von Soldaten, die nach dem letzten Putsch von 2012 verurteilt worden waren. Vaz, der in friedlichen Wahlen Anfang 2014 an die Macht kam, nannte die Amnestie eine »ermutigende Geste der Vergebung«.

In der Spitze führen instabile Regierungen und verfeindete Parteien zu Phänomenen wie den Piraten, die vor der Küste Somalias der internationalen Handelsschifffahrt auflauern. Selbst die deutsche Marine musste Schiffe entsenden, um Piraten aufzustöbern, nachdem immer mehr deutsche Handelsschiffe betroffen waren. Die ersten Piraten wurden im Frühjahr 2014 in

Deutschland verurteilt. Auch die Chinesen entsenden seit Ende 2008 ihre Marine, die damit zum ersten Mal außerhalb des Südchinesischen Meeres im Einsatz ist, um Schiffe zu schützen, die wichtige Rohstoffe nach China bringen. Dies nahm die chinesische Marine auch zum Anlass, ihre Beziehungen zu verschiedenen afrikanischen Staaten weiter zu vertiefen. In der ersten Hälfte 2014 besuchte eine Gruppe von drei chinesischen Marineschiffen, darunter zwei Fregatten und ein Versorgungsschiff, acht verschiedene afrikanische Staaten, allen voran wichtige Handelspartner wie Nigeria, Angola und Südafrika. Sie wurden freundlich empfangen. Wie auch schon Frankreich und die USA wollen sie nun auch in Dschibuti, dem Kleinstaat mit 820 000 Einwohnern am Horn von Afrika, einen Marinestützpunkt aufbauen.

Trotz des Aufschwungs hungern die Menschen in vielen afrikanischen Ländern immer noch. Viele Afrikaner sind abhängig von den meist mageren Erträgen der eigenen Felder, die globalen Klimaveränderungen gefährden ihre Existenz. Dürreperioden, vor allem in Ostafrika, sorgen dafür, dass es nicht für jeden genug zu essen gibt. Mosambik, weiter südlich, wird regelmäßig von Überschwemmungen heimgesucht. 90 Prozent der Nahrungsmittel, die in Afrika südlich der Sahara angebaut werden, brauchen mehr Regen. Das Entwicklungshilfeprogramm der Vereinten Nationen (UNDP) schätzt, dass ein Viertel aller Afrikaner unterernährt ist, ein Großteil davon lebt in ländlichen Gegenden. Vor allem in Zentralafrika ist die Lage prekär, hier haben rund 40 Prozent der Menschen nicht genug zu essen.

Das liegt nicht immer nur daran, dass der Staat kein Geld hat, sondern dass er es ungerecht verteilt. Genau das will man im Westen ändern, wenn man finanzielle Unterstützung an politische Bedinungen knüpft, dabei jedoch noch viel zu oft nicht den richtigen Ton anschlägt. Diejenigen afrikanischen Präsidenten, die seit Jahrzehnten ihr Land mit eiserner Hand regieren und denen ihr Volk egal ist, werden zwar weniger, aber es gibt sie noch immer – und auch sie sind eine Schwäche des

Kontinents. Paul Biya in Kamerun gehört dazu, Robert Mugabe in Simbabwe, Teodoro Obiang Nguema Mbasogo in Äquatorialguinea und deutlich moderater José Eduardo dos Santos in Angola. Sie alle sind seit mehr als 30 Jahren an der Macht, und sie haben wenig Interesse, das Zepter abzugeben. Selbst die, die es aus Altersgründen wollen, wie Mugabe, sind gut beraten, an der Macht festzuhalten. Denn das schützt ihr Leben nicht nur vor internen Machtkämpfen, sondern auch vor dem Westen.

Das funktioniert nicht immer. In dem kleinen westafrikanischen Land Burkina Faso begannen Ende Oktober 2014 Proteste der Bevölkerung gegen den amtierenden Präsidenten Blaise Compaoré. Dieser wollte nach 27 Jahren an der Macht die Verfassung ändern, um weitere fünf Jahre im Amt zu bleiben. Die teilweise gewalttätigen Proteste gingen als Black Spring (schwarzer Frühling), in Anlehnung an den arabischen Frühling, in die Geschichte ein. Denn sie hatten Erfolg. Am 31. Oktober 2014 trat Compaoré zurück und ebnete den Weg für eine Übergangsregierung. »Demokratie ist die einzige Antwort für Afrika«, kommentierte Zuma die Vorgänge.

Umar al-Baschir, Präsident des Sudans, ist der erste amtierende Präsident, gegen den der Internationale Strafgerichtshof (ICC) in Den Haag einen Haftbefehl wegen Völkermord und Kriegsverbrechen ausgestellt hat. Zuvor hatte bereits der Prozess gegen Charles Taylor, den ehemaligen Präsidenten von Liberia, begonnen. 2012 wurde Taylor wegen Kriegsverbrechen und Verbrechen gegen die Menschlichkeit zu 50 Jahren Haft verurteilt. Insgesamt untersucht der Internationale Strafgerichtshof derzeit acht Konflikte in Afrika, darunter den um die Rolle des amtierenden Präsidenten von Kenia, Uhuru Kenyatta, und seines Stellvertreters William Ruto in den Unruhen nach den Wahlen, in denen von 2007 bis 2008 bis zu 1500 Menschen umkamen.

Der ehemalige Generalsekretär der Vereinten Nationen, Kofi Annan, bezeichnete den Internationalen Gerichtshof als »ein Geschenk der Hoffnung für zukünftige Generationen und einen riesigen Schritt in Richtung universelle Menschenrechte und Rechtsstaatlichkeit«. Die Afrikanische Union (AU) wirft dem ICC jedoch vor, sich lediglich mit Fällen in Afrika zu beschäftigen und die Menschen- und Völkerrechtsverstöße von Staaten wie den USA zu ignorieren. Auch die chinesische Führung wird natürlich nicht vor dem Internationalen Gerichtshof in Den Haag wegen Menschenrechtsverfehlungen angeklagt. Das Verrückte an Afrika jedoch ist, dass man den Westen für seine Einseitigkeit kritisiert, der ICC in den meisten Fällen jedoch aus Afrika heraus auf Menschenrechtsverletzungen aufmerksam gemacht worden ist. Politiker versuchen so, ihren Wettbewerber loszuwerden, indem sie ihn in Den Haag vor Gericht bringen lassen.

Diese Einseitigkeit des Gerichtes in Den Haag macht die afrikanischen Politiker skeptisch. Die Amerikaner fordern inzwischen von anderen, sich auch an die Spielregeln zu halten, die sie gerne außer Kraft setzen, wenn sie selbst es für nötig halten. Und tatsächlich wurde 2002 der American Service-Members' Protection Act rechtskräftig, der den US-Präsidenten explizit dazu ermächtigt, eine militärische Befreiung von US-Staatsbürgern vorzunehmen, die sich in Den Haag vor dem Internationalen Strafgerichtshof verantworten müssten. US-Behörden ist eine Zusammenarbeit mit dem Gericht verboten. Dennoch nutzen die Amerikaner die Institution, um gegen ihre politischen Widersacher vorzugehen. Bei der Durchsetzung eines Haftbefehles gegen den sudanesischen Präsidenten al-Baschir spielten die Amerikaner eine zentrale Rolle.

Obwohl die Chefanklägerin beim ICC seit 2012 die ehemalige Justizministerin von Gambia ist, gilt der ICC in Afrika als ein Instrument der Etablierten, um die Aufsteiger in Schach zu halten. Es ist also nicht verwunderlich, dass während eines Sondergipfels der AU in Addis Abeba im Oktober 2013, an dem allerdings lediglich 14 Staatsoberhäupter teilnahmen, afrikanische Präsidenten vom Internationalen Strafgerichtshof Immunität verlangten. Zuvor hatte ein Vertreter der AU angedeutet, dass man in Erwägung ziehe, die Zusammenarbeit mit dem ICC aufzukündigen.

Der unter Druck stehende kenianische Präsident Kenyatta nennt den ICC sogar »imperialistisch« und »rassistisch«. Alle bisher vom ICC angeklagten Staatsführer seien Afrikaner. »Es ist Tatsache, dass dieses Gericht auf Anweisung der amerikanischen und europäischen Regierungen gegen afrikanische Staaten und deren Völker agiert«, empörte sich Kenyatta. Der ICC sei keine »Heimat der Gerechtigkeit« mehr, seit er zum »Spielzeug der absteigenden imperialistischen Mächte« geworden ist und dadurch die Opfer von Menschenrechtsverletzungen verhöhnt. Die AU solle sich daher auf »afrikanische Lösungen für afrikanische Probleme konzentrieren«. Der stellvertretende Außenminister von Äthiopien, Tedros Adhanom, argumentiert in die gleiche Richtung, in der Eröffnungsrede des AU-Sondergipfels bezeichnete er den ICC als »politisches Instrument gegen Afrika und Afrikaner«.

Da ist etwas dran, aber es ist nicht die ganze Wahrheit. Oft waren es auch Oppositionsgruppen afrikanischer Länder, die sich in der Vergangenheit an den ICC wandten, um Menschenrechtsverletzungen, teilweise in ihren eigenen Staaten, untersuchen zu lassen. Es gibt nach wie vor breite Unterstützungen für den ICC in Afrika, auch wenn das Gericht manchen Staatsoberhäuptern ein Dorn im Auge ist. So sprachen sich Vertreter von 142 afrikanischen Menschenrechtsgruppen in einem offenen Brief an die AU gemeinsam für die Anerkennung des ICC in Afrika aus. Der emeritierte Bischof und Friedensnobelpreisträger aus Südafrika, Desmond Tutu, ist besorgt über die Kritik und warnte von einem Freifahrtschein für afrikanische Länder, zu »töten, zu vergewaltigen und Hass zu verbreiten«. Für den ICC-Befürworter Kofi Annan ist er die letzte Instanz, um Frieden und Gerechtigkeit nach Afrika zu bringen. Dem Gericht die Unterstützung zu verweigern, sei »eine Schande« für den Kontinent. Gut für Afrika ist, dass es diese Diskussionen überhaupt gibt. Das war nicht immer so. Der Trend auf dem Kontinent geht in Richtung einer gerechteren Staatsführung. Die offene Kritik an dem ICC zeigte ihre Wirkung. Im Dezember 2014 wurde die Anklage gegen Kenyatta »aufgrund mangelnder Beweise«, so ICC-Chefanklägerin Fatou Bom Bensouda, fallengelassen.

Dennoch ist diese Institution notwendig. Denn Eliten in Afrika hatten und haben die Tendenz, sich und ihre nahestehenden Unterstützer unrechtmäßig zu bereichern. Korruption ist nach wie vor an der Tagesordnung, aber immerhin: Es wird immer schwieriger, damit durchzukommen.

So stellte der Ibrahim Index of African Governance (IIAG), eine Länderrangliste der Regierungsführung in Afrika, 2013 fest, dass sich der Kontinent weiterhin positiv entwickelt. Der Bericht wird jährlich von Mo Ibrahim herausgegeben, einem erfolgreichen britisch-sudanesischen Mobilfunkunternehmer, der sich für gute Regierungsführung in Afrika einsetzt. Ibrahim gründete 2006 eigens dafür eine Stiftung, denn er ist überzeugt, dass schlechte Regierungsführung Afrikas Wirtschaft untergräbt. Seitdem untersucht die Stiftung Sicherheit und Rechtsstaatlichkeit, Pluralismus und Menschenrechte, nachhaltige wirtschaftliche Chancen und Entwicklungen. Zu den vorbildlichen Ländern zählen regelmäßig Mauritius, Botswana, Kap Verde und die Seychellen, die allerdings alle eher unbedeutend kleine Staaten sind. Aber dann kommt schon Südafrika, das es in der Rangliste von 2013 auf Platz fünf schaffte, 2014 sogar auf Platz vier. Auf Platz sieben findet sich das westafrikanische Ghana, auf Platz zehn der Senegal. Auf den unteren Rängen drängen sich meist Konfliktländer wie Somalia, Sudan, die Demokratische Republik Kongo und der Tschad, aber auch Simbabwe, wo Missmanagement, Korruption und die kontroverse Vertreibung Tausender weißer Farmer die Wirtschaft fast zum Stillstand gebracht haben. Aber auch dort verbessert sich die Lage seit einigen Jahren. 2014 konnten sich 13 der 52 untersuchten Staaten verbessern, darunter die Elfenbeinküste, Simbabwe und der Senegal.

Ibrahim, der sich selbst als »Afro-Realist« bezeichnet, wertet dennoch das Ergebnis als positiv und verwies auf die starken Unterschiede von Land zu Land: »Afrika kommt voran, aber die Geschichte ist komplex und entspricht nicht Stereotypen.« Trotz der Erfolge dürfe keine Selbstgefälligkeit aufkommen.

Der Bericht merkt aber auch immer wieder kritisch an, dass trotz der Verbesserung einige der großen afrikanischen Wirtschaftsmächte bei der Regierungsführung abgesackt sind, darunter Ägypten, Kenia, Nigeria und Südafrika. Ägypten übrigens auch dank der falschen ausländischen Hilfe. Das Muster: Weil die Wirtschaft nicht boomt, gehen die Menschen auf die Straße, eine Regierung wird gestürzt, eine neue Regierung wird oft mit ausländischer Unterstützung an die Macht gespielt. Doch auch sie bekommt die Wirtschaftskrise nicht in den Griff, und den Menschen geht es nach den Unruhen schlechter als davor.

Manchmal verstopfen die alten Eliten den Aufstieg der neuen. In Südafrika und Kenia, so die Kritik, gebe es nun weniger Möglichkeiten, wirtschaftlich aufzusteigen. Und Nigeria, seit Kurzem die stärkste Wirtschaftsmacht auf dem Kontinent, findet sich 2013 zum ersten Mal in der Gruppe der zehn Länder wieder, die die schlechteste Regierungsführung in Afrika haben. 2014 konnte sich das Land um vier Plätze verbessern, liegt aber damit weiterhin im unteren Drittel. Neben Angola gilt Nigeria als das Land, das sein Potenzial nicht ausschöpft und enttäuscht. Es konnte zwar in den Bereichen nachhaltige wirtschaftliche Entwicklung und Menschenrechte zulegen, hat sich gleichzeitig bei der Sicherheitslage aber verschlechtert.

Die stärkste Region des Kontinents ist das südliche Afrika. Am schwächsten ist die Region von Zentralafrika. Am Ende des Rankings bleibt Somalia, ein gescheiterter Staat.

Nicht viel besser ist die Zentralafrikanische Republik, eines der instabilsten und ärmsten Länder des Kontinents. Seit sich der ehemalige Präsident François Bozizé 2003 an die Macht putschte, versinkt die Zentralafrikanische Republik im Bürgerkriegschaos. Trotz einiger unterzeichneter Friedensabkommen in den folgenden Jahren kehrte in dem kleinen Land, das hauptsächlich von der Landwirtschaft und vom Diamantenexport lebt, keine Ruhe ein. 2013 verschärfte sich der Konflikt, als Bozizé im März vom Rebellenverband Séléka abgesetzt wurde. Aber auch die neue Rebellenregierung konnte in der Folge kaum für Stabilität sorgen. Die Kämpfe gingen weiter, bis die UN besorgt von einem möglichen »Genozid« sprachen. Anfang 2014 genehmigten die UN eine Peacekeeping-Truppe von 12 000 Soldaten. Im September 2014 nahm die neue Peacekeeping-Mission MINUSCA als eine Erweiterung der Mission der Afrikanischen Union formell ihre Arbeit auf. Die im Rahmen der EU vorher eingerichtete Mission von Frankreich blieb bestehen.

Insgesamt resümiert der Ibrahim-Bericht allerdings, dass sich seit dem Jahr 2000 die Lage aller afrikanischen Länder verbessert hat. 86 Prozent aller Afrikaner leben inzwischen in einem Land, in dem sich die Möglichkeiten für nachhaltige wirtschaftliche Entwicklung verbessert haben.

Zu einem ähnlichen Schluss kommt auch die Wirtschaftliche Kommission für Afrika der Vereinten Nationen, die 2014 zum dritten Mal den African Governance Report (AGR III) herausgab. Der AGR III nahm vor allem Wahlen in Afrika unter die Lupe. Demnach können Afrikaner immer häufiger an die Urnen gehen, auch wenn in vielen Ländern die Wahlen nicht als frei und fair im westlichen Sinne bezeichnet werden können.

Korruption in Afrika kommt nicht nur von innen, auch internationale Konzerne tragen ihren Teil dazu bei: Während des World Economic Forum on Africa 2013 präsentierte der ehemalige UN-Generalsekretär Kofi Annan den neuesten Bericht des Africa Progress Panel. In dem angesehenen Gremium sitzen hochrangige Politiker, wie der ehemalige Präsident von Nigeria, Olusegun Obasanjo, oder die Witwe von Nelson Mandela, Graça Machel. Vorsitzender ist Kofi Annan. Das Africa Progress Panel beschäftigt sich mit komplexen Themen der afrikanischen

Entwicklung wie Demokratie, Sicherheitspolitik oder Umwelt und versteht sich als Bindeglied zwischen afrikanischen Staaten und Institutionen sowie deren internationalen Partnern.

Der Bericht des Africa Progress Panel von 2013 thematisierte eine der größten Herausforderungen Afrikas: Wie kann es gelingen, aus den eigenen Rohstoffen genügend Kapital für die eigene Entwicklung zu schlagen? Derzeit verliert Afrika mehr durch illegale Finanzabflüsse, als es an Entwicklungshilfe und Investitionen erhält. So ist es üblich, dass ausländische Firmen ihre Geschäfte über Offshore-Firmen abwickeln, um Steuern zu sparen. Der tatsächliche Wert von Exporten wird entsprechend künstlich reduziert. Das gilt sowohl für Unternehmen aus dem Westen, wie die USA, Großbritannien und die Schweiz, aber auch für die neuen Investoren, wie China, Indien und Brasilien. Häufig fahren einzelne ausländische Firmen legal Gewinne ein, die höher sind als das Bruttoinlandsprodukt einzelner Länder. So verbuchte der britisch-niederländische Shell-Konzern 2012 weltweite Einnahmen von rund 450 Milliarden US-Dollar, etwa doppelt so viel wie das BIP Nigerias und viermal so viel wie das BIP von Angola. Das allein ist natürlich noch nicht verwerflich, zeigt aber den Spielraum in Sachen Steuern. Annan rief zu mehr Transparenz bei den Geldflüssen auf. »Alle ausländischen Unternehmen sollten dazu verpflichtet werden, die Nutznießer ihrer Gewinne offenzulegen.« Nur so könne klar werden, wer in Afrika davon profitiere.

Diese klaren Worte gefielen den Rohstoffkonzernen überhaupt nicht. Sie wiesen jegliche Verantwortung von sich. Stattdessen beklagten sie sich bei ihren Afrika-Geschäften über schwache Regelwerke, inkompetente Staatsbeamte vor Ort sowie wenig Interesse, international vereinbarten Richtlinien zu folgen. Afrikanische Regierungen, so die Replik, sollten lieber erst einmal ihre Hausaufgaben machen, bevor sie sich bei denen beschweren, die ihnen helfen, auf die Beine zu kommen.

Nur wenige afrikanische Staaten folgen bisher den Steuervorgaben, die die Organisation für wirtschaftliche Zusammenarbeit und Entwicklung (OECD), entworfen und verbreitet hat. Auch die G20-Finanzminister arbeiten an einer Vereinbarung, die mögliche Abkürzungen bei Steuerzahlungen unterbindet. Schon jetzt sind Firmen unter Zugzwang, sich den neuen Regelwerken zu unterwerfen.

Beim World Economic Forum in Davos Anfang 2013 wehrte sich der südafrikanische Präsident Jacob Zuma gegen das Stigma, Afrika sei korrupter als andere Kontinente auf der Welt. Stattdessen habe Afrika immer noch Schwierigkeiten mit den Nachwirkungen der Kolonialzeit. Interessant war, dass die meisten Teilnehmer seiner Einschätzung nicht mehr zustimmten. Sie warfen Zuma vor, er würde die Situation leugnen, anstatt anzuerkennen, dass es ein Korruptionsproblem in Afrika gebe, und an Lösungsvorschlägen zu arbeiten. Zudem liege die Kolonialzeit lange zurück und könne nicht immer noch als Grund für Missstände herhalten.

Auch die Afrikanische Union gibt einen Bericht zur Lage der Korruption auf dem Kontinent heraus, was durchaus zeigt, wie selbstbewusst diese Organisation inzwischen ist, wenn es darum geht, den Finger in die eigenen Wunden zu legen. Demnach gingen allein 2012 148 Milliarden US-Dollar durch Korruption verloren. Die Gelder verschwanden in den Taschen korrupter Beamter, anstatt dafür verwendet zu werden, Krankenhäuser oder Schulen zu bauen. Die AU-Kommissarin für Menschenrechte, Lauretta Vivian Lamptey, betonte aber gleichzeitig, dass sich afrikanische Regierungen mittlerweile dem internationalen Kampf gegen Korruption angeschlossen hätten. So würden in vielen Ländern auf dem Kontinent bereits Institutionen etabliert, die Korruption bekämpften. Ghana in Westafrika etwa habe sich auf einen nationalen Aktionsplan gegen Korruption geeinigt und sämtliche internationale Antikorruptionskonventionen unterzeichnet. Lamptey: »Unsere Länder werden erfolgreich sein, wenn die erforderlichen Voraussetzungen und Maßnahmen eingeführt werden, die Transparenz und Rechtsstaatlichkeit in der Verwaltung und in allen Sektoren unserer Länder fördern.« Das ist auch dringend nötig, denn anders als in Asien, vor allem in China, werden durch afrikanische Korruption veruntreute Gelder aus Afrika abgezogen.

In einer Kolumne in der *New York Times* rief Kofi Annan afrikanische Regierungen auf, das Problem mit ihren internationalen Partnern anzugehen. Annan ist überzeugt, dass bisher in zu wenigen Ländern in Afrika die Erlöse aus dem Rohstoffboom für den Aufschwung und die Armen verwendet werden. Die Chancen, dass ihre Kinder es besser haben werden, sind nicht sehr hoch. In jedem Fall ist hier großer Spielraum, das Wirtschaftswachstum des Kontinents zu optimieren.

Aber es gibt mittlerweile auch einige ermutigende Initiativen, die westliche Rohstofffirmen dazu verpflichten, ihre Investitions- und Gewinnströme offenzulegen. In den Vereinigten Staaten unterzeichnete Präsident Barack Obama 2010 den Dodd-Frank Act, ein US-amerikanisches Bundesgesetz, das das Finanzmarktrecht reformiert hat. Amerikanische Firmen, die im Ausland tätig sind, müssen sich nun stärker an die Spielregeln halten. Ähnliche Maßnahmen wurden auch in Europa eingeführt.

In allen diesen Bereichen geht es bergauf, vielleicht nicht so schnell, wie man sich das im Westen wünschen würde, aber immerhin so schnell, dass es der Mehrheit der Menschen immer besser geht. Afrika ist nicht mehr der »hoffnungslose Kontinent«, wie das britische Magazin *Economist* noch zur Jahrtausendwende prophezeite, sondern, wie es sich selbst ein Jahrzehnt später korrigierte, das »aufsteigende Afrika«. Das erste, pessimistische Titelblatt zeigt einen grimmig dreinblickenden Söldner mit einem Hemd, dessen Arme abgeschnitten sind und muskulöse Oberarme freilegen. Auf der Schulter des Mannes ruht die Waffe im Anschlag. Ein Großteil des Titelblatts ist schwarz. Das positive Titelblatt hingegen zeigt die Silhouette eines Jungen auf einem offenen Feld im Sonnenuntergang. Der Junge zieht voller Begeisterung einen Drachen hinter sich her. Der Drache hat die Form von Afrika, und seine Farben sind bunt wie der Regenbogen: Afrika, der hoffnungsvolle Kontinent.

Wobei im Fall Afrikas die Sache mit dem Kontinent manchmal gar nicht so einfach ist: Afrikas Staaten tauschen noch wesentlich mehr Güter mit Europa und vor allem mit Asien aus als untereinander. Auch das ist eine Schwäche Afrikas. Sie exportieren lediglich zwölf Prozent ihrer Güter in Länder innerhalb des Kontinents, der niedrigste Wert weltweit. In Südostasien sind es 25, in Europa sogar 60 Prozent. Schuld ist die schlechte Infrastruktur. Es war lange Zeit einfacher, Wirtschaftsbeziehungen mit fernen Ländern aufzubauen als mit den eigenen Nachbarn. Das soll sich nun ändern.

Die afrikanischen Regierungen haben von Asien gelernt, wo der wirtschaftliche Aufschwung begleitet war von Regionalisierung und Wertschöpfungsketten. Die Länder arbeiten Hand in Hand. Nicht jedes Land macht alles, sondern jedes Land macht das, was es am besten kann, und kauft das, was andere Länder am besten können, in der Region ein. Davon ist Afrika noch weit entfernt. Der Kontinent verkauft vor allem Rohstoffe, die rund 50 Prozent aller Exporte ausmachen. In Asien sowie in Europa oder den USA sind es lediglich zehn Prozent. Nun jedoch werden mehr und mehr Freihandelsabkommen auf dem Kontinent geschlossen, um künstliche Handelsbarrieren abzubauen. So wie zwischen Simbabwe und Sambia. Seit 2009 ist die Abfertigung über die Sambesi-Brücke in Chirundu an der Grenze der beiden Länder vorbildlich. Chirundu ist eine sogenannte One-Stop-Grenze, die erste dieser Art in ganz Afrika.

Das One-Stop-System bedeutet, dass ein Fahrzeug anstatt auf beiden Seiten der Grenze nur noch auf einer Seite durch die Zollkontrolle muss, vorausgesetzt die Transportunternehmen haben im Voraus die nötigen Formalitäten erledigt. Die Ausreiseformalitäten entfallen, stattdessen gibt es nur noch Einreiseformalitäten. 2005 hatten beide Länder begonnen, die jeweiligen Zollbestimmungen an die des Nachbarlandes anzugleichen. Als es 2009 losging, nahm der Güterverkehr stark zu. Waren es vor 2009 höchstens 2000 Lkw pro Monat, die die Chirundu-

Grenze passierten, wurden Ende 2012 über 14 000 gezählt, also mehr als siebenmal so viele, Tendenz steigend.

Vor 2009 brauchte man für die Chirundu-Brücke mindestens genauso starke Nerven wie für die Flussüberquerung bei Kazungula. Wartezeiten für Lastwagen bis zu einer Woche waren nicht selten. Inzwischen schaffen es die meisten Fahrzeuge in weniger als einem Tag, und das, obwohl der Verkehr stark zugenommen hat. Das spart schätzungsweise 600 000 US-Dollar pro Tag. Es kamen sogar Regierungsvertreter aus Kenia, um sich die Zollanlage anzusehen. Denn auch Kenias Grenzen, wie die ins benachbarte Uganda, sind hoffnungslos ineffizient und verstopft.

Im August 2013 wurde dann zwischen Simbabwe und Sambia der zweite One-Stop-Grenzübergang vereinbart, diesmal in Livingstone an den Victoriafällen. Aber auch in Ostafrika war man von dem Konzept angetan. Fast zeitgleich wie in Sambia und Simbabwe wurde in Ruhwa an der Grenze zwischen Burundi und Ruanda die effiziente Grenze eingeführt. Eine weitere in Lebombo an der viel befahrenen Grenze zwischen Südafrika und Mosambik soll bald folgen.

Von solchen Fortschritten profitieren nicht nur die großen Unternehmen, sondern auch die kleinen Händler. Es sind meist Frauen, die aus verschiedenen Ländern nach Johannesburg in Südafrika fahren und dort Waren wie Mais und Bohnen, aber auch Kleidungsstücke und Decken einkaufen. In Bussen oder Ferntaxis bringen sie diese Güter dann in ihre Heimatländer, um sie dort mit Gewinn weiterzuverkaufen. Die Regierungen der betroffenen Länder haben ein Interesse, diesen Handel zu vereinfachen, denn ihre eigenen Bewohner profitieren davon. Und sie können über Steuereinnahmen mitverdienen. Vertreter des gemeinsamen Marktes für das östliche und südliche Afrika (COMESA) haben bereits beschlossen, den informellen Kleinhandel zu erleichtern. Alltägliche Waren dürfen nun zollfrei über die Grenze gebracht werden, sofern sie nicht mehr als 1000 US-Dollar wert sind.

In Chirundu an der Grenze von Simbabwe nach Sambia werden Lastwagen und Busse durch einen großen (von Chinesen gebauten) Scanner geschleust, der in minutenschnelle die Fahrzeuge durchleuchtet. Schmuggel wird so sehr schwierig. Speziell geschulte Zollbeamte überwachen den Strom der Fahrzeuge am Computer. Der Handel hat zugenommen, die Regierung von Sambia verbuchte bereits 30 Prozent mehr Einnahmen.

Auch wenn manche Beamte schon von einer einzigen afrikanischen Handelszone wie der Europäischen Union träumen, ist der Buchstabensalat der unterschiedlichen Freihandelsabkommen sehr verwirrend. Acht verschiedene Handelszonen gibt es, darunter südliches Afrika (SADC), westliches Afrika (ECOWAS), östliches Afrika (EAC) und zentrales Afrika (ECCAS). Sie sind teilweise auch noch in Unterzonen aufgeteilt, je nachdem, ob die betreffenden Länder Zollbarrieren abbauen oder sogar eine gemeinsame Währung einführen wollen. Botswana gehört nicht COMESA an, dafür SADC, das maßgeblich von Südafrika dominiert wird. Sambia, das keinen direkten Zugang zum Meer, aber direkte Grenzen mit acht Nachbarländern hat, gehört SADC und COMESA an. COMESA möchte gerne SADC und EAC miteinbeziehen und einen Binnenmarkt von 26 Ländern etablieren: freier Handel von Kapstadt bis Kairo, mit einer halben Milliarde Konsumenten und einer Wirtschaftsleistung von einer Billion US-Dollar. Doch gegenwärtig arbeiten die Handelszonen nicht mit-, sondern gegeneinander.

Es ist diese Mischung aus unausgereiften Verwaltungssystemen und politischen und wirtschaftlichen Grabenkämpfen um die Pfründe, die wie Sand im Getriebe wirkt. Das sieht man besonders an den Beziehungen zwischen Südafrika und Nigeria, den beiden stärksten Wirtschaftsmächten auf dem afrikanischen Kontinent, die mehr von Konkurrenzdenken als von Zusammenarbeit geprägt sind.

Wie lähmend das sein kann, sieht man an den diplomatischen Verwicklungen in der chinesischen Afrika-Politik. Als der neue chinesische Premierminister Li zu seinem achttägigen Antrittsbesuch nach Afrika aufbrach – ausgerechnet im Frühjahr 2014, als Nigeria gerade Südafrika als stärkste Wirtschaftsmacht des Kontinents überholt hatte – wurde es trotz der engen Beziehungen die wohl schwierigste Reise eines chinesischen Toppolitikers, seit Premier Zhou Enlai vor genau 50 Jahren im Auftrag von Mao Zedong die Beziehungen mit Afrika aufgenommen hatte. Denn die Chinesen werden, je mehr sie sich engagieren, in den Wettbewerb der afrikanischen Staaten untereinander gezogen. Li musste aufpassen, nicht zwischen die Fronten des Bruderkampfes der beiden Rivalen zu geraten.

Bisher lag die Präferenz der Chinesen eher bei Südafrika. China ist Südafrikas größter Handelspartner. Und das bedeutete umso mehr, dass Premier Li in Nigeria seine Worte vorsichtig wählen musste. Die Nigerianer sind immer noch verstimmt, dass Südafrika vor drei Jahren in den illustren Klub der BRIC-Länder aufgenommen wurde, die nun BRICS heißen. BRINC wäre allerdings auch nicht so gut angekommen. »At the brink«, hätten die Skeptiker dann gelästert: Am Abgrund, was angesichts der prekären Lage aller BRICS-Länder außer China nicht überzogen wäre.

Wie tief die Demütigung bei den Nigerianern sitzt, zeigte sich 2013 bei den Vorbereitungen des BRICS-Gipfels. Südafrika war Gastgeber und wollte der Welt zeigen, dass es ein ernst zu nehmender afrikanischer Partner der aufstrebenden Schwellenländer ist, ja mehr noch: die Führungsmacht in Afrika. Es war der erste BRICS-Gipfel auf dem afrikanischen Kontinent. Kurz davor kritisierte der Gouverneur der nigerianischen Zentralbank, Lamido Sanusi, die Rolle der Chinesen in Afrika und damit auch ihre engsten afrikanischen Verbündeten. Die Aussagen Sanusis lasen sich wie eine Zusammenfassung der gängigen Klischees der China-Gegner in Afrika. Es ging um Neokolonialismus, Ausbeutung und Neoimperialismus. Die Chinesen, so Sanusi, seien vornehmlich an Afrikas Öl interessiert. Und wenn sie Infrastruktur aufbauen, importieren sie die Materialien dazu aus China. Die Bauarbeiter kämen ebenfalls aus China. »So bedient sich China bei unseren Rohstoffen und verkauft uns die fertigen Waren.« Das sei das Wesen des Kolonialismus. »Afrika«, sagte der Zentralbankchef und meinte damit vor allem Südafrika, das eng mit China kooperiert, »öffnet sich jetzt bereitwillig zu einer neuen Form von Imperialismus.« Sanusi rief zur Vorsicht auf und fordert die Afrikaner auf, ihre rosarote Brille abzunehmen, durch die sie China betrachten. Er appelliert an seine Mitbürger, sich doch auf die eigenen Fähigkeiten zu konzentrieren. Es gehe darum, mehr afrozentrisch zu denken und das eigene wirtschaftliche Potenzial voll auszuschöpfen.

Die Chinesen reagierten erwartungsgemäß verstimmt. Der nigerianischen Regierung war der Artikel eher unangenehm, und sie erklärte unverzüglich, dass dies nicht die offizielle Meinung des Landes sei, sondern die persönliche des Gouverneurs. Pretoria nahm die Kritik kommentarlos zur Kenntnis. Doch dass das Thema damit nicht erledigt war, zeigte sich Anfang Mai 2013, als der nigerianische Staatspräsident Goodluck Jonathan auf Staatsbesuch nach Südafrika kam. Kurz zuvor war der südafrikanische Präsident Jacob Zuma ins nigerianische Lagos gereist. Es galt, die Wogen zu glätten. Zuma bemühte sich um verbindliche Worte und bezeichnete Jonathan als seinen »ehrenwerten Bruder«. Die Beziehung zwischen den beiden Ländern »wachse und ist von sehr herzlicher Natur«. Jonathan stimmte zu.

Doch beide Seiten wissen: So einfach ist das mit dem Zusammenhalt nicht, wenn man sich als Wettbewerber empfindet. Zumal auch die gemeinsame postkoloniale Geschichte nicht einfach ist. Nachdem Nigeria in den 1960er-Jahren unabhängig wurde, kämpfte die nigerianische Regierung für den Rückzug der weißen Kolonialherren, während sich die Südafrikaner einigelten. Jahrelang unterstützte Nigeria offen die Freiheitsbewegung am Kap, bis das Apartheidregime 1990 seine Macht abgeben musste. Die Dankbarkeit der südafrikanischen Opposition währte nur kurz. Als der General Sani Abacha sich 1993 in Nigeria mit Gewalt an die Macht putschte, war es mit der schwarzen Brüderlichkeit vorbei. Nelson Mandela, inzwischen südafrikanischer Präsident, wetterte gegen das Regime von Abacha, das in Nigeria bis 1998 mit eiserner Faust regierte. Mandela forderte sogar den Ausschluss Nigerias vom British Commonwealth und rief zu einem Ölembargo gegen das westafrikanische Land auf.

1999, nach dem Ende Abachas und der Demokratisierung Nigerias, normalisierte sich das Verhältnis wieder, beide Länder bekamen jeweils neue Präsidenten. Thabo Mbeki übernahm die Regierung in Südafrika und Olusegun Obasanjo wurde Staatsoberhaupt in Nigeria. Der Handel zwischen Südafrika und Nigeria wuchs, und beide Regierungen versuchten gemeinsam, Konfliktherde auf dem Kontinent einzudämmen und über die Afrikanische Union die Demokratie in Afrika weiterzuverbreiten.

In dieser Zeit wurde Nigeria Südafrikas wichtigster Handelspartner. Doch auch das war ein Problem. Die Nigerianer waren nicht glücklich, dass sich südafrikanische Firmen in Nigeria breitmachten, aber nigerianische Firmen keinen Zugang zum südafrikanischen Markt bekamen. Derzeit machen etwa 100 südafrikanische Unternehmen in Nigeria Geschäfte, vor allem im Telekommunikationsbereich.

Die große Sorge der Nigerianer: Die Südafrikaner könnten ihr wirtschaftliches Engagement in Nigeria in politisches Kapital ummünzen und sich eine bessere innerafrikanische und internationale Position auf Kosten Nigerias verschaffen. Als sich Südafrika 2013 um den Vorsitz der Kommission der Afrikanischen Union bemühte, verweigerte Nigeria die Unterstützung und blamierte sich – als Südafrika sich dann doch mit seiner Kandidatin Nkosazana Dlamini-Zuma durchsetzte. Die ehemalige südafrikanische Außenministerin und Ex-Frau von Präsident Zuma ist die erste Frau, die den Posten innehat.

Der Zwist lähmt. Viel sinnvoller für Nigeria und Südafrika wäre es, gemeinsam wirtschaftliche Spielregeln für ausländische Investoren, allen voran die Chinesen, zu entwickeln. So wie es die Chinesen für die Westler getan haben, indem sie etwa Unternehmen zwangen, ihre Produktionen zu lokalisieren. Mag sein, dass es angesichts der Tatsache, dass nicht einmal Deutschland und Frankreich gegenüber China mit einer Stimme reden, von der EU ganz zu schweigen, von Nigeria und Südafrika zu viel verlangt ist, mit einer Stimme zu sprechen. Doch fest steht: Solange der südafrikanisch-nigerianische Bruderkampf andauert, haben Ausländer, wenn sie denn geschickt agieren, alle Chancen, sich in Afrika in die Vorhand zu spielen.

Das rhetorische und faktische Sich-Steine-in-den-Weg-Legen ist umso weniger verständlich, als eigentlich alle das Gleiche wollen: Wirtschaftswachstum und Aufschwung.

Für Südafrika etwa, das seinen wirtschaftlichen Schwerpunkt schon immer im südlichen Afrika hatte, vor allem bei den Partnerländern in der Südafrikanischen Entwicklungsgemeinschaft (SADC), die bis ins ostafrikanische Tansania reicht, ist Nigeria ein wichtiger Handelspartner, obwohl es in der Liste der Handelspartner derzeit nur an siebter Stelle steht. Die Südafrikaner beziehen einen Großteil ihres Öls aus dem westafrikanischen Land, was den Nigerianern sogar einen Handelsüberschuss beschert. Ohne das Öl wäre der Handel zwischen den beiden Ländern eher unwesentlich.

Und Nigeria braucht Südafrika ebenso wie China, denn – bei allen Anschuldigungen seitens des Zentralbankgouverneurs – das Land will nicht weniger, sondern im Gegenteil mehr mit China zusammenarbeiten. Bisher werden noch 30 Prozent des nigerianischen Öls in die USA exportiert, aber nur ein Prozent nach China. Im Februar 2013 hatte China angekündigt, in der nächsten Stufe zehn Milliarden US-Dollar allein in Nigeria zu investieren. Die nigerianische Zentralbank ist die erste auf dem afrikanischen Kontinent, die den chinesischen Renminbi zu ihren Auslandsreserven zählt. Dafür unterstützt China Nigerias Antrag auf einen Platz im UN-Sicherheitsrat.

Unterstützung hat Nigeria dringend nötig. Mag sein, das Land hat sich wirtschaftlich deutlich stärker in der westafrikanischen Region etabliert und unterhält enge Verbindungen mit anderen Boomregionen der Welt sowie den Vereinigten Staaten und Europa. Mag sein, es ist mit seinen 174 Millionen Einwohnern die wirtschaftliche Führungsmacht in Westafrika und erwirtschaftet fast die Hälfte des Bruttosozialprodukts der Region. Doch der relative Reichtum Nigerias beruht fast ausschließlich auf Öl, das immerhin für 85 Prozent der Exporteinnahmen des Landes sorgt. Die sonstige Wirtschaft ist unterentwickelt. Die Regierung schafft es noch nicht, einen Mittelstand aufzubauen, um von den Schwankungen des Ölgeschäftes unabhängig zu werden, wie Ende 2014, als der Ölpreis stark nachgab und Nigeria unter Druck setzte. Die Wirtschaftskraft reicht nicht einmal, um die Bevölkerung aus eigener Kraft zu ernähren. Die Bauern arbeiten ineffizient, obwohl die Anbaubedingungen eher gut sind. Aber was für Afrika symptomatisch ist, gilt auch für Nigeria: Die Infrastruktur des Landes müsste dringend überholt werden. Vor allem an der Stromversorgung hapert es.

Bisher sind es hauptsächlich chinesische Investoren, die die Entwicklung voranbringen. Aber inzwischen wollen auch die Südafrikaner gerne in Nigeria mitverdienen. In vielen Bereichen, in denen es in Nigeria mangelt, haben sie Erfahrung, etwa im Bankenwesen oder in der Lebensmittelherstellung.

Auf politischer Ebene allerdings kann sich die wirtschaftliche Notwendigkeit nach wie vor nicht Bahn brechen. Die Rhetorik bleibt zwar freundlich, der Alltag ruppig. Während des World Economic Forum on Africa, das im Mai 2013 wie jedes Jahr im südafrikanischen Kapstadt stattfand, sprach sich der damalige südafrikanische Finanzminister Pravin Gordhan für eine enge Zusammenarbeit zwischen Nigeria und Südafrika aus. Denn eine gut funktionierende Partnerschaft mache den afrikanischen Kontinent stärker. »In den kommenden zehn Jahren sollten wir uns nicht so viele Gedanken über den Wettbewerb zwischen Nigeria und Südafrika machen. Stattdessen sollten wir uns damit beschäftigen, wie wir uns gegenseitig unterstützen können«, so der Minister. Schöne Worte. Südafrikanischen Managern und Unternehmern eilt zuweilen ein Ruf der Arroganz auf dem Kontinent voraus. Sie gelten als hochnäsig, wie früher die Kolonialadministratoren aus Europa, und es wird ihnen unterstellt, wenig Interesse am Wohl der einheimischen Bevölkerung zu haben. Nicht nur den Nigerianern, auch anderen führenden afrikanischen Regierungen geht es gegen den Strich, dass Präsident Jacob Zuma sich gerne als Wortführer für ganz Afrika präsentiert. So sagte der damalige stellvertretende Präsident von Sambia, Guy Scott, dem englischen *Guardian*, dass die Südafrikaner eigentlich »rückständig« in ihrer historischen Entwicklung und verantwortlich für »viele Konflikte auf dem Kontinent« seien.

Südafrika wiederum ist den Gegenwind auf dem Kontinent gewohnt und verfolgt unverdrossen weiter sein Ziel: Afrika wirtschaftlich und politisch anzuführen. Allerdings können auch die eigenen wirtschaftlichen Probleme Südafrikas Machtposition untergraben. Die andauernden Streiks in der Minenindustrie haben dem Land am Kap Punkte gekostet. Auch die harten Tarifauseinandersetzungen in der Autoindustrie machen der Regierung Südafrikas Sorgen. Nach den monatelangen Streiks befürchtet man, dass die Investoren dieser wichtigen Branche abwandern. Vor allem nach dem Ende des Regimes der Rassentrennung wurde kräftig in die Autoindustrie investiert. Sieben internationale Hersteller exportieren von Südafrika aus in alle Welt. Zuletzt hatte BMW bei den Gewerkschaften für Aufregung gesorgt, weil das Unternehmen wegen des hohen Streikrisikos seine Ausbaupläne in Südafrika stoppte. Die Gewerkschaft der Metallindustrie warf dem Unternehmen daraufhin Erpressung vor. Neben BMW waren auch Ford, General Motors und Toyota von den Streiks betroffen sowie einige Zulieferbetriebe. Rund sieben Wochen war die Produktion deshalb stark eingeschränkt. Im September 2013 brachen Südafrikas Autoexporte gegenüber dem Vorjahresmonat um 75 Prozent ein. Die Autoindustrie verlor insgesamt während der Streiks rund 60 Millionen US-Dollar pro Tag.

Dennoch, Südafrika wird in naher Zukunft das erfolgreichste Land Afrikas sein und wirtschaftlich unangefochten an erster Stelle stehen. Das ist nicht eine Frage der wirtschaftlichen Größe – denn Nigeria ist seit 2014 bereits größer als das Land am Kap –, sondern eine Frage der makroökonomischen Rahmenbedingungen. Im 2013/2014 veröffentlichten Global Competitiveness Report, einer Rangliste der Volkswirtschaften mit den höchsten Wachstumschancen, erstellt vom Weltwirtschaftsforum, steht Südafrika immerhin auf Platz 53 von 148 untersuchten Ländern. Das ist zwar eine Stelle schlechter als im Vorjahr, aber immer noch deutlich besser als die BRICS-Partnerländer Indien und Russland. Neben dem kleinen Inselstaat Mauritius (45. Stelle) nimmt Südafrika dabei eine Spitzenposition in Afrika ein. Nigeria hingegen dümpelt abgeschlagen auf Rang 120, mit sogar einer Verschlechterung um drei Plätze verglichen zum Jahr davor. Neben der mangelhaften Infrastruktur hat das westafrikanische Land durch den islamistischen Terrorismus vor allem ein Sicherheitsproblem, das ausländische Investoren zögern lässt. Dennoch hat Nigerias Wirtschaft, und das ist sehr erstaunlich, im vergangenen Jahrzehnt ein solides Wirtschaftswachstum von rund acht Prozent pro Jahr hingelegt.

Südafrika kann sich also nicht unbesorgt zurücklehnen. Denn bereits 2014 wurde Nigerias Wirtschaft größer als die von Südafrika. Allein der Konflikt zwischen Nigeria und Südafrika zeigt, wie schwierig es ist, dass die widerstreitenden Nationen an einem Strang ziehen. Aber warum soll es Afrika besser gehen als Europa oder Indien mit seinen Bundesstaaten. China ist in dieser Hinsicht eine Ausnahme. Die widerstreitenden Kräfte hatten mehrere Tausend Jahre Zeit, sich auszutarieren. Die Ratingagentur Fitch hat die Wachstumsvorhersage für Nigeria für 2015 von 6,4 Prozent auf 5,2 Prozent herabgesetzt, was vor allem den niedrigen Ölpreisen zuzuschreiben ist. In Südafrika soll das Wachstum leicht zunehmen, auch wenn die Herausforderungen im Energiesektor bestehen bleiben werden. Aber der gefallene Ölpreis wird Subsahara-Afrika nicht zusetzen, denn viele Länder müssen Öl importieren. Für die 18 afrikanischen Länder, die Fitch untersucht, werden für 2015 Wachstumsraten von 5 Prozent vorausgesagt, einen halben Prozentpunkt mehr als 2014.

Nur langsam wächst zusammen, was zusammengehört. Nun bekommt der Sambesi bei Kazungula doch noch seine Brücke für den Fernverkehr. Im Sommer 2014 einigten sich die Partner, ein Joint Venture aus Südkorea, Japan und China, mit den Bauherrn Botswana und Sambia, nachdem Donald Kaberuka, der Präsident der Afrikanischen Entwicklungsbank, sich eingeschaltet hat: »Die Kazungula-Brücke ist das wichtigste Projekt, das die Bank derzeit auf dem Kontinent finanziert«, sagt er. »Es ist inakzeptabel, dass 100 Lastwagen auf beiden Seiten des Sambesi zwei Wochen warten müssen, bevor sie übersetzen können.« Anfang 2015 wird nun gebaut. 270 Millionen US-Dollar wird die Brücke kosten. Finanziert wird sie von der Japanese International Cooperation Agency (JICA) und der Afrikanischen Entwicklungsbank. Immerhin ist bei diesem Projekt auch der EU-Africa Infrastructure Trust Fund dabei. Läuft alles nach Plan, soll die Brücke bereits 2017 für den Verkehr freigegeben werden. Dann sind zum ersten Mal in der Geschichte Afrikas alle 15 Länder der Südafrikanischen Entwicklungsgemeinschaft (SADC) durch Straßen miteinander verbunden – mit Ausnahme der Inselstaaten Mauritius, Seychellen und Madagaskar natürlich.

6 Der verlorene Sohn
Wie China und die USA um Afrika kämpfen

Ausgerechnet Barack Obama, erster schwarzer Präsident der Vereinigten Staaten und Friedensnobelpreisträger, Hoffnungsträger nicht nur für die Schwarzen in Amerika, sondern auch in Afrika – ausgerechnet Barack Obama mied Afrika in den ersten Jahren seiner Amtszeit. Für die Anfangszeit ist diese Haltung durchaus nachvollziehbar, es erschien ihm vermutlich zu riskant, Afrika zu einem wichtigen Feld seiner Außenpolitik zu machen. Er wollte seinen weißen, konservativen, politischen Gegnern nicht die Möglichkeit bieten, ihm »Vetternwirtschaft« vorzuwerfen. Das war durchaus nicht unklug. Aber dass Obama darüber Afrika politisch vergessen hat, ist erstaunlich. Es dauerte zu lange, bis Afrika in seinem Reisekalender auftauchte. Erst im Sommer 2013, kurz nach Beginn seiner zweiten Amtszeit, also nach fünf Jahren, ging Obama auf Staatsbesuch. Er reiste acht Tage durch Senegal, Tansania und Südafrika.

In Afrika hatte schon niemand mehr mit ihm gerechnet. Schlimmer noch: Die Politiker eines anderen Staates hatten ihm längst den Rang abgelaufen, ausgerechnet die des Erzrivalen China. Der Pekinger Regierung war es über die Jahre gelungen, stabile, belastbare Beziehungen zu vielen Staaten in Afrika aufzubauen. Sie hatte zahlreiche Infrastrukturprojekte finanziert, durchaus aus handfestem, wirtschaftlichem Interesse – und war zum wichtigsten Handelspartner des Kontinents geworden.

Peking profitierte davon, dass die Beziehungen nicht historisch vorbelastet waren wie im Fall der USA, die angesichts ihrer Sklavereivergangenheit von vornherein in der Defensive waren. Zudem kannte China viele Probleme eines Entwicklungslandes, mit denen die afrikanischen Staaten zu kämpfen hatten, bestens aus eigener Erfahrung und konnte oft mit pragmatischen Lösungen parat stehen, vor allem im Gesundheitssektor. Und nicht zuletzt verfolgte Pekings Entwicklungspolitik generell einen pragmatischen Ansatz und koppelte seine Unterstützung – das mag man nun gut finden oder nicht – nicht wie der Westen dogmatisch an Bedingungen wie etwa Demokratisierung. China jedenfalls kam in Afrika an. Und Obama, der Hoffnungsträger? Am Ende war er nur der Schnellste im Hinterherlaufen.

Afrikas Erwartungen an den neuen US-Präsidenten waren bei seiner Wahl 2008 groß. Mit seinen afrikanischen Familienwurzeln sei er einer von ihnen, war die weitverbreitete Meinung, ganz wie es den kulturellen Traditionen entspricht: Wer es zu was gebracht hat, kümmert sich um die daheim. Obamas Vater ist in Kenia geboren. Einige seiner Verwandten wohnen noch dort. Entsprechend hofften die Menschen auf eine engere Beziehung mit den Vereinigten Staaten, und zwar nicht nur in Kenia, sondern auf dem ganzen Kontinent.

Obama aber ließ die Region zunächst im Stich. Lange blieb es bei einem Kurzstopp in Ghana im Sommer 2009 auf dem Rückweg vom 35. G8-Gipfel im italienischen L'Aquila. »Ich habe das Blut Afrikas in mir, und die Geschichte meiner Familie ist eingewebt in die Tragödien und Triumphe der großen Entwicklung Afrikas«, sagte er dort. Das klang für afrikanische Ohren vielversprechend. Aus afrikanischer Sicht wurden die persönlichen Bindungen zusätzlich noch durch eine moralische Verpflichtung genährt, waren es doch die Amerikaner, die die meisten Sklaven verschifft hatten. Und hatten sie doch erst 1964 die Rassentrennung aufgehoben. Und sind die USA doch noch heute das Land, in dem ein versteckter Rassismus die meisten Toten fordert.

Doch trotz dieser Kombination aus persönlichen Bindungen und moralischen Verpflichtungen unternahm Obama nichts. Stattdessen beschäftigte er sich mit Asien und dem Nahen Osten – und vor allem mit immensen innenpolitischen Herausforderungen und seiner Wiederwahl. Die USA machten währenddessen kaum Schlagzeilen in Afrika. Hörte man von ihnen, hatte es meist mit Sicherheitspolitik zu tun. Die Militärs in Washington bemühten sich vergeblich, einen neuen Standort für AFRICOM, das afrikanische Regionalkommando der US-Streitkräfte, zu finden. Das von Obamas Vorgänger George W. Bush 2007 ins Leben gerufene Kommando hat sein Hauptquartier in Stuttgart. Den afrikanischen Regierungen ist es suspekt und daher lieber, dass es dort bleibt. Zusammenarbeit auf bilateraler Ebene ist in Ordnung; aber Afrika-weit wollen sich die Afrikaner nicht reinreden lassen. Vor allem auf Dauer wollen sie keine US-Truppen in ihren Ländern stationiert haben. Die Verhandlungen mit den Regierungen von Botswana, Liberia und Dschibuti führten denn auch zu keinem neuen Zuhause für AFRICOM. Den Amerikanern blieb nichts anderes übrig, als das Hauptquartier in Stuttgart zu lassen und stattdessen die Sicherheit ihrer Vertretungen zu erhöhen. US-Botschaften auf dem Kontinent wurden zu grauen Betonfestungen ausgebaut.

Die Skeptiker fühlten sich bestätigt, als die Amerikaner 2012 in die Aufstände des Arabischen Frühlings eingriffen und aus afrikanischer Sicht konsequent zur falschen Zeit die falschen Gruppen unterstützten. Die US-Politik war auch in diesem Fall hin- und hergerissen. Zwischen dem bisweilen sogar naiven Drang, die Freiheit in der Welt zu fördern – was innenpolitisch besonders in Wahlkampfzeiten gut ankommt. Und zwischen ihren globalstrategischen und wirtschaftlichen Interessen, für die man bei manchen Herrschern auch mal ein Auge zudrückt. Dabei gerieten den Amerikanern die Bedürfnisse der Menschen in der Region aus dem Blickfeld. Allen voran in Libyen, aber auch in Ägypten, wo amerikanische Politik vor allem darin bestand, je nach Lage dem einen oder anderen Lager Militärhilfe zu streichen oder wieder zu zahlen.

Während die Amerikaner im Norden Afrikas beschäftigt waren, hatten die Menschen in Subsahara-Afrika den Eindruck, Obama habe sie völlig aus den Augen verloren. Im März 2013 kam dann der Weckruf, ausgerechnet aus China. Der neue Staats- und Parteichef Xi Jinping wählte Afrika als Ziel seiner ersten Auslandsreise, mit einem kurzen Abstecher nach Moskau. Obama geriet unter Zugzwang. Doch nun reiste er, der erste schwarze Präsident der Vereinigten Staaten, aus einer Position der Defensive nach Afrika. Eine absurde Situation. Der mittlerweile schon leicht ergraute Präsident habe einiges wiedergutzumachen, meinten inzwischen viele Afrikaner. Und dem Besuch haftete schon ein wenig der Makel an, Obama gehe es gar nicht um Afrika. Er komme nur, um den Chinesen Paroli zu bieten. Afrika sei für Obama nur das Spielfeld im Machtkampf zwischen der aufsteigenden und der absteigenden Weltmacht.

Dass Obama nicht früher gehandelt hat, kann sich im Nachhinein als einer seiner größten außenpolitischen Fehler erweisen. Ausgerechnet in den Jahren seiner Amtszeit haben die USA stark an Einfluss verloren. Besonders im Vergleich zu China, das die USA 2009 als größten Handelspartner des Kontinents ablöste. Die Volksrepublik setzt dort inzwischen mehr als doppelt so viel um wie die westliche Supermacht: 210 Milliarden Dollar jährlich, mit einem Wachstum von knapp 20 Prozent. Obama durfte nun aus Chinas Windschatten zum Überholmanöver ansetzen – dazu musste er aber erst einmal wieder in den Windschatten kommen.

Seine Reise wurde der Startschuss für eine wirtschaftliche Aufholjagd. Endlich sendete der Präsident die klare Botschaft, dass die USA Afrika nicht mehr als bloßen Kummer-Kontinent sehen, an dem man sich die Finger verbrennen kann, sondern dass sie an dessen Potenzial als Handelspartner interessiert sind. Nachdem die amerikanische Politik jahrelang woanders hinge-schaut hat, schien ihr nun klar geworden zu sein, dass sie sich mit Afrika beschäftigen musste, wenn sie noch eine Rolle dort spielen wollte. Rund 500 amerikanische Wirtschaftsvertreter be-gleiteten Obama deshalb eine Woche lang in Afrika. Eine Reise, die den amerikanischen Steuerzahler etwa 100 Millionen US-Dollar gekostet haben dürfte – denn neben der obligatorischen Air Force One und einem Konvoi aus 54 Fahrzeugen begleitete die Reisegruppe des Präsidenten aus Sicherheitsgründen dieses Mal gleich ein ganzer Flugzeugträger ans Kap von Afrika. Da war der chinesische Präsident Xi Jinping wesentlich bescheide-ner aufgetreten.

Das opulente Auftreten Obamas steigerte die Erwartungen. Sie wurden jedoch nicht erfüllt. Die Stationen, die sein Berater-team ausgesucht hatte, taugten eher für die amerikanische Innen-politik als für den Aufbau einer amerikanisch-afrikanischen Partnerschaft.

Der Präsident versuchte vor allem, mit Besuchen an symbol-trächtigen Orten zu punkten – was nicht bei allen Afrikanern gut ankam. Einer dieser Orte war das »Haus der Sklaven« auf der Insel Gorée vor der senegalesischen Hauptstadt Dakar. Von dem kleinen Eiland wurden einst die Sklaven nach Nord- und Südamerika sowie in die Karibik verschifft.

Die Szene war bestens medientauglich: Obama steht hinter einer Öffnung in der Wand von der Größe einer Tür. Umgeben ist der Durchgang von einer roten Mauer, die schon lange nicht mehr angestrichen wurde. Obama verharrt auf der Schwelle und blickt über den Atlantischen Ozean. An dem Ort, an dem einst Sklaven in die Fra#räume der Schiffe gebracht wurden, um dort angekettet zu werden. Er spricht von der unglaubli-chen Unmenschlichkeit, unter der diese Menschen leiden muss-ten. »Mehr als alles andere erinnert uns dies daran, dass wir wachsam bleiben müssen, wenn es um die Verteidigung der Menschenrechte geht.«

Einen ähnlich geschichtsträchtigen Ort suchte Obama auch in Südafrika auf. Auf Robben Island, der Gefängnisinsel in der Bucht von Kapstadt, auf der Mandela insgesamt 18 seiner 27 Jahre im Gefängnis interniert war, besuchte er die Gefängniszelle Mandelas und blickte durch die Gitterstäbe nach draußen, beide Hände in den Taschen seiner beigefarbenen Hose vergraben. Zusammen mit seiner Frau Michelle lief Obama auch durch den Steinbruch, in dem Mandela und seine Mithäftlinge Kalkstein klopfen mussten.

Diese Orte mögen Obama persönlich interessiert haben, doch ihre Symbolik ermutigte die Afrikaner nicht. Es ging um die Vergangenheit und nicht um die Zukunft. Das galt auch für das geplante Treffen mit dem Friedensnobelpreisträger Nelson Mandela. Während Obamas Besuch in Südafrika litt der damals 95-Jährige an einer Lungenentzündung, die er im Lauf des Jahres 2013 schon einige Male im Krankenhaus behandeln lassen musste. Sein Zustand war zwischenzeitlich kritisch. Es schien eine Zeit lang, dass Mandela im Sterben lag. Obama verzichtete deshalb auf einen Besuch. Stattdessen traf er zusammen mit seiner Ehefrau Michelle enge Familienangehörige Mandelas zu einem kurzen Gespräch und Gebet.

Der Kampf Mandelas gegen die Apartheid und für Gleichberechtigung zwischen den Rassen war für Obama »eine persönliche Inspiration«. Für die Afrikaner war das selbstverständlich. Egal ob auf der Sklaveninsel, in Mandelas Gefängnis oder beim Gebet mit dessen Familie: Die Themen Menschenrechte und gute Staatsführung waren die prägenden Themen einer Reise, die die südafrikanische Wochenzeitung Mail & Guardian als »den wichtigsten Besuch des Jahrzehnts in Afrika« bezeichnete.

Doch je mehr Termine Obama absolvierte, desto klarer zeigte sich, dass die Afrikaner mehr wollten. Sie wollten auch wissen, was Amerika, was Obama für Afrika tun kann. Auf Antworten warteten sie vergeblich. Ein Termin, an dem Obama hätte Farbe bekennen können, fand in Soweto statt, wo er vor Hunderten afrikanischen Nachwuchskräften die Ziele amerikanischer Politik präsentierte.

Die Elite von morgen war neugierig, was der Präsident anzubieten hatte. Trotz des eher formellen Titels der Veranstaltung, »Präsidentenforum«, versuchte Obama, die Distanz zu seinem Publikum zu verringern. Das war für die Zuhörer eine ungewöhnliche Erfahrung in einem Land, in dem sich die führenden Köpfe der Regierungspartei African National Congress (ANC) nur ungern den kritischen Fragen der Basis stellen. Doch wieder konzentrierte sich Obama auf Demokratie und Rechtsstaatlichkeit. Die jungen Menschen im Saal wurden ungeduldig. Die afrikanischen Nachwuchseliten sind nicht mehr an den Almosen in Form von Entwicklungshilfe der westlichen Industrienationen interessiert, sie wollen ihre Zukunft selbst in die Hand nehmen. Sie wollen mit dem Rest der Welt vernetzt sein, lernen und ihren eigenen, afrikanischen Weg gehen. Was war nun mit den engen wirtschaftlichen Banden, wegen denen Obama doch eigentlich gekommen war? Was hatte Obama diesbezüglich vor?

Darauf zielte die Frage eines jungen Anwaltes, der wissen wollte, ob der African Growth and Opportunity Act (AGOA) von den Amerikanern verlängert würde. AGOA ist das Handelsabkommen zwischen den USA und Afrika. Es erlaubt es Ländern in Afrika südlich der Sahara, ausgewählte Produkte, etwa Textilien, zollfrei in die USA zu exportieren.

Bisher hatten die afrikanischen Länder allerdings wenig Mitspracherecht über die Details der Vereinbarungen. Immerhin jedoch hat sich der Handelsüberschuss zugunsten afrikanischer Länder entwickelt. Sie exportieren rund viermal mehr in die USA als umgekehrt. Das Abkommen wurde im Jahr 2000 geschlossen und sollte ursprünglich 2008 auslaufen, wurde aber dann vom US-Kongress bis 2015 verlängert.

Die USA sind ein wichtiger Absatzmarkt für Afrika. Das wissen auch die Leute im Saal in Soweto. Doch Obama hatte auch in dieser Frage nicht viel zu bieten, im Gegenteil. Er deutete sogar an, dass der US-Kongress AGOA wohl nicht noch einmal verlängern würde.

Die Veranstaltung ging zu Ende, die meisten der jungen Führungskräfte im Auditorium waren enttäuscht. Bisher hatte Obama nur bei einer Pressekonferenz mit dem tansanischen Präsidenten Jakaya Kikwete sehr vage davon gesprochen, »dass wir unser Entwicklungshilfemodell gerade überdenken«, und hinzugefügt: »In Zukunft wollen wir uns mehr auf Handel und Partnerschaften konzentrieren. Letztendlich ist das Ziel, hier ein Afrika für Afrikaner zu bauen. Unsere Aufgabe ist es, ein Partner in diesem Prozess zu sein.« Obama versprach, dass die neue amerikanische Handelsministerin Penny Pritzker eine, wie er es nannte, »bedeutende Handelsinitiative« im ersten Jahr ihrer Amtszeit ins Leben rufen würde. Woran sich einmal mehr zeigt, wie kurzfristig die Reise offensichtlich angesetzt worden ist. Bei einer normalen Planung wäre eine solche Handelsinitiative selbstverständlich im Rahmen dieser historischen Reise vorgestellt worden.

Im Verlauf des Besuchs in Südafrika wurde Obama dann zumindest in einem Punkt konkreter. In seiner Rede an der University of Cape Town kündigte er eine neue Initiative an, mit der die Vereinigten Staaten dazu beitragen wollen, die Menschen in Afrika südlich der Sahara ans Stromnetz anzuschließen. Unter dem Arbeitsnamen »Power Africa« versprach er sieben Milliarden US-Dollar.

Die Idee ist, unter anderem zusammen mit dem amerikanischen Energiekonzern General Electric neue Kraftwerke zu bauen. Zu Beginn soll die Elektrizitätsversorgung in Äthiopien, Ghana, Kenia, Liberia, Nigeria und Tansania hochgefahren werden. Und innerhalb von fünf Jahren die Stromversorgung in Afrika südlich der Sahara verdoppelt werden. »Verdoppeln«, das Wort sagte Obama gleich zweimal während seiner Rede und erntete tosenden Applaus. Das ist das, was die meisten Afrikaner von Amerika hören wollen, nicht zuletzt deshalb, weil sie solche Maßnahmen schon von den Chinesen gewohnt sind.

Der Strom soll grenzüberschreitend verteilt werden, die produzierenden Länder versorgen also ihre Nachbarn mit. Es geht um 10 000 Megawatt zusätzlichen Strom, der 20 Millionen Haushalte und Büroräume versorgt.

Auch die amerikanische Privatwirtschaft wird ihren Teil beisteuern, um weitere Energieprojekte zu finanzieren, darunter auch erneuerbare Energien wie Sonne, Wind oder Wasser. Zum Start von Power Africa bestanden verbindliche Zusagen über rund neun Milliarden US-Dollar Unterstützung von privaten Unternehmen wie General Electric, Heirs Holdings und Symbion Power. Die US-Regierung wolle, wie Obama es nannte, »Licht in dunkle Ecken« bringen.

Es war kein Zufall, dass die sechs oben genannten Länder ausgesucht wurden. Obamas Berater hatten sich den Kontinent genau angesehen und waren zu dem Schluss gekommen, dass sie alle durch gute Regierungsführung von sich reden machen. Damit ist das Projekt auch innenpolitisch abgesichert und gegen die Kritik der Republikaner gefeit, Obama würde Geld in Afrika verschenken. »Ich rufe Amerika auf, sich stärker in Afrika zu engagieren«, sagte er am Schluss. Jeder dritte Afrikaner in Subsahara-Afrika muss ohne Strom auskommen. Von den 1,2 Milliarden Menschen in der Welt, die ohne Strom auskommen müssen, leben fast die Hälfte in Afrika.

Ob Obamas Energieplan wie angekündigt tatsächlich die Wende in der Stromversorgung bringen und den verfügbaren Strom in Afrika südlich der Sahara verdoppeln wird, muss sich erst noch zeigen. Anders als die Chinesen haben die Amerikaner bisher keine Referenzprojekte, die dies belegen.

Zudem haben sich die Afrikaner längst selbst geholfen. Allein die beiden von der Weltbank finanzierten Kohlekraftwerke in Südafrika, Medupi und Kusile, die seit 2014 am Netz sind, speisen zusammen so viel Strom ins Netz, wie das Power-Africa-Programm erzeugen soll.

Ein neuer, umfassender, langfristiger Plan für Afrika ist das also nicht, vor allem nicht, wenn man es mit den Initiativen

Chinas vergleicht. Das bedeutendste chinesische Projekt liegt in Äthiopien. Dort entsteht der Grand-Renaissance-Damm. Allein das 4,1 Milliarden US-Dollar teure Stauwerk soll nach Fertigstellung 6000 Megawatt Strom erzeugen, also schon zwei Drittel dessen, was Obama versprochen hat. In Uganda baut die chinesische Sinohydro Corporation den Karuma-Hydroelectric-Damm. Einmal fertiggestellt, soll die Anlage 600 Megawatt Strom liefern. Die Chinesen steuern einen Kredit von 500 Millionen US-Dollar bei. Mehrere andere Staudammprojekte laufen bereits in Ghana, Tansania, Sambia und Simbabwe. Diese sollen zusätzlich rund 2500 Megawatt Strom ins Netz speisen. In Angola arbeiten die Chinesen an einer Reihe von Aufträgen, darunter an einem Kraftwerk in der Hauptstadt Luanda.

Angesichts dieser Vorhaben muss das Power-Africa-Programm der Weltmacht USA vielen Afrikanern eher bescheiden vorkommen. Selbst wenn die Gesamtinvestitionssumme nur für den Bau von Kraftwerken und Stromnetzwerken, also der Energieinfrastruktur verwendet wird, müsste noch Geld für die Wartung der Anlagen bereitgestellt werden. Daran hapert es häufig in Afrika.

Am Ende seiner Reise hatte Obama zwar etwas mehr im Gepäck als Belehrungen über Menschenrechte. Der Besuch konnte jedoch nicht deutlich vermitteln, wofür genau die Vereinigten Staaten in Afrika stehen. Etwas deutlicher wurde Obama dann im Sommer 2014 als er zum ersten Mal über 50 afrikanische Präsidenten nach Washington einlud (was die Chinesen und die Japaner bereits seit Jahren machen).

Inzwischen war die Tonlage etwas offensiver. »Ich sehe Afrika als die nächste große Erfolgsstory der Welt«, sagt US-Präsident Obama nunmehr und verkaufte das Elektrifizierungsprojekt gleich noch mal. Allerdings war plötzlich nur noch von fünf statt der ursprünglichen sieben Milliarden US-Dollar die Rede. Gegen Ende 2014 berichtete die Nachrichtenagentur Reuters, dass noch immer kein zusätzlicher Strom ins afrikanische Netz eingespeist wurde, obwohl die US-Regierung in ihrem Jahresbericht angab, 25 Prozent der Ziele von Power Africa bereits erreicht zu haben.

Wie man die Afrikaner erfolgreich an sich bindet, zeigte ein anderer Reisender, der drei Monate vor Obama den Kontinent besuchte. Afrika ist bei den Chinesen Chefsache. Anders als die USA pflegt China sein Verhältnis zu Afrikas Staaten seit Jahrzehnten akribisch. Schon Xi Jinpings Vorgänger Hu Jintao reiste während seiner Amtszeit immer wieder nach Afrika – häufiger als jeder andere Regierungschef der Welt. Sein Auftreten war bescheiden. Diese Tradition wollte und sollte auch Xi fortsetzen.

Im Vorfeld seiner Reise unterstrich Xi so die »freundschaftlichen Beziehungen« zwischen China und allen afrikanischen Ländern, unabhängig, ob sie »groß oder klein, stark oder schwach, reich oder arm« sind. China behandle alle gleich mit Respekt. Seine ersten Schritte in Afrika als neuer Präsident machte Xi im ostafrikanischen Tansania, nicht weit entfernt von dem Ort, den der chinesische Seefahrer Zheng He im frühen 15. Jahrhundert ansteuerte. Die Reisen Zhengs gelten als die ersten Expeditionen, die China in die Welt unternahm.

Sie waren der erste Kontakt zwischen dem Reich der Mitte und Afrika. Und schon damals kamen die Chinesen nicht, um zu erobern, sondern begegneten ihren Gastgebern mit Respekt. Niemand wurde niedergekämpft, kein Land wurde erobert. Die Chinesen benahmen sich wie Touristen. Doch nach Zheng ruhte die Verbindung Hunderte Jahre lang. Chinas Kaiser Zhengtong verbot die Seefahrt bei Todesstrafe, weil er es für Geldverschwendung hielt und eine Überdehnung Chinas befürchtete. Danach war China zu schwach, litt unter Zumutungen der Kolonialmächte, war zu sehr mit sich selbst beschäftigt. Erst in den 1960er-Jahren kamen die Chinesen zurück, seitdem pflegen sie enge Beziehungen zu den Afrikanern.

Ähnlich wie Obama erinnerte auch Chinas Präsident in seinen meist kurz gehaltenen Reden an die gemeinsame Vergangenheit. Allerdings musste er sich dabei nicht am Sklavenhandel abarbeiten, sondern konnte auf die erfolgreichen Handelsbeziehungen verweisen, die Afrika und China seit Jahrzehnten verbinden. In der Hafenmetropole Daressalam etwa erinnerte Präsident Xi an die wichtige Rolle, die China bei dem Bau der TAZARA-Eisenbahnlinie im Jahr 1970 gespielt hatte.

Die Chinesen bauten damals die 1860 Kilometer lange Bahnverbindung zwischen Daressalam in Tansania und der Kleinstadt Kapiri Mposhi in Zentral-Sambia in einer Rekordzeit von nur fünf Jahren. Mit 500 Millionen US-Dollar war das das größte Hilfsprojekt im Ausland, das die Chinesen bis dahin unternommen hatten. Damals wie heute war die chinesische Hilfe nicht selbstlos. Mao Zedong, der sich inzwischen mit Moskau zerstritten hatte, versuchte so, ein Land nach dem anderen auf seine Seite zu ziehen, um seine Machtposition vor allem gegenüber Moskau, aber auch gegenüber dem Westen zu verbessern. Es war die Politik der sogenannten »Blockfreien«. Die Rechnung ging auf: Die Bahn ermöglichte dem Binnenland Sambia direkten Zugang zu einem Seehafen und größere Unabhängigkeit vom damaligen Rhodesien, dem heutigen Simbabwe, das zu der Zeit noch eine britische Kolonie war.

In dieser Tradition steht die chinesische Afrika-Politik bis heute. Eine Win-win-Situation im Geschäft lässt sich auf weltpolitischer Ebene in politische Treue ummünzen. Allein in Tansania unterzeichnete Xi mit seinem Amtskollegen Jakaya Kikwete 16 verschiedene Handelsabkommen, die die Zusammenarbeit in Sektoren wie Landwirtschaft, Energie und Infrastruktur zwischen den beiden Ländern erleichtern sollen. Die Chinesen sagten auch zu, Krankenhäuser und Hafeneinrichtungen weiter auszubauen.

In Südafrika, dem zweiten Land, das er in Afrika besuchte, schlug Xi dann zwei Fliegen mit einer Klappe. Der chinesische Präsident kam in erster Linie, um an dem vierten BRICS-Gipfel in Durban teilzunehmen, einer gemeinsamen Konferenz der aufstrebenden Wirtschaftsmächte Brasilien, Russland, Indien, China und Südafrika. Er nutzte die Gelegenheit aber auch für eine offizielle Staatsvisite in der Hauptstadt Pretoria an dem Tag vor dem Gipfel.

Xi wurde in Südafrika nicht mit Skepsis erwartet wie Obama. Denn er hat nicht nur geredet, sondern schon gehandelt. Dass BRIC heute BRICS heißt und Südafrika als Juniorpartner in diesen Klub aufgenommen wurde, haben die Südafrikaner einer Initiative Pekings zu verdanken. Südafrika ist Chinas größter Handelspartner auf dem Kontinent. In den späten 1990er-Jahren dümpelte der Handel zwischen den beiden Ländern noch bei bescheidenen 1,5 Milliarden US-Dollar. Bis 2012 stieg er auf 60 Milliarden US-Dollar an. Dabei macht Kohle rund 60 Prozent des Handels aus. Wie zahlreiche andere rohstoffreiche Länder hilft auch Südafrika, den chinesischen Wirtschaftsboom am Laufen zu halten. Die Chinesen revanchieren sich mit Infrastrukturprojekten.

Xi musste die Tonlage nicht erst setzen, das Verhältnis begründen, sondern er konnte sich darum kümmern, die Beziehungen zu verdichten. Business as usual, gewissermaßen. Es wurden Verträge zur Kooperation in den Bereichen Küstenmanagement, Zollvereinbarungen, Bildung und petrochemische Industrie im Wert von mehreren Milliarden US-Dollar unterzeichnet. Zudem lieh die chinesische Entwicklungsbank dem staatlichen Transportunternehmen Transnet rund vier Milliarden US-Dollar. Transnet betreibt die Eisenbahnlinien, mit denen die Rohstoffe Südafrikas, vor allem Kohle und Eisenerz, zu den Häfen des Landes gebracht werden. Die Strecken müssen dringend saniert werden, und Transnet plant zudem Eisenbahnlinien in andere Länder in Afrika. Chinesisches Kapital kann die Firma für beide Vorhaben gut gebrauchen.

In der Republik Kongo, der letzten Station der Afrika-Reise von Xi Jinping, das gleiche Bild. Die Partner unterzeichneten neue Verträge im Wert von mehreren Millionen US-Dollar. Außerdem vereinbarten sie Kooperationen in den Bereichen Telekommunikation, Bankenwesen und Infrastruktur, darunter der Bau einer Fernstraße von Brazzaville ins 500 Kilometer entfernte Pointe-Noir am Atlantischen Ozean. China interessiert sich vor allem für die umfangreichen Ölvorkommen in der Republik Kongo. Deswegen ist man großzügig. Während seiner Reise kündigte Xi zudem neue Kredite für Afrika an, insgesamt 20 Milliarden US-Dollar für den Zeitraum 2013 bis 2015.

Nach den Staatsbesuchen der beiden mächtigsten Männer der Welt in Afrika waren sich Afrikas Kommentatoren schnell einig, wer von beiden geschickter agiert hatte. »Zum Aufholen haben die USA bereits zu viel Boden verloren: Dieser strategische Irrtum wird die Supermacht noch teuer zu stehen kommen«, sagte Koffi Kouakou von der Johannesburger Universität Witwatersrand, einer der führenden Politologen Afrikas.

Selbst manche US-Medien sparten nicht mit Spott. Die amerikanische *GlobalPost* verglich die Besuche von Xi und Obama in Afrika schnippisch mit einem Fußballspiel, das 1:0 zugunsten von China ausgegangen ist. Obama fand spät ins Spiel und versäumte es, Tore zu schießen. Der britische *Economist* schrieb: »Amerikas Schwachstelle in Afrika sind Investitionen, ein Hauptaspekt der Präsidentenreise. Amerikanische Firmen sind schon lange auf dem Kontinent präsent, aber können mit China nicht mithalten.« Auch die *New York Times* findet, dass die USA viel Aufholbedarf haben und die neuen Märkte in Afrika mit ihrer wachsenden Mittelklasse »auf eigene Gefahr« ignorieren.

Den Erfolg chinesischer Investitionen sieht man inzwischen selbst in den ländlichsten Teilen Afrikas, egal, wie klein und abgelegen manche Ortschaften sind. Fast überall haben chinesische Geschäfte eröffnet, die Waren für den täglichen Bedarf anbieten. Die Produkte sind für Konsumeinsteiger wie geschaffen: nicht die beste Qualität, aber preiswert. Vor den Läden kauern meist kettenrauchende Chinesen, in der einen Hand die importierte Zigarette, in der anderen trotz der Hitze ein Glas dampfender Jasmintee.

Viele Chinesen sind jedoch Montagearbeiter. Sie leben vom afrikanischen Alltag isoliert in Containerdörfern. So wie im

Norden von Luanda der Hauptstadt Angolas, die wir für den ZDF-Film *Und ewig lockt das Öl* besucht haben.

Es sind 214 Chinesen, die eine neue Straße bauen. Vier Mann pro Containerbude, ein Hund und ein Pflanzenrondell in der Mitte. Gegessen wird chinesisch. Der chinesische Koch ist nassgeschwitzt, aber strahlt über das ganze Gesicht und tanzt in der dunklen Küche mit geschmeidigen Bewegungen um den Wok herum. Darin brutzelt doppelt gebratenes Rindfleisch. Hat er manchmal Heimweh? »Nein, ich habe kein Heimweh wie die meisten meiner Landsleute.« Er ist seit zehn Jahren im Ausland und fährt alle zwei Jahre für ein paar Wochen nach Hause. Zuletzt war er in Südafrika und Äthiopien: »Gegenüber Äthiopien hat Angola einen großen Vorteil. Hier ist der Krieg zu Ende. Das ist gut. Die Wirtschaft kommt langsam wieder in Gang. Der Handel hat begonnen. Zwar gehe ich kaum raus, doch meine angolanischen Hilfen erzählen mir, dass die Angolaner unsere Unterstützung brauchen. Angola ist ein Entwicklungsland, aber es hat viele Ressourcen. Wenn die Angolaner hart arbeiten und fleißig sind, werden sie einmal so leben wie wir. Nun muss ich aber kochen, die Jungs sind hungrig, wenn sie reinkommen.« Kurz darauf hämmert er mit seinem Hackmesser gegen die Abflussrohre der Küche: Es gibt Abendessen. In der Dämmerung strömen die Arbeiter aus ihren Containern, frisch gewaschen, müde. Jeder hat seinen Essnapf im nummerierten Holzregal. Im Speisesaal läuft der chinesische Fernsehsender CCTV. Es riecht nach zu Hause, nach chinesischem Essen. Die Chinesen haben alles aus China mitgebracht: die Container, die Stromversorgung, die Computer, die Sojasoße und die Stäbchen. Nur das Gemüse, Tomaten und Kürbisse, Kohl und Spinat bauen sie hier selbst an.

Die meisten Bauarbeiter interessieren sich nicht für die Weltpolitik, auch nicht für den Erfolg Chinas in Afrika. Sie wollen Geld verdienen und dann wieder nach Hause. »Auch in China müsste ich auf der Baustelle leben und wäre nicht bei meiner Familie«, sagt Wan Qi, 43, dürr und drahtig, im weißen Unter-

hemd, »warum dann nicht für mehr Geld in Afrika bleiben.«
Sie verdienen hier das Drei- bis Vierfache dessen, was sie zu
Hause bekommen.

Er war auch schon in Nigeria und Äthiopien. »Hier ist es
nicht so gefährlich.« Was das Schlimmste sei, fragen wir ihn.
»Die Hitze«, antwortet er knapp, setzt die Schale ans Kinn und
schiebt sich eine neue Ladung Reis mit Hühnerfleisch in den
Mund. Dann pult er einen Knochen aus dem Mund und legt
ihn auf den Tisch zu den anderen. Sie glänzen fettig im Neon-
licht. »Noch ein Jahr, dann darf ich zurück.«

Der Materialplaner Zhou Zhang, ein Ingenieur, der ihm
schräg gegenübersitzt, denkt anders. Er ist erst 24, trägt Brille
und einen gegelten Stoppelhaarschnitt. Er kann sich vorstellen,
zu bleiben, bis er 30 ist. Von dem Geld, das er bis dahin gespart
hat, will er ein Auto und ein Haus kaufen. Knapp viermal so viel
wie zu Hause verdient er hier. Er ist nicht aus eigenem Antrieb
nach Afrika gegangen: »Ich bekam einen Befehl. Aber ich habe
mich gefreut, weil ich nicht mehr in der Zentrale arbeiten wollte.«
Warum bleibt er nicht länger in Angola? Zhou zögert: »Wegen
der Frauen. Ich kann angolanische Frauen nicht akzeptieren. Das
Niveau ihres Wissens ist gering. Und die schönen Frauen sind
schon mit 16 Jahren verheiratet. Außerdem sprechen sie kaum
Englisch, sondern nur Portugiesisch – und vor allem meine Mut-
ter wäre beleidigt. Eine Schwarze kann ich ihr nicht antun.«

Die chinesische Regierung sähe ein wenig mehr privates
Engagement ihrer Mitbürger in Afrika gern. Warum sollen die
Chinesen in Afrika nicht eine ähnlich große Rolle spielen wie in
Indonesien, Thailand oder an der Westküste der USA? Zhou
hat eine diplomatische Antwort: »Wir sind ein großes Land, es
wird immer Personen geben, denen es hier gefällt.« Inzwischen
ist Afrika nicht mehr nur für Bauarbeiter und Ingenieure interessant, sondern auch für Unternehmer. Und umgekehrt hat sich
auch in Afrika herumgesprochen: China ist die Fabrik der Welt.
Fast in jedem Konsumgüterbereich und in jeder Preisklasse ist
es den Chinesen gelungen, die richtige Mischung aus Preis,

Menge und Qualität zu finden. Damit hat China zu Hause viele Arbeitsplätze geschaffen. Noch nie in der Geschichte konnten so viele Menschen in so kurzer Zeit der Armut entkommen wie in China. Es war nicht etwa externe staatliche Entwicklungshilfe, mit der China unter dem Reformer Deng Xiaoping Anfang der 1980er-Jahre eine unglaubliche Aufholjagd begann. Es war auch nicht der unbändige Versuch, wie noch unter Mao, es auf jeden Fall aus eigener Kraft zu schaffen. Es war die Klugheit von Deng, zu erkennen, dass China es nicht aus eigener Kraft schaffen würde, sondern nur mithilfe des Auslands. Doch er wusste auch, dass westliche Entwicklungshilfe China zu sehr vom Westen abhängig macht. Deshalb kam er zu dem Schluss, dass gemeinsame Geschäfte mit dem Westen der beste Weg seien, damit China schnellstmöglich wächst und doch seine Eigenständigkeit behält. Das Geschäftsmodell müsste eines sein, das sich für beide Seiten gleichermaßen lohnt.

Bald hatte Deng ein solches Geschäftsmodell erfunden. China verkaufte Anteile an seinem riesigen Markt und bekam dafür Technologie. Das erste Gemeinschaftsunternehmen, bei dem das im großen Stil ausprobiert wurde, war eine Autofabrik, die Volkswagen 1984 mit dem chinesischen Partner SAIC aufbaute. Es existiert noch heute und wurde Vorbild für viele andere Branchen. Inzwischen verkauft VW ein Drittel seiner Autos nach China, Tendenz noch immer steigend, und über die Hälfte seiner Gewinne kommen aus dem Reich der Mitte.

Dieses Joint-Venture-Modell, mit dem die Chinesen und die Westler weitgehend gute Erfahrungen gemacht haben, hat die Pekinger Regierung nach Afrika exportiert. Nur mit umgekehrtem Vorzeichen. Diesmal bringen die Chinesen das technische Know-how und die Produkte, während die Afrikaner über den unterentwickelten Markt verfügen. Aber sie haben zusätzlich Rohstoffe, die für die Chinesen sehr interessant sind. In der Anfangsphase der chinesisch-afrikanischen Zusammenarbeit waren die Rohstoffe den Chinesen sogar viel wichtiger als der Markt. Die Afrikaner wiederum waren zwar nun in der Lage, sich weltweit auszusuchen, mit wem sie zusammenarbeiten wollten. Doch am Ende war es oft so, dass die Chinesen ihnen die günstigsten Angebote machen konnten.

Die chinesischen Arbeiter – aber auch die Manager – sind längst nicht so anspruchsvoll wie ihre westlichen Kollegen. Sie sind zufrieden, dass sie dreimal so viel verdienen wie ihre Kollegen zu Hause, und stellen deshalb weiter keine Forderungen. Sie leben in den Containerhäusern für Montagearbeiter. Westliche Manager arbeiten nur in Afrika, wenn sie ein schickes Haus, einen Dienstwagen und Hausangestellte bekommen.

Selbst in Hightech-Bereichen haben die Chinesen inzwischen in Afrika aufgeholt. Wo früher noch die Amerikaner oder Südkoreaner dominierten, stehen jetzt chinesische Firmen wie Huawei oder ZTE in der ersten Reihe und ziehen lukrative Aufträge an Land. Allein Huawei, inzwischen der weltgrößte Telekomausrüster, hat bereits 1,5 Milliarden US-Dollar in Afrika investiert und beschäftigt rund 5800 Mitarbeiter auf dem Kontinent. Die chinesischen Telekommanager waren sich nicht zu schade, auch abgelegene Teile Afrikas ans Netz zu bringen.

Die westlichen Wettbewerber haben den Markt offensichtlich übersehen oder als zu mickrig erachtet. Die chinesischen Unternehmen haben allerdings einen großen Vorteil: Da das Afrika-Geschäft im Interesse des chinesischen Staates ist, werden die Unternehmen staatlich unterstützt. Chinesische Politiker und Diplomaten helfen, wenn es darum geht, Aufträge zu bekommen. Chinesische Staatsbanken haben Kredite parat. Schon vor eineinhalb Jahrzehnten verabschiedete die chinesische Regierung die sogenannte »Going Global«-Strategie. Die staatseigene China Exim Bank hat bereits Milliarden von US-Dollar in diverse Infrastrukturprojekte in Afrika gepumpt. Und stets spielen chinesische Firmen dabei eine zentrale Rolle.

Am Anfang des chinesischen Engagements in Afrika kamen bei Infrastrukturmaßnahmen fast 100 Prozent der Leistungen und der Materialien aus China. Zum Aufbau der angolanischen

Hauptstadt Luanda etwa importierten die Chinesen anfangs sogar den Zement, denn es gab nicht einmal Zementfabriken. Inzwischen jedoch pochen die afrikanischen Regierungen auf einen lokalen Anteil. Die Verträge haben aber immerhin noch einen Anteil von mindestens 50 Prozent für die Chinesen.

Die chinesische Regierung ist in der Frage der Lokalisierung von Aufträgen nicht nur deshalb verhandlungsbereit, weil sie das Thema aus eigener Erfahrung kennt, zwingt sie doch selbst die ausländischen Unternehmen bei sich zu Hause immer mehr, ihre Produktion zu lokalisieren. Wichtiger ist jedoch, dass China die afrikanischen Rohstoffe braucht, um seinen Boom zu füttern. Das ist auch der Grund, warum sich die Chinesen nicht in die inneren Angelegenheiten dieser Länder einmischen und bestimmte politische Reformen zur Vorbedingung für ihre Aufträge machen. Aus eigener Erfahrung sind sie überzeugt, dass jedes Land das Tempo seiner Reformen selbst bestimmen muss und dies nicht von zum Teil unrealistischen Einschätzungen von außen bestimmt werden kann. Hinzu kommt, dass Peking der Meinung ist, Good Governance, die gute Regierungsführung, funktioniere nur, wenn das Land Strom-, Handynetz und Internet, aber auch ein Mindestmaß an Straßen hat.

Chinas Afrika-Politik muss politisch nachhaltig sein, weil die Chinesen lange in Afrika bleiben wollen, ja sogar müssen. Deshalb spricht Peking von einer »Kooperation, von der beide Partner profitieren«. China hat ein Interesse daran, dass es den Afrikanern wirtschaftlich gut geht. Wenn die Leute mehr Geld haben, können sie es ausgeben – auch für chinesische Produkte. Und wenn die Partner zufrieden sind, dann schließen sie auch neue Geschäfte ab.

Westliche Länder, wie die USA, haben eine andere Sicht auf Afrika. Auch amerikanische oder europäische Unternehmen wollen ihre Produkte verkaufen. Allerdings wird ihr Engagement von der Politik eher gebremst als gefördert. Entwicklungshilfe unterliegt strikten Kriterien der guten Regierungsführung. Sind Regierungen den Geberländern nicht demokratisch genug, werden sie kritisiert. Zeigen sie sich nicht einsichtig, werden Hilfsgelder und Kredite gestrichen, mit der Folge, dass Good Governance für die betroffenen Länder noch schwieriger wird und die westlichen Unternehmen Aufträge verlieren. Am Ende gibt es keinen Gewinner. Die Politik ist in der Sackgasse der Political Correctness gelandet. Die afrikanischen Regierungen werden durch den westlichen Liebesentzug nicht demokratischer, und den Unternehmen entgehen Aufträge, die die Chinesen gerne übernehmen.

In keinem der aufstrebenden Länder arbeiten Unternehmen und Staat so eng Hand in Hand wie in China, ihre Interessen decken sich. Die Pekinger Regierung will ihren internationalen Einfluss verstärken, getreu dem Motto »Waren statt Waffen und handeln statt reden«. Damit schaffen sie sich in Afrika Freunde, die sie dann unterstützen, wenn es darum geht, auf der internationalen Bühne ihre Interessen gegen die etablierten Industrienationen durchzusetzen.

Das funktioniert natürlich nicht immer reibungslos. Zwar sind chinesische Investitionen grundsätzlich in Afrika willkommen. Doch es gibt auch immer wieder schwarze Schafe, Unternehmen und Unternehmer, die sich nicht an die Regeln halten und die Afrikaner über den Tisch ziehen. Genauso wie einige afrikanische Politiker der Meinung sind, dass die Chinesen noch kompromissbereiter sein könnten. Eine Position, die in der Bevölkerung natürlich gut ankommt. So warnte beispielsweise der heutige Innenminister Malusi Gigaba, zu der Zeit noch Minister für Staatsunternehmen in Südafrika, im Juli 2013 davor, afrikanische Länder sollten angesichts der umfangreichen Investitionen der BRICS-Staaten, allen voran China, auf dem Kontinent, nicht ihre »Seele verkaufen«. In Sambia, dem rohstoffreichen Land im Süden von Afrika, gab es sogar starke Proteste gegen China. Der Besuch des damaligen chinesischen Präsidenten Hu Jintao im Februar 2007 musste aufgrund geplanter Anti-China-Proteste abgekürzt werden. Anfang 2010 unterzeichneten China und Sambia ein Abkommen für die Zusammenarbeit im Bergbaubereich. Noch im selben Jahr folgte die Zusage der Chinesen, Sambia beim Bau des zweiten Wasserkraftwerks des Landes am Kafue-Fluss zu unterstützen. Doch die sambischen Minenarbeiter kamen mit ihren chinesischen Arbeitgebern nicht klar. Sie demonstrierten für bessere Arbeitsbedingungen und mehr Lohn. Auch störten sie sich daran, dass zu viele Arbeitskräfte aus China nach Sambia gebracht wurden. Es kam sogar zu Schießereien. Mehrere chinesische Manager mussten sich am Ende vor Gericht wegen versuchten Totschlags verantworten. Selbst der inzwischen verstorbene Präsident Michael Sata, der für enge Beziehungen zu China stand, konnte die Situation nicht entschärfen. Sata hatte seinen Präsidentschaftswahlkampf mit kritischen China-Tönen angeheizt, aber dann nach seiner Wahl 2011 eine positive Linie zu China eingeschlagen. Er hatte erkannt, wie wichtig China für Sambia ist. Es kam zu weiteren Protestveranstaltungen über Lohnzahlungen, bei denen ein chinesischer Manager starb. Die von China betriebene Collum-Kohlemine wurde schließlich 2013 von der sambischen Regierung übernommen, mit der offiziellen Begründung, die Chinesen hätten sich nicht an Sicherheitsvorgaben gehalten. Zuletzt wies die sambische Polizei mehrere chinesische Arbeiter aus, die keine Aufenthaltsgenehmigung hatten. Ein anonymer Sambier hatte der Polizei wohl den Tipp gegeben. Solche Ereignisse sind allerdings eher Randphänomene. Sonst wäre China nicht der wichtigste Handelspartner Afrikas.

Gleichwohl sind Chinesen nicht immer beliebt in Afrika. Mit Argwohn beobachten die Einheimischen die Migration aus dem Fernen Osten und fürchten, dass ihnen die Jobs weggenommen werden. Die meisten dieser Gastarbeiter haben nur die nötigste Ausbildung und kommen aus der chinesischen Provinz. Der Aufenthalt in Afrika ist ein Job, der Geld einbringt. Sie bleiben unter sich, und alles, was sie brauchen, haben sie mitgebracht. Aber es gibt immer wieder unschöne Vorfälle, manche versuchen etwa, Elfenbein aus Afrika nach China zu schmuggeln. Und einige chinesische Manager pflegen einen rigiden Führungsstil, der wenig Sensibilität gegenüber einheimischen Gegebenheiten zeigt. Dies vergrößert die Kluft noch. Das Center for International Forestry Research der Vereinten Nationen kommt dennoch in einer neuen Studie zu dem Schluss, dass wenig darauf hinweist, dass die Chinesen sich in Sambia schlechter aufführen als andere ausländische Investoren, sondern nur geschickter die eigenen Interessen vertreten. Auch wenn sie dazu tendieren, geringere Löhne zu zahlen, hätten sie sich während der Jahre nach der globalen Finanzkrise an ihre Abmachungen mit der sambischen Regierung gehalten, anders als viele westliche Unternehmen. Selbst bei Arbeiterrechten und Sicherheitsstandards stünden die Chinesen gut da. Das Gleiche gelte für die Umweltverträglichkeit ihrer Infrastruktur- und Bergbauaktivitäten.

Afrikanische Regierungen sind zudem nicht gezwungen, mit China zusammenzuarbeiten. Sie haben die Wahl – zum ersten Mal in ihrer Geschichte. Sie können mit Indien, Brasilien, Südkorea, Deutschland und den USA verhandeln und sich den besten Deal aussuchen. »Wir in Afrika sind derzeit quasi die Braut, die sich den Bräutigam aussuchen kann«, findet Moses Kgosana, Afrika-Chef der Beraterfirma KPMG. Und die Bevölkerung in einem großen Teil dieser Länder kann dagegen demonstrieren, wenn sie den Eindruck hat, dass ihre Regierung nicht das für ihr Land günstigste Geschäft auswählt, sondern in die eigene Tasche wirtschaftet – und sie wird gehört. Auch das ist neu in Afrika.

Umgekehrt kann man sich mit diesen Argumenten auch politisch positionieren. Natürlich weiß das auch der südafrikanische Innenminister Malusi Gigaba. Aber auch er hat überzeugende Argumente vorzubringen, die es sich lohnt, zu bedenken. »Chinesischer Pragmatismus hat sicherlich den Bau von Infrastruktur und weitere Investitionen in einer Reihe von afrikanischen Ländern ermöglicht«, so der Minister. »Aber in vielen

Fällen fehlen die institutionellen Voraussetzungen, um solche derartigen Projekte nachher zu managen. So entstehen Widersprüche zwischen der Unterstützung des afrikanischen Entwicklungsprozesses einerseits und der Notwendigkeit, die Infrastruktur andererseits so schnell wie möglich aufzubauen.«

Gigaba trifft damit einen Nerv, vor allem bei den vielen Menschen, die noch nicht von dem Aufschwung profitieren oder mehr Wohlstand für sich selbst erhofft hatten. Nun sind sie überzeugt, dass sie die Entwicklung überrollt hat – eine Entwicklung, die von außen kam, die an ihnen vorbeiging und auf die sie wenig Einfluss hatten. Besonders schwächere afrikanische Länder, die noch im Begriff sind, die eigenen Verwaltungsinstitutionen aufzubauen, hatten das Nachsehen. Ihre Politiker sind noch nicht so geschickt und haben nicht die Erfahrung, aus den Geschäften mit ausländischen Investoren das Beste herauszuholen.

Gigaba fordert, der Kontinent dürfe sich nicht von China aushalten lassen, sondern müsse so schnell wie möglich lernen, in den wirtschaftlichen Schlüsselpositionen eigenständig zu werden. Solche Kritik gibt es immer wieder, und sie wird natürlich auch in Peking gehört. Afrika ist Peking zu wichtig, um den Protest zu ignorieren. Es reicht nicht mehr, wie schon seit Jahren davon zu reden, China gehe es in Afrika nicht nur um den Zugang zu Rohstoffen, sondern vielmehr um die Entwicklung des Kontinents. Es müssen nun Taten folgen. Präsident Xi Jinping versprach denn auch bei seinem Staatsbesuch 2013 Ausbildung für 30 000 Afrikaner und 18 000 Stipendien für Studenten aus Afrika. Auch dieses Engagement ist natürlich nicht ganz selbstlos. Die chinesische Regierung hofft, dass die jungen Menschen, die eine Ausbildung von und in China bekommen, sich später an dieses Land gebunden fühlen.

Das Gleiche gilt für Chinas Engagement im afrikanischen Gesundheitswesen. Derzeit entwickeln China und Afrika dafür ein gemeinsames Konzept. In Botswana im südlichen Afrika kamen Anfang Mai 2013 rund 250 Gesundheitsexperten aus

China und Afrika zusammen, um gemeinsam zu überlegen, wie man Afrika am besten helfen könnte. Sie diskutierten, wie die Gesundheit der Afrikaner nachhaltig verbessert werden kann.

China hat die meisten Volkskrankheiten im eigenen Land mehr oder weniger erfolgreich unter Kontrolle gebracht und auch in ländlichen Gebieten eine medizinische Grundversorgung etabliert. In Afrika hingegen gefährden neben Ebola, HIV/Aids, Tuberkulose und Malaria die Gesundheit von Millionen von Menschen. Dahinter verbergen sich nicht nur dramatische menschliche Einzelschicksale, sondern es entsteht auch ein großer volkswirtschaftlicher Schaden, der den Afrika-Boom bremst. Kranke Menschen können nicht arbeiten.

An dieser Stelle setzt wiederum das Interesse der Chinesen ein. Beim Aufbau ihres Landes haben sie in den vergangenen drei Jahrzehnten viel Know-how darin erworben, wie man mit geringen Mitteln eine medizinische Grundversorgung erreicht. Die Lebenserwartung der Chinesen stieg zwischen 1960 und 2014 von 45 Jahren auf gut 75 Jahre. Das entspricht etwa der Lebenserwartung in Deutschland Mitte der 1970er-Jahre – ein bemerkenswerter Erfolg. Die Müttersterblichkeit in China konnte in den vergangenen 20 Jahren um rund zwei Drittel gesenkt werden und liegt bei 30 pro 100 000 Geburten. Das ist rund zehnmal besser als in Südafrika, immerhin das fortschrittlichste afrikanische Land.

Was China im eigenen Land gelang, möchte Peking nun auch nach Afrika transferieren. »Die Kooperation basiert auf ähnlichen Problemen, Herausforderungen und Erfahrungen«, sagte Dr. John G. N. Seakgosing, der Gesundheitsminister von Botswana und Gastgeber der Konferenz. »China spielt eine einzigartige Rolle bei der Unterstützung von Gesundheitsfragen in Afrika.«

Für Peking ist das weniger klassische Entwicklungshilfe, sondern wiederum ein nachhaltiger Weg, das Wirtschaftswachstum zu fördern. Eine Investition also, die sich auszahlen soll.

Die traditionelle Nord-Süd-Hilfe wird so immer mehr von

Süd-Süd-Kooperationen abgelöst. Der große Vorteil: Die erfolgreichen Emerging Markets kennen die Probleme und Herausforderungen der Entwicklungsländer, denn sie haben sie selber erlebt und gemeistert. Bei den westlichen Industrienationen ist diese Entwicklungsphase zu lange her. Deshalb ist die Wahrscheinlichkeit viel höher, dass unrealistische Konzepte verfolgt werden.

Bestes Beispiel: »Roll Back Malaria«, ein Gemeinschaftsprojekt von WHO, UNICEF, dem UN-Entwicklungshilfeprogramm (UNDP) und der Weltbank. »Roll Back Malaria« wurde 1998 mit dem Ziel gegründet, das Auftreten von Malaria bis zum Jahr 2010 zu halbieren. Sechs Jahre später folgte die verheerende Zwischenbilanz. Die Infektionsrate hatte um zwölf Prozent zugenommen, es starben mehr Menschen an Malaria als vor dem Start der Initiative. Langwierige politische Überlegungen darüber, welche Insektizide benutzt werden, ob billige Generika gekauft werden sollen oder wie viel Geld die Menschen für Moskitonetze zahlen sollten, führten zu diesem Misserfolg. Außerdem fehlte Geld; von den jährlich benötigten 1,9 Milliarden US-Dollar konnten zunächst nur 200 Millionen US-Dollar zur Verfügung gestellt werden. Selbst das *British Medical Journal* räumte ein, dass das Projekt gescheitert sei. Ab 2004 strömte dann mehr Geld in das Programm, und es zeigten sich erste Erfolge. Doch bis heute leidet die Initiative unter den Versäumnissen der ersten Jahre.

Allerdings hat auch der Westen einige Erfolge vorzuweisen, wie sich etwa in Botswana zeigt. Das kleine Land im südlichen Afrika gilt als stabiles Musterland auf dem Kontinent. Es bestehen weitgehend demokratische Strukturen und eine gesunde Wirtschaft. In den vergangenen Jahren hat die Regierung erfolgreich die zerstörerische HIV/Aids-Epidemie eingedämmt – auch dank der langjährigen Hilfe westlicher Organisationen. So stellte das vom ehemaligen Präsidenten George W. Bush ins Leben gerufene Aids-Hilfeprogramm PEPFAR viele Millionen US-Dollar bereit. PEPFAR hat in mehreren Ländern Afrikas eine entscheidende Wende im Kampf gegen HIV/Aids gebracht. In Afrika südlich der Sahara sind seitdem die Todesfälle durch die Immunschwächekrankheit um rund ein Drittel gesunken. Leider haben die Amerikaner ihr Programm jüngst stark heruntergefahren. Die Haushaltslage ist zu angespannt.

Auch die UN sind davon betroffen, dass die westlichen Industrienationen große Schulden haben. Deshalb lobt der stellvertretende Direktor von UNAIDS, Luiz Loures, die neue Zusammenarbeit zwischen China und Afrika. Beide könnten in verschiedenen Bereichen »auf neuen Ebenen und innovativ« zusammenarbeiten, Loures nennt das in der eigenartigen UN-Sprache einen »transformativen Fortschritt«.

China leistet bereits seit einem halben Jahrhundert medizinische Hilfe in Afrika. Seit 1964 haben 15 000 Ärzte und Krankenschwestern aus China in 47 afrikanischen Ländern gedient. Rund 180 Millionen Patienten sollen so erfolgreich behandelt worden sein. Ein beachtlicher Erfolg für einen Kontinent, der rund 15-mal weniger Mediziner pro Einwohner zur Verfügung hat als Europa. Die Chinesen boten ihre Hilfe nur an, wenn sie von den jeweiligen Ländern gefragt wurden, immer im Rahmen von Regierungskooperationen. Die Ärzte waren sich nicht zu schade, auch in abgelegene, unterentwickelte Regionen zu gehen, wo sie am dringendsten gebraucht wurden.

Westliche Hilfe hingegen konzentrierte sich auf die Entsendung von Experten, die unter einem eher undurchsichtigen Rahmen von öffentlichen, privaten und multilateralen Strukturen arbeiteten. Anders als die Chinesen, versuchten viele westliche Experten, Afrika erst einmal ihre Ideen einer erfolgreichen Gesundheitspolitik überzustülpen. Grob formuliert hatte der Westen einen Top-down-Ansatz, China hingegen einen Grass-Roots-Ansatz. Viele Afrikaner halten den chinesischen Ansatz für erfolgreicher.

Ähnlich pragmatisch gehen jetzt die Vertreter der chinesischen Pharmaindustrie vor. Neue Märkte für chinesische Gesundheitsprodukte sollen erschlossen werden. Die China-Africa-Health-Cooperation-Konferenz in Botswana im Mai 2013 wurde daher vom chinesischen Handelsministerium und der Handelskammer mitorganisiert. Malaria-Pillen oder Medikamente zur Eindämmung von HIV/Aids werden jetzt schon in China hergestellt.

Die chinesische Pharmaindustrie boomt. Und die Chinesen produzieren die legalen Kopien westlicher Entwicklungen zum Bruchteil des Preises. Polio-Impfstoffe etwa sind im Westen fünfmal so teuer wie in China. Zwischen Januar und September 2013 exportierte China medizinische Produkte im Wert von 1,6 Milliarden US-Dollar nach Afrika, ein Zuwachs gegenüber dem Vorjahr von gut 13 Prozent.

Viele Länder in Afrika wie Äthiopien oder Uganda geben einen Großteil ihres nationalen Gesundheitsbudgets für den Import von Medikamenten aus. Diese Länder schaffen es allerdings kaum, unter den westlichen Preisvorgaben ihrer eigenen Bevölkerung die medizinische Grundversorgung zu bieten, die sie braucht, stellte die Weltgesundheitsorganisation fest. Billige chinesische Medikamente retten daher Leben in Afrika. Das spricht sich herum.

Aber sie gefährden auch Leben. Und auch das spricht sich herum. Im Juni 2012 entdeckten angolanische Zollbeamte bei einem Routinecheck 1,4 Millionen Päckchen Coartem, eines der bekanntesten Anti-Malaria-Mittel, hergestellt vom Schweizer Pharmaunternehmen Novartis. Die Menge hätte ausgereicht, um die Hälfte aller Malaria-Patienten in Angola zu behandeln. Die Pillen waren jedoch gefälscht, in Containern versteckt und als Lautsprecher deklariert. Herkunftsland: China. Es war einer der größten Funde bis dahin. Die WHO schätzt, dass allein in Afrika der Tod von 100 000 Menschen in Zusammenhang mit gefälschten Medikamenten steht. Bei Malaria ist die Zahl der Todesfälle besonders hoch. Ende Mai 2014 beschlagnahmte die Weltzollorganisation (WZO) in knapp zwei Wochen mehr als 110 Millionen gefälschte Medikamente in 14 afrikanischen Ländern. Die meisten davon stammten aus Indien und China. Die Qualität der Medikamente schwankt sehr. Um dieses Problem zu bekämpfen, ließen die Chinesen sogar im Mai 2013 ein Team der WHO ins Land, um diverse chinesische Medikamente zu qualifizieren.

Der chinesische Staat handelt auch selbst. Zwei große chinesische pharmazeutische Unternehmen, Guilin Pharmaceutical und Watson Global Pharmaceuticals mussten Qualitätschecks ihrer Produkte einführen. Patienten können nun per SMS herausfinden, ob Medikamente gefälscht sind.

Schon jetzt vermarkten die Chinesen erfolgreich das Kondom für Frauen. Auch der sogenannte Shang-Ring kann ein Erfolgsprodukt werden. Der Ring vereinfacht die Beschneidung von jungen Männern. Ein chirurgischer Eingriff ist nicht mehr notwendig. Allein in Südafrika sterben jedes Jahr Dutzende junge Männer bei Beschneidungszeremonien. Das sind die banalen, aber sehr wirkungsvollen Mittel, um den Afrikanern zu helfen. Sie tragen dazu bei, China und Afrika immer enger zusammenwachsen und Afrika immer weiter von den USA und der Europäischen Union wegdriften zu lassen.

7 Maschendrahtzaun
Die EU und Afrika

Die Geschichte von Martim Silva kommt einem bekannt vor. Es geht um Afrika, um Europa, um Flüchtlinge. Doch nur auf den ersten Blick. Im Fall Martim Silva sind die Rollen vertauscht. Silva ist kein hungernder Afrikaner, der wie viele sein Leben riskiert, um die Küste Europas zu erreichen. Aber Martim Silva ist auch ein Migrant, der seine Heimat aus der Not heraus verlässt – nur eben in Richtung Afrika, in die ehemalige portugiesische Kolonie Angola. Wegen der Wirtschaftskrise im Süden Europas sah der junge Portugiese in seiner Heimat keine Perspektive mehr.

Silva ist einer von einer regelrechten Welle von Wirtschaftsflüchtlingen, die sich derzeit auf den Weg von Europa nach Afrika machen. Über 160 000 Landsleute von Silva haben sich bis Ende 2014 bereits allein in Angola registriert. Die Unterschiede der Nord-Süd- und Süd-Nord-Flüchtlingswellen sind natürlich groß. Und auch der Grad der Armut ist unterschiedlich. Am auffälligsten ist jedoch: Die, die nach Afrika gehen, sind viel besser ausgebildet als diejenigen, die aus Afrika kommen.

Silva ist Ingenieur. Er wollte nicht mehr in der Sorge leben, im krisengeschüttelten Portugal, wie viele seiner Landsleute, seinen schlecht bezahlten Job zu verlieren. Nun verdient er in Angolas Hauptstadt Luanda rund 5700 Euro im Monat. Dazu kommen Haus, Auto samt Fahrer und jährlich mehrere Flugtickets nach Portugal. Das bezahlt ihm die Ölfirma, für die er nun arbeitet.

Vor einigen Jahren noch wollten die portugiesischen Ingenieure nichts von ihrer ehemaligen Kolonie wissen. Kein Wunder, gab es doch in Angola mehr als 40 Jahre praktisch nur Krieg. 13 Jahre dauerte der Kampf um die Unabhängigkeit. Nach der Nelkenrevolution 1974 in Portugal, ein linksgerichteter Militärputsch gegen die sogenannte »Estado-Novo-Diktatur«, waren die Kolonien nicht mehr zu halten. Bei den beiden Inselkolonien, Kap Verde und São Tomé und Príncipe verlief die Entkolonialisierung reibungslos. In Mosambik aber kam es zum Bürgerkrieg, und Angola wurde zum Zankapfel zwischen den rivalisierenden Befreiungsbewegungen. Die meisten Portugiesen verließen das Land.

Fast 30 Jahre herrschte in dem Land ein erbitterter Bürgerkrieg, der zeitweise auch zum Stellvertreterkrieg zwischen dem Ostblock einschließlich Kubas und den Westmächten einschließlich des Apartheidregimes in Südafrika wurde. Sowohl Amerikaner als auch die Russen ließen sich den Kampf um Angola viel Geld kosten. Die Kämpfe endeten erst 2002, lange nachdem die globalen Fronten des Kalten Kriegs Geschichte waren.

Nur ein gutes Jahrzehnt später boomt Angola wirtschaftlich in einem Ausmaß, wie es bei Ende des Kriegs unvorstellbar schien: Das Land mit einem Bruttoinlandsprodukt von derzeit 124 Milliarden US-Dollar wuchs zuletzt um knapp sieben Prozent. Das Pro-Kopf-Einkommen beträgt bereits 6000 US-Dollar. Das Land hat seinen neuen Wohlstand vor allem dem Öl zu verdanken. Auf mehr als zehn Milliarden Barrel werden die Reserven geschätzt, allein im Jahr 2013 verdiente der Staat mit den Ausfuhren etwa 60 Milliarden US-Dollar. Doch nur Öl reicht nicht. Angola braucht moderne Infrastruktur und Industrie, die nichts mit dem schwarzen Gold zu tun haben. Dazu fehlen dem Land qualifizierte, portugiesisch sprechende Arbeitskräfte.

Die gibt es in Portugal reichlich – ein Wirtschaftswachstum wie das in Angola dafür nicht. Ex-Kolonialherr und Ex-Kolonie mit umgekehrtem Vorzeichen. Portugal steckt tief in der Krise: Trotz eines Rettungspakets der EU und des Internationalen Währungsfonds (IWF) in Höhe von 78 Milliarden Euro schrumpfte die portugiesische Wirtschaft drei Jahre in Folge. Kaum hatte sie sich etwas erholt und die portugiesische Regierung im Frühjahr 2014 verkündet, dass sie die Hilfe des Europäischen Stabilitätsmechanismus (ESM) nicht mehr brauchen würde, brach die größte Bank Portugals zusammen. Kurz davor gingen in Portugals Hauptstadt Lissabon rund 40 000 Demonstranten auf die Straße und protestierten gegen die Sparpläne der Regierung. 2014 lag die Arbeitslosenquote im Land bei über 13 Prozent. Dass das immerhin etwas niedriger ist als im Jahr zuvor und dass Spanien und Griechenland deutlich schlechter dastehen, kann kaum darüber hinwegtrösten. Jeder dritte Jugendliche ist ohne Job. 800 000 Universitätsabsolventen haben nichts in dem Bereich gefunden, den sie studiert haben. Wer Glück hat, schlägt sich als Taxifahrer oder in Callcentern durch. Andere landen bei McDonald's und braten Burger. Selbst diejenigen, die in ihrem gelernten Beruf arbeiten, bringen meist weniger als 1000 Euro mit nach Hause – kaum genug zum Leben und ein Lohn, der derzeit selbst im südlichen Afrika als niedrig gilt.

Auch in Angola ist die Arbeitslosigkeit mit 26 Prozent hoch. Doch die Chancen, dass sich das ändert, stehen in Angola viel besser als in Portugal. Deshalb werden junge Portugiesen weiter ihrer Heimat den Rücken kehren und in ihren ehemaligen Kolonien ihr Glück suchen. Neben Angola, das nördlich von Namibia im Westen des Kontinents am Atlantik liegt, zieht es sie auch nach Mosambik, nördlich von Südafrika im Osten am Indischen Ozean. Auch Mosambik boomt. In den vergangenen Jahren wuchs die Wirtschaft durchschnittlich um mehr als sieben Prozent. Noch gilt es laut dem Entwicklungshilfeprogramm der Vereinten Nationen (UNDP) als drittärmstes Land der

Welt, aber die Regierung hofft, dass das Bruttoinlandsprodukt in dem rohstoffreichen Staat zweistellig zulegen wird. Sie will in den kommenden Jahren 70 Milliarden US-Dollar in die Ausbeutung der Rohstoffe des Landes stecken. Damit ist das Land an der Ostküste Afrikas ein Geheimtipp für Investitionen. Mosambiks Regierung geht davon aus, dass die Bergbauproduktion in den kommenden fünf Jahren jährlich um 30 Prozent wächst. In zehn Jahren schon könnten allein die Rohstoffeinnahmen den heutigen Staatshaushalt übersteigen.

Diese Entwicklung ist den ehemaligen Kolonialherren selbstverständlich nicht verborgen geblieben. Die Portugiesen wollen nun am Aufschwung des Landes teilhaben, das sie erst jahrhundertelang ausbeuteten und 1975 Hals über Kopf verließen. Auch Mosambik versank danach in einem Bürgerkrieg, der bis zu 900 000 Menschen das Leben kostete. Er konnte jedoch mithilfe der Vereinten Nationen schon 1992 beendet werden. Große Teile der Infrastruktur waren in den 16 Jahre dauernden Kämpfen allerdings zerstört oder zumindest nicht instand gehalten worden. Die meisten Schulen waren geschlossen, die Wirtschaft war zusammengebrochen. Mosambik wurde von der globalen Entwicklung abgehängt. In Europa interessierte man sich kaum noch für das rohstoffreiche Land, das immerhin gut doppelt so groß ist wie Deutschland. Lediglich ein paar verwegene Südafrikaner kurvten dort als Touristen mit ihren Geländewagen durch die Gegend und schwärmten von den einsamen schneeweißen Stränden, den frischen Garnelen und dem billigen Bier. Heute ist der Tourismus wieder eine Boomindustrie in Mosambik, eineinhalb Flugstunden von Johannesburg entfernt, dessen wunderschöne Landschaft nicht mehr wie in Angola von Minen durchsetzt ist.

Die wirtschaftliche Zukunft in Mosambik wird jedoch nicht auf Tourismus, sondern auf Rohstoffen basieren. Die 2012 entdeckten Gasvorkommen im Land sollen zu den größten der Welt gehören. Die Weltbank geht daher davon aus, dass Mosambik bereits 2025 den Status eines Landes mit mittlerem Einkommen erreichen wird.

Allerdings gibt es in dem Küstenstaat, in dem rund 80 Prozent der Bevölkerung Bauern sind, kaum qualifiziertes Personal, um die natürlichen Ressourcen zu Geld zu machen. Die Ingenieure aus Portugal sind deshalb sehr willkommen, Kolonialvergangenheit hin oder her.

Es wäre natürlich maßlos übertrieben, davon zu sprechen, dass afrikanische Flüchtlinge in ihren überfüllten Schlauchbooten nun plötzlich Gegenverkehr bekommen, wenn sie versuchen, das Mittelmeer zu durchqueren. Flüchtlinge aus Afrika, die sich auf den Weg nach Europa machen, und Südeuropäer, die meist ganz bequem im Flugzeug nach Afrika aufbrechen, haben völlig unterschiedliche Beweggründe und Voraussetzungen. Die, die sich nach Norden aufmachen, riskieren ihr Leben. Diejenigen, die sich nach Süden aufmachen, nicht. Sie wollen der langen Wirtschaftskrise ihrer Heimat entkommen, die ihnen jede langfristige Perspektive raubt. Aber in Portugal verhungert niemand, und keiner wird von dubiosen Schlepperbanden angeworben.

Dennoch sind Portugals Wirtschaftsflüchtlinge ein ungewöhnliches Phänomen. Sie zeigen, dass das Verhältnis zwischen Afrika und Europa komplexer wird. Europa ist nicht mehr nur das gelobte Land, und Afrika ist plötzlich viel mehr als ein Kummerkontinent. Junge Menschen im Süden Europas haben erkannt, dass Afrika für sie eine Chance bedeutet, ihrer wirtschaftlich stagnierenden Heimat zu entkommen – ein Phänomen, das sich in den kommenden Jahren noch sehr verstärken dürfte –, und sie sind mit dieser Erkenntnis weiter als viele Politiker in Europa. Die Politik unterschätzt sowohl das Phänomen der Nord-Süd-Flucht als auch das Problem, dass der Flüchtlingsstrom aus Afrika noch deutlich zunehmen wird, wenn sie den Aufbau des Kontinents nicht unterstützt und den Menschen damit die Chance gibt, auch zu Hause erfolgreich zu sein. Vor allem aber unterschätzt sie die Chancen, die der gerade erst aufblühende Wirtschaftsraum Afrika bietet. Während Länder wie China und Indien, aber auch Brasilien und Japan den Unternehmen ihrer Länder starke Schützenhilfe bei deren Afrika-Engagements geben, werden die Beziehungen der EU zum Schwarzen Kontinent immer brüchiger. Während die Europäer – ebenso wie die USA – zögern oder sich in moralischen Argumenten verheddern, orientieren sich die Afrikaner mehr und mehr zum Rest der Welt.

Der Vorsprung der EU schrumpft. Zwar ist die Union zusammengenommen mit einem Handelsvolumen von 321 Milliarden US-Dollar im Jahre 2013 noch immer der größte Handelspartner des afrikanischen Kontinents, allerdings ist das Volumen 2013 sogar zurückgegangen. China allein hat hingegen ein Handelsvolumen von 210 Milliarden US-Dollar und wächst kontinuierlich mit rund 30 Prozent. Es ist schon jetzt abzusehen, dass China allein die Staaten der EU noch in dieser Dekade überholt. Die europäisch-afrikanischen Beziehungen sind gewaltig ins Stocken geraten. Die Afrikaner haben begriffen, dass sie auf ihre ehemaligen Kolonialherren nicht mehr angewiesen sind, wenn sie mit dem Ausland ins Geschäft kommen wollen. Sie können mit Chinesen, Indern, Südkoreanern oder auch Brasilianern handeln, und auch die Investitionen sitzen in einigen dieser Länder locker.

Das gilt auch für Deutschland, das wirtschaftliche Machtzentrum Europas. Wenn Europa auf dem Nachbarkontinent Boden gutmachen will, wäre vor allem Deutschland gefragt, die Beziehungen zu verbessern und bei der Neuausrichtung eine Vorreiterrolle einzunehmen. Priorität scheint diese Mission bei der Bundesregierung jedoch bisher nicht zu haben. Als Bundespräsident Joachim Gauck, Außenminister Frank-Walter Steinmeier und die Verteidigungsministerin Ursula von der Leyen Anfang 2014 eine neue Außenpolitik proklamierten, schlossen sie Afrika ausdrücklich ein. Doch das war wieder so ein politischer Impuls, der eher auf kurzfristige mediale Resonanz denn auf nachhaltigen politischen Wandel angelegt war. Immerhin, Steinmeier reiste im Mai 2014 durch Tansania, Äthiopien und Angola und sprach von »Inseln der Stabilität«, die ausgebaut werden müssten. Er war jedoch sehr abgelenkt durch die Krim-Krise, was man ihm nicht verdenken kann, was aber irgendwie symptomatisch für die politischen Beziehungen der Bundesrepublik zu Afrika zu sein scheint. Im November 2014 reiste Steinmeier für zwei Tage nach Südafrika, um die Beziehungen zwischen Deutschland und dem Land am Kap zu vertiefen. Auch Steinmeiers Vorgänger Guido Westerwelle reiste auf den Kontinent: Innerhalb von drei Jahren hat er unter der Prämisse eines »Afrikas der Chancen und des Aufbruchs« acht afrikanische Länder südlich der Sahara besucht. Nennenswerte Abkommen zwischen afrikanischen Ländern und Berlin konnte er jedoch nicht abschließen. Es scheint, als sähe die deutsche Politik nur Afrika als den Klotz am Bein und nicht die Chancen, die der Kontinent bietet. Auch die Afrika-Bilanz der deutschen Regierungschefin ist dünn: Bereits sechs Jahre war Bundeskanzlerin Angela Merkel im Amt, als sie sich im Juli 2011 zum ersten Mal zu einem Staatsbesuch nach Afrika aufmachte – von einer kurzen Visite zur Fußballweltmeisterschaft in Südafrika ein Jahr zuvor mal abgesehen. Merkel war damals kurzerhand nach Kapstadt geflogen und fieberte beim 4 : 0 der Nationalmannschaft gegen Argentinien mit. 2011 standen dann erst die politischen Besuche in Kenia, Angola und Nigeria auf dem Programm. Doch für die drei Länder waren nur drei Tage eingeplant. 72 Stunden, das ist nicht viel Zeit, um Deutschland und Afrika politisch auf den neuesten Stand zu bringen.

Für chinesische Politiker, die sich Jahr für Jahr mehr Einfluss durch Investitionen und Infrastrukturprojekte in Afrika sichern, um an die Rohstoffe heranzukommen, hat der Kontinent mehr Stellenwert. Die erste Reise des neuen Staats- und Parteichefs Xi

Jinping ging nach Afrika. Und auch Premierminister Li Keqiang reiste an, im Frühjahr 2014, ein Jahr nachdem er die Amtsgeschäfte übernommen hatte. Chinesische Spitzenpolitiker sind teilweise zwei Wochen in Afrika unterwegs – am Stück – und sichern sich so immer mehr Spielraum auf dem Kontinent. Europa ist dagegen spät dran und müsste deutlich mehr Anstrengungen unternehmen.

Europas Politiker verteidigen sich in dieser Frage gern damit, dass mehr in den vergangenen Jahren schlicht nicht drin gewesen sei. Der alte Kontinent quält sich durch eine lange Krise, die alle Kraft beansprucht. Angesichts der Probleme zu Hause hielten Merkel und auch andere Regierungschefs in Europa Langzeitausflüge, wie sie von den Chinesen gepflegt werden, in den vergangenen drei Jahren offenbar für undenkbar. Was hätten etwa die Deutschen gesagt, wenn sich ihre Regierungschefin zwei Wochen nach Afrika verabschiedet hätte, während sich zu Hause die Menschen fragten, ob ihre Bankguthaben noch sicher sind?

Andererseits ist China auch nicht gerade ein Land, das so wenig Arbeit macht, dass man sich mal eben zwei Wochen nach Afrika verdrücken kann. Es geht also am Ende doch um die Prioritäten, die man selbst setzen will. Und die Chinesen halten eben Afrika für einen wichtigen Faktor für ihre Zukunft, während die Europäer das leider anders sehen. Die Medien haben Verständnis dafür, dass Merkel in Afrika nicht ganz bei der Sache ist. »Physisch ist die Kanzlerin in Afrika – aber ist sie es auch im Geiste?«, fragte etwa der *Spiegel* und lieferte die Antwort gleich mit. »Diese Reise nach Afrika zeigt, dass eine mächtige Regierungschefin wie Merkel, die seit nunmehr zweieinhalb Jahren im Krisenmodus läuft – von der Rettung der Banken, zur Rettung des Euro, zur deutschen Energiewende –, kaum mehr eine Chance hat, die Dinge in Ruhe anzugehen. Sich Zeit zu nehmen. Stattdessen hastet sie von Problem zu Problem.« Das muss auch Xi Jinping, der knapp 1,4 Milliarden Menschen regiert, von denen ein Drittel im 19. Jahrhundert, ein Drittel im 20. Jahrhundert und ein weiteres Drittel im 21. Jahrhundert lebt. Und dennoch nimmt er sich die Zeit, um Afrika zu besuchen.

Merkel hatte ja das Richtige im Sinn: Während ihres Besuchs wollte sie engere wirtschaftliche Kontakte mit den Boomländern Afrikas knüpfen, um nicht noch weiter den Anschluss gegenüber China und anderen Emerging Markets zu verlieren. Obwohl sie von Wirtschaftskonferenz zu Wirtschaftskonferenz und von Staatschef zu Staatschef eilte, konnte sie in so kurzer Zeit natürlich nur wenig bewegen. Das lag auch daran, dass sie die Vertreter der deutschen Wirtschaft weitestgehend im Stich ließen. Es waren gerade einmal zehn Manager, die Merkel im Regierungsflieger »Konrad Adenauer« begleiteten. Bei vergleichbaren Reisen etwa nach China sind weitaus größere Delegationen die Regel. Auch die Amerikaner brachten bei der Obama-Reise 2013 Hunderte Geschäftsleute mit. Und Anfang August 2014 lud Präsident Obama Regierungschefs aus 54 afrikanischen Staaten nach Washington ein, wie im vorigen Kapitel beschrieben. Die deutschen Firmen halten sich zurück, was zum einen daran liegt, dass die Bundesregierung sich bei vielen Ländern lange nicht durchringen konnte, Hermes-Bürgschaften zu geben, und die Afrika-Geschäfte damit vielen zu heikel sind. Im Dezember 2014 kündigte Steinmeier jedoch an, die Hermes-Deckungspolitik für Subsahara-Afrika zu öffnen, um, so der Außenminister, »den Weg für die Absicherung von Geschäften zu ebnen«. Denn »Afrika bietet der deutschen Wirtschaft enorme Chancen«.

Dass die deutsch-afrikanischen Beziehungen nicht so recht vorankommen, liegt aber nicht nur an dem mangelnden Engagement der Bundesregierung. Die Unternehmen stehen sich auch selbst im Weg: Viele Mittelständler, die mit ihrem Know-how und der Marke »made in Germany« eigentlich auf gute Geschäfte mit afrikanischen Ländern hoffen könnten, haben noch immer die alten Ressentiments im Kopf. Sie sehen Afrika als einen hoffnungslos von Hunger und Krieg überzogenen Kontinent. Wer dort sein Geld anlege, könne es auch gleich verbrennen, so die weitverbreitete Einstellung. Zudem haben viele Afrika auch deshalb nicht auf der Tagesordnung, weil sie in Osteuropa und vor allem in China bisher genug zu tun hatten. In dem Maße, in dem das Geschäft mit diesen Boomregionen schwieriger wird, weil die Länder ihre Märkte schützen oder inzwischen eigene wettbewerbsfähige Produkte herstellen, ändert sich das jedoch.

Nicht nur die Mittelständler, auch die Konzerne haben bisher gezögert. Pioniere wie der einstige VW-Chef Carl Hahn, der 1984 gegen alle Skepsis, ob die Maoisten nicht doch wieder kommen, ein Werk in China errichten ließ, findet man im Afrika-Geschäft leider kaum. Jürgen Schrempp, der ehemalige Vorstandsvorsitzende der Daimler Benz AG, war ein solcher Vordenker. Doch sein Engagement für Afrika kam zu früh. Auch VW und BMW produzieren kleine Stückzahlen in Südafrika. Deutsche Autos gibt es auf dem Kontinent jedoch nur noch in Ausnahmefällen – abgesehen von VW in Südafrika und Luxuslimousinen von Daimler, BMW und Audi in den Regierungsfuhrparks. Die Japaner haben den rasant wachsenden Markt fest im Griff und sind kaum noch einzuholen. Toyota ist mit einem derzeitigen Marktanteil von 28 Prozent Marktführer – und das schon seit mehr als drei Jahrzehnten. Der größte Autohersteller der Welt ist auch in Südafrika, dem mit Abstand größten Automarkt Afrikas, vor Volkswagen führend. Der im Mai 2014 gelaunchte Toyota Quest wurde sogar speziell auf die südafrikanischen Bedürfnisse abgestimmt. VW zog im Herbst mit einem modifizierten Polo nach. Das modernisierte VW-Werk in Uitenhage, Südafrika, hat eine Jahreskapazität von 100 000 Fahrzeugen. Es wird jedoch nicht nur für den südafrikanischen Markt produziert, sondern deckt die weltweite Nachfrage nach dem rechtsgelenkten Polo ab. Auch Nissan ist sich Afrikas Bedeutung für die eigene Wachstumsstrategie bewusst. Im April 2014 eröffnete das Unternehmen eine Fabrik in

Nigeria, nachdem das Land im Jahr zuvor eine neue Richtlinie verabschiedet hatte, die die lokale Autoproduktion begünstigt und den Import erschweren soll. Geplante Kapazität sind 45 000 Fahrzeuge pro Jahr. Mit diesem First-Mover-Vorteil erhofft sich Nissan, die afrikanischen Verkaufszahlen bis 2016 auf 220 000 Stück zu verdoppeln. In Nigeria haben in den 1970er-Jahren bereits Volkswagen und Peugeot produziert, die Fabriken dann aber wieder geschlossen.

Die Chinesen holen derweil mit günstigeren Fahrzeugen auf, die inzwischen auch gute Qualität in ihrer Klasse anbieten. Die Konkurrenz ist also stark, aber immerhin haben die Volkswagen-Manager inzwischen die Absicht geäußert, nun in Afrika eine stärkere Präsenz aufzubauen und den Japanern und Chinesen Paroli bieten zu wollen.

Andere Branchen machen nach wie vor Geschäfte mit angezogener Handbremse. Der Energieriese E.ON etwa wollte in Äquatorialguinea in ein milliardenschweres Gasgeschäft einsteigen. Er zog sich wieder zurück, nachdem die Bundesregierung die Laufzeitverlängerung für Kernkraftwerke beschlossen hatte. Das Geld wurde knapp.

Die Manager blieben aus – Bundeskanzlerin Merkel versuchte trotzdem, das Beste aus ihrer Afrika-Reise zu machen. Sie warb offensiv für die Lufthansa und vereinbarte eine neue Energiepartnerschaft. Kritik daheim brachte ihr ein Waffendeal mit Angola ein. »So gut Merkels Plan war, für deutsche Unternehmen die Tür nach Afrika zu öffnen, so sehr ist er gescheitert«, kritisierte selbst die CDU-freundliche Zeitung *Welt*. »Die Lehre, die sich aus dieser Reise ziehen lässt, ist diese: Afrika-Politik betreibt man nicht mit der linken Hand. Aus 50 Jahren Entwicklungszusammenarbeit mit afrikanischen Ländern ist bekannt, dass die Beziehungen zu diesem Kontinent nicht einfach sind.«
Derweil treffen die Afrikaner ihre eigenen Entscheidungen: Die südafrikanische Regierung kündigte 2013 das bilaterale

Investitionsabkommen mit Deutschland. Es war das vierte Abkommen dieser Art mit einem europäischen Land, das beendet wurde, aber bei Weitem das wichtigste. Die südafrikanische Regierung begründete den Schritt mit geplanten Änderungen ihres Investitionsregelwerks. In Zukunft soll es keine bilateralen Abkommen mehr geben, stattdessen ein Investitionsgesetz, das alle Länder gleichermaßen abdeckt.

Deutschen Firmen dürften dadurch Nachteile entstehen. Matthias Boddenberg, Chef der deutschen Industrie- und Handelskammer in Südafrika: »Bilaterale Investitionsabkommen sind von besonderer Bedeutung für kleine und mittelständische Unternehmen, die die Mehrheit der deutschen Unternehmen am Kap ausmachen.« Auch der deutsche Botschafter in Pretoria, Horst Freitag, zeigte sich besorgt über »unilaterale Entscheidungen« und deren negative Auswirkungen auf das Investitionsklima. Geändert hat dies nichts. Was den Vertretern Deutschlands vor Ort auffiel, ging bei den deutschen Politikern im Getöse der europäischen Krise weitgehend unter. Keine Zeit, sich mit dem Hoffnungskontinent im Süden zu beschäftigen.

Eines ist klar: Afrika braucht Deutschland nicht. Und die anderen europäischen Staaten erst recht nicht. Es ist fast tragisch für Europa, dass die europäische Krise und der afrikanische Aufbruch im gleichen historischen Moment stattfinden, während die Konstellation für asiatische Länder viel günstiger ist, die Afrika im Aufwind gewissermaßen mitziehen können. Denn in Afrikas Aufschwung läge eine Chance für Europa. Eine Chance allerdings, in die man investieren muss. Dabei geht es nicht nur um Rohstoffe, sondern vor allem um riesige Absatzmärkte, die sich Europa in den aufstrebenden Volkswirtschaften Afrikas sichern könnte und müsste. Denn während Europas Bevölkerung bis zum Jahr 2050 deutlich altert und schrumpft, wird sich die Bevölkerung Afrikas von derzeit 1,1 auf mehr als zwei Milliarden – immer konsumfreudigere – Menschen verdoppeln.

Womöglich verpasst Europa derzeit gar die Chance, sich mithilfe Afrikas auch aus der eigenen Krise zu manövrieren: Der westeuropäische Anteil am internationalen Handel in Afrika jedenfalls ist in den vergangenen 30 Jahren von 51 auf 28 Prozent gesunken.

Selbst an höchster Stelle in Europa sieht man Afrika nicht als ernst zu nehmende Option. José Manuel Barroso, der ehemalige Präsident der EU-Kommission, hatte den Kontinent offenbar nicht auf dem Schirm, als es darum ging, Europas Wirtschaft wieder auf die Beine zu helfen, und das, obwohl er als Portugiese die Sprache zweier Boomländer Afrikas spricht, Angola und Mosambik. In einem Brief an seinen Politikerkollegen Herman Van Rompuy, zu der Zeit Präsident des Europäischen Parlaments, rief Barroso im März 2012 zwar nachdrücklich dazu auf, mit den »strategischen Partnern Europas« engere Handelspartnerschaften einzugehen, um so einen »entscheidenden Beitrag zu Europas wirtschaftlicher Erholung zu leisten und neue Jobs zu schaffen«. Doch interessanterweise befinden sich sämtliche dieser »strategischen Partner«, die Barroso in dem Brief namentlich nannte, auf der anderen Seite des Atlantiks oder in Asien. Malaysia etwa sah Barroso durchaus als nützliche Stütze Europas an. Afrika erwähnt er nicht. Im Jahr darauf, anlässlich des vierten EU-Afrika-Gipfels im April 2014, klang er schon etwas verbindlicher, wenn auch lange nicht so verbindlich wie die Asiaten und auch nicht so euphorisch wie Obama wenige Monate später: »Wir wollen uns als gleichberechtigte Partner in den kommenden Jahren weiterentwickeln.« Die Beziehungen zwischen der EU und Afrika seien wichtiger denn je. Immerhin. Aber als strategischen Partner betrachtete er Afrika nach wie vor nicht. Und so war das Ergebnis des mit über 80 Staats- und Regierungschefs selbst für europäische Verhältnisse großen Gipfels der Gemeinplatz, dass die Europäische Union die Entwicklung Afrikas künftig zunehmend mit einem Ausbau des Handels anstatt mit Entwicklungshilfe fördern wolle. Ein dürftiges Fazit.

»Wir haben das Handelsvolumen zwischen Afrika und Europa

im vergangenen Jahrzehnt verdoppelt, aber wir können mehr tun«, verkündete EU-Ratspräsident Herman Van Rompuy nach den zwei Tage dauernden Gesprächen. Rund 800 Manager aus der europäischen Wirtschaft hätten sich kurz vor dem Treffen in Brüssel bereit erklärt, Investitionen in Afrika zu fördern, die EU hoffe, in Zusammenarbeit mit Unternehmen bis zu 30 Milliarden Euro aufzubringen. Im Vergleich zu den chinesisch-afrikanischen Gipfeln, bei denen meist konkrete Investitionen vereinbart werden, ist das wenig. Zudem kam gleich wieder der politische Zeigefinger, dass Rechtsstaatlichkeit unabdingbar sei, wenn europäische Firmen sich in Afrika engagieren sollten. Selbstverständlich ist Rechtsstaatlichkeit wichtig, doch ohne Strom und Straßen ist das eine Aufgabe, die nicht einfach zu bewältigen ist. Und es braucht Vertrauen, um Gespräche über Rechtsstaatlichkeit zu führen. Niemand spricht gerne mit Fremden darüber, wie er sich zukünftig benehmen soll. Und ein Text nach dem Motto »Wenn du schön artig bist, bekommst du eine Brücke« ist afrikanischen Regierungschefs nicht angemessen.

Und wenn das Vertrauen nicht stimmt, gibt es wenig Substanzielles zur politischen Zusammenarbeit. Die EU und Afrika beschlossen grundsätzlich, gemeinsam die illegale Einwanderung nach Europa zu bekämpfen – konkrete Lösungen gab es auch dazu nicht. In einer Erklärung versprachen die Staats- und Regierungschefs aus der EU und Afrika, den Menschenhandel zu unterbinden, Grenzen besser zu sichern und etwas gegen die Armut zu tun. Also neue Brunnen und einen neuen Maschendrahtzaun?

Legale Einwanderung soll gefördert werden, damit Afrikaner als Arbeitskräfte nach Europa kommen können. Was genau dazu gemacht werden muss, wurde nicht besprochen. Die EU hat ihren Kurs bisher nicht geändert. So war der Gipfel vor allem dazu da, »ein Signal an die Afrikaner zu senden, dass man eine Beziehung auf Augenhöhe anstrebt«. Das ist angesichts des internationalen Wettbewerbs, der um Afrika herrscht, zu wenig. Dass sich an dieser Politik unter dem neuen Ratspräsidenten Jean-Claude Juncker etwas ändert, ist nicht sehr wahrscheinlich. Zumindest ist er bisher nicht durch großes Interesse an Afrika aufgefallen.

Allein die Geschichte der Organisation der Gipfelgespräche selbst zeigt, wie schwierig das europäisch-afrikanische Verhältnis ist. Nach der Auftaktveranstaltung in Kairo wurden weitere Treffen sieben Jahre lang verschoben, weil man sich nicht einigen konnte, bis endlich der nächste Gipfel 2007 in Lissabon abgehalten wurde. Gefolgt von Gesprächen 2010 im libyschen Tripolis, ausgerechnet an dem Ort, der für eine weitere Belastung im europäisch-afrikanischen Verhältnis sorgen sollte: Damals war der dienstälteste afrikanische Politiker Muammar al-Gaddafi Gastgeber, der dann ein knappes Jahr später nach Aufständen im Land im Westen in Ungnade fiel. Er und seine Anhänger wurden trotz anderslautender UN-Resolutionen von französischen Spezialtruppen in Libyen besiegt. Nachdem Tripolis gefallen und der libysche Diktator auf der Flucht war, ließen sich Frankreichs Präsident Nicolas Sarkozy und Großbritanniens Premier David Cameron in der libyschen Hauptstadt feiern. Auch die Amerikaner feierten. Gaddafi wurde unter bis heute nicht geklärten Umständen getötet. Die westlichen Alliierten hatten den Libyern versprochen, sie von ihrem Tyrannen zu befreien. Stattdessen brachten sie nur größeres Chaos. Mitte 2014 wurde der Bürgerkrieg so heftig, dass die meisten Botschaften ihr Personal abziehen mussten, darunter auch die Briten und Amerikaner. Solche Episoden haben China, Indien oder Südkorea in ihrem Verhältnis zu Afrika nicht zu verarbeiten. Nun ist Libyen neben dem Südsudan ein »failed state«, wofür der Westen mitverantwortlich ist.

Beim vierten und jüngsten Gipfel 2014 kam es wieder zu einem Eklat. Einer der wichtigsten afrikanischen Politiker, der südafrikanische Präsident Jacob Zuma, sagte seine Teilnahme ab, weil die Europäer der Frau des im Westen geächteten Präsidenten von Simbabwe, Robert Mugabe, kein Visum erteilen wollten. »Ich denke, dass die Zeiten vorbei sind, in denen wir als Subjekte betrachtet wurden, denen gesagt wurde, wer von uns kommen darf und wer nicht«, sagte Zuma. »Ich dachte, die Afrikanische Union und die Europäische Union sind zwei gleichberechtigte Organisationen, die jeweils ihren Kontinent repräsentieren.« Sicherlich spielte bei der Entscheidung nicht nur die Freundschaft zu Mugabe eine Rolle, sondern auch die bevorstehenden Wahlen in Südafrika. Zuma spürte offensichtlich in der Bevölkerung eine starke antieuropäische Stimmung, die er bedienen wollte, sonst hätte er wohl kaum die Gelegenheit verstreichen lassen, sich als der mächtigste Führer Afrikas in Brüssel feiern zu lassen. Mugabe, der schon seit Jahren öffentlich über die »neokoloniale Politik der Europäer« herzieht, blieb dem Gipfel in Brüssel ebenfalls fern. Gastgeber, die einen afrikanischen Mann einladen und gleichzeitig seine Frau als unerwünscht erklären, »beleidigen diesen Mann zutiefst«.

Besonders aufschlussreich ist die Position der Deutschen während dieses Gipfels. Zwar sagte Bundeskanzlerin Angela Merkel, man solle »nicht immer nur über die Probleme reden, sondern auch über die Chancen Afrikas«. Richtig aktiv wurde Merkel allenfalls, als es um die Chance Deutschlands ging, und zwar nicht in wirtschaftlicher, sondern in militärischer Hinsicht: Unter dem Oberbefehl des französischen Generals Philippe Pontiès nimmt auch Deutschland mit 13 EU-Staaten ab April 2014 an der Militärmission zur Rettung Zentralafrikas teil. Deutschland beteiligt sich nicht mit Kampftruppen, aber mit mehreren Flugzeugen etwa für den Transport. In der Zentralafrikanischen Republik war nach einem Putsch muslimischer Rebellen 2013 die Gewalt zwischen christlichen und muslimischen Milizen eskaliert. Zuvor hatten 2000 französische und 5500 afrikanische Soldaten versucht, den Konflikt einzudämmen, bevor die EU im Rahmen der Gipfelgespräche dann den Weg für den Einsatz der EU-Truppen frei machte. Deutschland werde »stärker Verantwortung zeigen in Afrika«, betonte Merkel in Brüssel mit Blick auf die bereits seit Februar 2013 andauernde EU-Mission in Mali und den geplanten Einsatz in der Zentralafrikanischen Republik. Die Kanzlerin war gemeinsam mit dem französischen Präsidenten François Hollande vor die Presse getreten. Hollande lobte die Deutschen und sprach von »sehr wertvollen logistischen Mitteln«. Merkel lobte, die Franzosen hätten in beiden Fällen schnell »Verantwortung« übernommen, und Deutschland unterstütze Frankreich dabei. »Aus der historischen Entwicklung heraus ist es für Deutschland eine neue Wegstrecke, auch stärker in Afrika Verantwortung zu zeigen, neben der klassischen Entwicklungspolitik.« Gleichzeitig rechnete die Kanzlerin vor, die Bundesregierung habe die Entwicklungshilfe um 100 Millionen auf 1,3 Milliarden Euro jährlich aufgestockt, damit fließe mehr als die Hälfte der deutschen Entwicklungsgelder auf diesen Kontinent.

Das militärische Engagement der Deutschen stand jedoch eindeutig im Mittelpunkt. Daran ließ Merkel keinen Zweifel. Deshalb kam das Grundsatzpapier zum Gipfel auch nicht aus dem Wirtschaftsministerium, sondern aus dem Verteidigungsministerium. Unter dem Titel »Afrikas friedliche Entwicklung liegt in unserem ureigensten Interesse«, einer PR-tauglichen Weiterentwicklung des Slogans »Deutschland wird am Hindukusch verteidigt«, plädierten die beiden Verteidigungsminister Deutschlands und Frankreichs, Ursula von der Leyen und Jean-Yves Le Drian, für mehr militärisches Engagement. Die Region werde mehr und mehr »zu einem bedeutenden Akteur in der globalen Wirtschaft«, schreiben die beiden Minister, um dann gleich auf den Punkt zu kommen: »Aber Afrika ist auch ein Kontinent der Krisen.« Es gehe um die Versorgung mit strategisch wichtigen Gütern, strategische Handelsinteressen und auch um die Sicherheit europäischer Staatsbürger in Afrika. Die Europäische Union sei »prädestiniert« dafür, »krisenvorbeugend zu handeln, bei akuten Krisen einzugreifen und auch bei der Krisennachsorge stabilisierend zu wirken«. Die militärischen Missionen seien eine »Ertüchtigungsinitiative«, brachte Merkel den Gipfel dann auf den Punkt. Das Thema war gesetzt. »Steht die Bundeswehr nach dem Ende ihres afghanischen Jahrzehnts am Beginn eines afrikanischen?«, fragte selbst die *Frankfurter Allgemeine Zeitung*.

Die Kommissionsvorsitzende der Afrikanischen Union, Nkosazana Dlamini-Zuma, lobte den »großzügigen« Einsatz der Europäer bei der Friedenssicherung. Doch innerhalb ihrer Organisation gärte der Unmut darüber, dass dies das wichtigste Ergebnis des Gipfels sein solle. Deutlicher wurde Ellen Johnson Sirleaf, Friedensnobelpreisträgerin und Präsidentin von Liberia. Auf die Frage der Deutschen Welle, was Europa tun könne, »um Ihnen zu helfen, zerbrechliche, instabile Staaten in Afrika zu unterstützen«, erwähnt sie die Militärmissionen mit keinem Wort. »Ich hoffe, dass die Staaten Europas der Afrikanischen Entwicklungsbank ihre volle Unterstützung geben werden«, sagte sie. Viele seien ja bereits Mitglied der Bank, fuhr sie fort, und: »Es geht darum, nicht nur den unmittelbar bedrohten verwundbaren Staaten zu helfen, sondern allen afrikanischen Staaten eine Widerstandsfähigkeit zu geben, die es ihnen ermöglicht, auf Krisen zu reagieren, sobald sie auftauchen.« Kein Wort über das militärische Engagement.

Warum ist das militärische Engagement der sonst durchaus ökonomisch orientierten Angela Merkel im Fall von Afrika so wichtig? Sie ist eigentlich nicht der Politikertyp, der seine Macht auf militärische Stärke aufbaut, und es ist nicht einmal klar, ob sie die gleichen Worte wählen würde wie Bundespräsident Joachim Gauck Anfang des Jahres 2014, als er größere militärische Verantwortung für Deutschland forderte. Das heutige Deutschland stehe im Unterschied zum »Dominanzgebaren« früherer Jahrhunderte als verlässliche Demokratie für Menschenrechte. »Und in diesem Kampf für Menschenrechte oder für das Überleben unschuldiger Menschen ist es manchmal erforderlich, auch zu den Waffen zu greifen«, hatte Gauck argumentiert und damit in der Republik eine Debatte darüber ausgelöst, was genau ein selbstbewusstes Deutschland militärisch tun oder lassen soll.

Aber Merkel ist nicht Gauck. Bei ihr hat sich im Laufe der Jahre die Überzeugung relativiert, dass die Welt nur mit unseren westlichen Spielregeln überleben kann und wir diese auf Gedeih und Verderb durchsetzen müssen. Von den deutschen Spielregeln ganz zu schweigen. Sie weiß zudem genau, wie sehr ihr die Exponiertheit schadet, im Alleingang auf europäischer Ebene ihre Ziele durchzusetzen. Deutschland ist dem Rest Europas ohnehin schon mächtig genug.

Es dürfte denn auch vielmehr eine Mischung gleich mehrerer machtpraktischer Erwägungen sein, die am Ende zu Merkels Position auf dem EU-Afrika-Gipfel führten. Der wichtigste Punkt, so abwegig es auf den ersten Blick klingen mag: die deutsch-französischen Beziehungen voranzutreiben. Merkel kommt in Sachen Militäreinsatz in Afrika den Franzosen entgegen (ohne die in Europa nichts läuft) und macht sich Hollande zum Partner, für den der außenpolitische Coup in innenpolitisch schwierigen Zeiten wichtig ist. Der Schritt kostet sie wenig, denn die Kapazitäten der Bundeswehr sind nach dem Rückzug aus Afghanistan ohnehin frei. Es geht also um vieles, aber nicht darum, mit Afrika eine langfristige wirtschaftliche Partnerschaft aufzubauen, so wie die Chinesen oder die Inder sie vorantreiben. Ein militärisches Engagement in Zentralafrika und eine Erhöhung der Entwicklungshilfe – schön und gut. Aber ein Afrika-Konzept für die Exportnation Deutschland ist das nicht. Wie (wenig) wichtig Afrika für Merkel ist, zeigt sich allein schon an der Personalie des Afrika-Beauftragten der Bundeskanzlerin: Günter Nooke, Grünenpolitiker und ehemaliger DDR-Bürgerrechtler. Von 2006 bis März 2010 war er Beauftragter für Menschenrechtspolitik und humanitäre Hilfe der Bundesregierung. Die Dienststelle Nookes ist das Entwicklungsministerium (BMZ). Man hätte den Posten auch einem ehemaligen deutschen Vorstandsvorsitzenden geben und im Wirtschaftsministerium ansiedeln können. Für Merkel mag das eine Personalie dritter Ordnung sein. Doch in Afrika wird das genau registriert. Eines ist sicher: China wäre das nicht passiert.

Es ist also nicht verwunderlich, dass die Europäer auf der Willkommensliste der Afrikaner immer tiefer rutschen. Ein nigerianischer Diplomat bringt die Haltung vieler auf den Punkt: Nun, da es losgeht, sollen sich die ehemaligen Kolonialländer hinten anstellen, nachdem sie Jahrzehnte nichts mehr von uns wissen wollten. Erst im Oktober 2013 erklärte ausgerechnet Angolas Präsident José Eduardo dos Santos in seiner jährlichen Ansprache zur Nation die strategische Partnerschaft mit Portugal für beendet. Man sei nicht mehr auf Portugal angewiesen, zumal das Land in großen wirtschaftlichen Schwierigkeiten stecke. Angola unterhalte stabile Beziehungen zu fast allen Ländern der Welt, und das Vertrauen seiner Partner wachse, sagte dos Santos. Mit Portugal allerdings »laufen die Dinge leider nicht gut«, es gäbe »unterschiedliche Auffassungen auf höchster Ebene«. Das aktuelle politische Klima ließe es »nicht ratsam erscheinen, den Aufbau der geplanten strategischen Partnerschaft fortzusetzen«.

Und damit war dos Santos noch nicht am Ende seiner Europa-Schelte: Auf der einen Seite investierten die Angolaner Milliarden US-Dollar in Europa, darunter übrigens auch die Präsidententochter Isabel dos Santos, laut *Forbes*-Magazin die reichste Frau Afrikas – und das Geld würden die Europäer gerne nehmen. Aber gleichzeitig würden sie sich in die inneren Angelegenheiten Angolas einmischen. Seine etwa 45-minütige Rede vor Parlamentariern geriet zur Generalabrechnung mit Angolas westlichen Kritikern. Einerseits war das Europa-Bashing, das in Angola bei der Bevölkerung gut ankommt, aber es wirkte andererseits auch, als ob sich über viele Jahre Demütigungen durch Europa aufgestaut haben, die jetzt hervorbrachen. Auch zum Thema Korruption nahm der Präsident Stellung. Im Kampf gegen die Korruption hätten die Antikorruptionsorganisationen aus dem Westen »absichtlich für Missverständnisse gesorgt, um diejenigen Afrikaner einzuschüchtern, die Geschäftsvermögen bilden und Zugang zum Reichtum bekommen wollen«. Mehr noch: »Sie schaffen den Eindruck, dass reiche Afrikaner per se der Korruption verdächtig sind.« Dos Santos verärgerten vor allem Ermittlungen, die Portugals Generalstaatsanwältin Joana Vidal gegen mehrere namentlich nicht genannte Mitglieder der angolanischen Elite führte.

Es geht an dieser Stelle nicht darum, darüber zu urteilen, wer in dieser Frage recht hat. Womöglich ist tatsächlich der eine oder andere angolanische Politiker korrupt. Die Frage ist vielmehr: Wie überzeugt man die afrikanischen Regierungen, der Rule of Law eine größere Chance zu geben? In einem Klima der Konfrontation und Herablassung oder in einem freundschaftlichen, vertrauensvollen Verhältnis? Die meisten Europäer setzen erstaunlicherweise in der Regel fast ausschließlich auf den ersten Weg. Das hat auch Gründe. Der Westen und dessen Spielregeln relativieren sich täglich, in Zeiten, in denen die Weltordnung mehr und mehr multipolar wird. Womöglich führt das dazu, dass mancher westliche Politiker seine Regeln besonders unbeugsam und wenig kundenorientiert anpreist.

Das Freihandelsabkommen Economic Partnership Agreement (EPA) wurde jedenfalls zehn Jahre zwischen der EU und der Afrikanischen Union verhandelt. Der Streit war kompliziert: Dank verschiedener Außenhandelsabkommen haben Europas ehemalige Kolonien seit Jahrzehnten bevorzugten Zugang zum europäischen Markt. Im Gegenzug mussten sie ihre eigenen Märkte kaum öffnen. Diese Regelung stammt noch aus Zeiten, in denen das schlechte Gewissen die Politik der Kolonialmächte bestimmte, wie etwa 1975 im Lomé-Abkommen mit 79 Staaten aus Afrika, der Karibik und dem Pazifikraum, den sogenannten AKP-Staaten.

Im Jahr 2000, in den Hochzeiten des Marktliberalismus, erklärte die Welthandelsorganisation (WTO) diese einseitige Marktöffnung jedoch für unrechtmäßig. Beide Seiten müssten freien Zugang zu dem jeweils anderen Markt genießen.

Nun ist es nicht verwunderlich, dass eine westlich geprägte Institution, wie die WTO, unter dem Deckmantel des freien

Marktes Spielregeln zugunsten der westlichen Industrienationen einführen will. Erstaunlich ist hingegen, dass es den Entwicklungsländern inzwischen gelingt, sich erfolgreich zu wehren, weil sie eben Alternativen unter den BRICS-Ländern haben. Eine Einigung konnte zustande kommen, weil nicht alle afrikanischen Staaten von EPA betroffen sind. Die WTO erlaubt Ausnahmen für die am wenigsten entwickelten Länder der Welt, davon liegen 34 in Afrika. Darauf basierend hat die Europäische Union mit diesen Staaten ein spezielles Abkommen geschlossen, das sogenannte »Everything but Arms«-Abkommen, nach dem sie, wie der Name schon nahelegt, alle Produkte außer Waffen zollfrei in die EU exportieren dürfen.

Gleichzeitig zur EPA-Einigung beschlossen die Länder der Afrikanischen Union auf ihrem Gipfel 2014, sich in Zukunft stärker auf innerafrikanischen Handel zu konzentrieren und zudem die Handelsbeziehungen mit den Emerging Markets zu intensivieren. Da finden sie interessierte Partner: Die Asiaten sind pragmatischer, weil ihnen Geschäfte wichtiger sind als Werte in anderen Ländern und weil sie davon ausgehen, dass mit dem wirtschaftlichen Aufschwung auch der Wunsch nach Rechtssicherheit größer wird. Die Südamerikaner wiederum sind verhandlungsbereit, steht doch der Kontinent wirtschaftlich mit dem Rücken zur Wand. Das europäische Engagement dagegen besteht in erster Linie aus Einzelkämpfern wie dem niederländisch-britischen Konzern Unilever, der immerhin schon Produkte im Wert von fünf Milliarden Euro jährlich in Afrika absetzt. Der Konzern beschäftigt 40 000 Menschen auf dem Kontinent und hat Büros und Fabriken an 40 Standorten. Das Geheimnis von Unilever: Auf die gering verdienenden afrikanischen Kunden eingehen und die Produkte entsprechend anpassen. Der Konzern bietet kleinere und damit erschwingliche Verpackungseinheiten an und vertreibt die Produkte auch über informelle Händler und eigens angestellte Verkäufer. Auf diese Weise erzielte Unilever im vergangenen Jahrzehnt zweistellige Wachstumsraten in Afrika.

Mehr und mehr zeichnet sich ab: Afrika braucht Europa nicht. Aber Europa braucht womöglich Afrika. Denn man kann es nicht oft genug wiederholen: Partner, die gerne in Afrika investieren und sich noch dazu nicht ständig in die dortige Politik einmischen wollen, gibt es reichlich.

Nehmen wir das Beispiel eines Landes in Asien, das als Demokratie Everbody's Darling in der europäischen Politik ist: Indien. Indien ist ein großer Wettbewerber der EU in Afrika. Noch im Jahr 2000 lag das indisch-afrikanische Handelsvolumen bei gerade mal drei Milliarden US-Dollar, 2010 waren es schon 46 Milliarden US-Dollar, 2015 sollen es rund 90 Milliarden US-Dollar sein, und die Unternehmensberatung McKinsey schätzt, dass 2025 bis zu 160 Milliarden US-Dollar erreicht werden können. Allein in Tansania haben indische Unternehmen in den vergangenen Jahren 1,3 Milliarden US-Dollar investiert und mehr als 30 000 neue Jobs geschaffen.

Und damit sind die Inder mit ihren Investitionen noch lange nicht am Ende. Der spektakuläre Sieg des neuen indischen Premierminister Narendra Modi von der bis dahin traditionellen Oppositionspartei Bharatiya Janata Party (BJP) ist jedenfalls eine gute Nachricht für Afrika und wird den Druck auf Europa weiter erhöhen. Modi kündigte bereits an, dass Indien, das 100-jährige Jubiläum der Rückkehr von Mahatma Gandhi aus dem südafrikanischen Exil ein ganzes Jahr lang ausgiebig feiern werde.

Anders als die Chinesen, die vor allem auf Rohstoffe fixiert sind, setzten die Inder zunächst auf Trainingsprogramme, Stipendien, die Finanzierung von Forschungseinrichtungen oder erleichterte Zugänge für den indischen Markt, um die Handelsbeziehungen zu intensivieren und gleichzeitig einen Beitrag zur Entwicklungshilfe zu leisten. Zudem sind die indisch-afrikanischen Wirtschaftsbeziehungen im Unterschied zu den chinesisch-afrikanischen von den privaten Großkonzernen geprägt, die zunehmend in Afrika investieren – vor allem in den Bereichen Telekommunikation, Informationstechnologie, Energie sowie im Automobilsektor.

Die Tata-Gruppe, ein indischer Mischkonzern, hat Anfang des Jahres 2013 verkündet, rund 1,7 Milliarden US-Dollar in neue Produktionsstätten in Afrika zu investieren, hauptsächlich in der Automobilindustrie. Tata Motor und TVS Motor Company wollen Produktionsstandorte in Nigeria aufbauen. Indiens größtes Bergbauunternehmen Vedanta Resources berichtete kürzlich, dass es in den letzten neun Jahren vier Milliarden US-Dollar in Afrikas Bergbauindustrie gesteckt hat. Die Oil and Natural Gas Corporation, Indiens größtes Ölunternehmen, erwarb im August 2013 für 2,6 Milliarden US-Dollar zehn Prozent eines Offshore-Gasfeldes in Mosambik. Dem Unternehmen nach hat das Feld »das Potenzial, eines der größten der Welt zu werden«. Erst kurz davor im Juni 2013 hatten sich indische Ölfirmen mit 2,5 Milliarden US-Dollar an einem Ölfeld in Mosambik beteiligt.

Ein weiteres Beispiel ist Bharti Airtel, Indiens größter Mobilfunkanbieter. Er stieg 2010 in den afrikanischen Telekommunikationsmarkt ein und kaufte operative Geschäfte des afrikanischen Konzerns Zain Telecom in 15 afrikanischen Ländern. Um seine Aktivitäten in Afrika zu verstärken, plant das Unternehmen, auch Warid Telecom in Uganda zu übernehmen.

In Afrikas Landwirtschaft sind die Inder ebenfalls aktiv. Das Land investierte mehr als eine Milliarde US-Dollar in Felder in Äthiopien. Karuturi Global aus Bangalore, der weltgrößte Produzent von Schnittblumen, beschäftigt 5000 Menschen auf einer Rosenfarm nahe des Naivashasees in Kenia. Das Unternehmen versendet mehr als eine Million Schnittblumen täglich nach Europa.

Indische Pharmaunternehmen sind heute die größten Arzneilieferanten in Nigeria. Ihre Einnahmen steigen jährlich um 35 Prozent. Indiens Handelsvolumen ist zwar nicht einmal halb so groß wie das Chinas, aber es wächst mit fast gleicher Geschwindigkeit.

Diesen Wettbewerbsdruck sollten die Europäer spüren, aber sie scheinen an dieser Stelle sehr schmerzunempfindlich zu sein. Afrika werde immer stärker zum Schauplatz eines Machtkampfes zwischen Indien und China um die Handelsvorherrschaft, schrieb der *Economist* im Oktober 2013: »Die chinesischen Geschäftsleute stehen in Afrika im Fokus, aber die Inder holen auf.« Indien profitiert davon, etwas weniger im internationalen politischen Rampenlicht zu stehen als China. Sie fallen nicht so auf, wenn sie mit Ländern wie Angola, Sudan und Simbabwe Geschäfte machen. China gerät in solchen Fällen in Europa sofort in die Kritik.

Indien hatte im März 2013 versprochen, 5,7 Milliarden US-Dollar als Kredite und Subventionsmaßnahmen für Entwicklungsprojekte bereitzustellen. Damit wollte es der offensiven chinesischen Expansion in Afrika begegnen. Mit dem Geld will Indien mehr als 100 Bildungsinstitute auf dem afrikanischen Kontinent errichten. Einen Gewinner dieses Wettbewerbs zwischen Indien und China gibt es schon: Afrika. Und ein Verlierer dieses Wettbewerbs steht auch schon fest: Europa, einstweilen zumindest.

Die Konkurrenz um Afrika ist groß. Auch Brasilien ist trotz großer eigener wirtschaftlicher Probleme auf dem afrikanischen Kontinent aktiver denn je. Das Land ist im Ölgeschäft tätig, macht dazu China im Bausektor zunehmend Konkurrenz, und der Flugzeughersteller Embraer hat mit Kenya Airways einen dankbaren Kunden für seine Mittelstreckenmaschinen gefunden. Mit ihnen will die Airline ihren Geschäftsreiseverkehr vorantreiben. Schon bald soll es eine regelmäßige Flugverbindung zwischen São Paulo und Nairobi geben. Eine Maschine täglich zwischen São Paulo und Johannesburg gibt es bereits seit einiger Zeit.

Japan engagiert sich ebenfalls. Seit Jahrzehnten ist Afrika einer der größten Absatzmärkte für Gebrauchtwagen aus Japan. Auch

wenn sich die Regierung in Tokio lange eher auf Entwicklungs-
hilfeprojekte konzentrierte, stehen inzwischen kommerzielle
Vorhaben im Vordergrund. Die Handelsbeziehungen mit Afrika wachsen zwar deutlich langsamer als etwa die von China
und Indien, aber das Interesse ist erkennbar gestiegen. Tsusho,
ein Unternehmen der Toyota-Gruppe, will in Angola mit
1,2 Milliarden US-Dollar in den Bau einer Düngemittelfabrik
einsteigen. Das Großhandelsunternehmen Sojitz plant den Bau
einer gewaltigen Zementfabrik, die 25 Prozent von Angolas
Verbrauch abdecken würde. Der Baunachholbedarf und damit
auch der Zementverbrauch sind in dem Land beträchtlich.

Und wo bleibt Europa? Wenn überhaupt, dann sind es die
Franzosen, die ernsthafte Bemühungen unternehmen, mit ihren
ehemaligen Kolonien im Westen Afrikas zu kooperieren. Der
europäische Politiker, der sich noch am meisten um das Thema
Afrika gekümmert hat, war Frankreichs ehemaliger Präsident
Nicolas Sarkozy, wie auch schon seine Vorgänger. Während
seiner Amtszeit bereiste er fünfmal den Nachbarkontinent und
hatte dabei einige Erfolge vorzuweisen: Er brachte das ange-
spannte Verhältnis zu Angola wieder in Ordnung, er baute die
abgebrochenen Beziehungen zu Ruanda wieder auf, nachdem
französische Ermittler der Regierung von Paul Kagame eine
Mittäterschaft am Ausbruch des Genozids in Ruanda im April
1994 vorgeworfen hatten. Er reiste nach Kinshasa, nach Brazzaville, nach Gabun, in den Niger, immer mit mächtigen Wirt-
schaftsdelegationen im Gefolge.

Im Mai 2010 lud Frankreich zum wiederholten Mal zu einem
zweitägigen französisch-afrikanischen Gipfel nach Nizza ein.
Dazu reisten 40 afrikanische Regierungschefs und rund 250
Geschäftsleute und Unternehmer an. Im Januar 2012 trat Sarkozy als Gastredner beim Gipfel der Afrikanischen Union in
Addis Abeba auf. Es war das erste Mal seit 1963, dass ein fran-
zösischer Präsident bei einem afrikanischen Gipfel als Ehrengast
sprechen durfte.

Sarkozys Interesse galt dabei einerseits den Handelsbeziehungen, nicht zuletzt aber auch den Rohstoffen. Der französische Ölmulti Total etwa ist nicht nur mit einem der dichtesten Tankstellennetze in Afrika vertreten, er gehört in Angola und Nigeria auch zu den wichtigsten Förderern von Öl und Gas. Der Minenkonzern AREVA holt im Niger Uran aus dem Boden, im Kongo sind zahlreiche französische Bergbauunternehmen engagiert. Der derzeitige Präsident François Hollande führt die, nennen wir sie mal afrikaaffine Politik seines Amtsvorgängers fort, allerdings nicht mit der gleichen Bedeutung.

In Deutschland gibt es bestenfalls ein paar hoffnungsvolle Ausnahmen, die schon vor langer Zeit erkannt haben, dass Afrika ein Wachstumsmarkt ist. Allen voran die deutschen Topunternehmen wie der Elektronikhersteller Siemens, der seit mehr als 150 Jahren mit der Siemens East Africa Limited in Afrika aktiv ist. Heute besteht die Belegschaft zu über 90 Prozent aus einheimischen Mitarbeitern. In Nairobi haben sich Wirtschaftsgrößen wie der Pharmakonzern Bayer, der Chemieriese BASF oder der Kosmetikhersteller Beiersdorf niedergelassen. In Zentralafrika ist ThyssenKrupp mit der Planung einer 725 Kilometer langen Eisenbahnverbindung von Juba im Südsudan nach Uganda beschäftigt. Und in Lagos arbeitet die Wiesbadener Bilfinger-Berger-Tochter Julius Berger am Milliarden-Wohnungsbauprojekt »Eko Atlantic«. Auf einer über zehn Quadratkilometer großen künstlichen Insel, die vor der Küste von Lagos aus dem Atlantik wächst, sollen zukünftig 250 000 Menschen leben und weitere 150 000 Arbeitsplätze entstehen.

Und auch der Mittelstand entdeckt Afrika als neuen Absatzmarkt. Das Ulmer Zementwerk Schwenk produziert seit 2011 in Namibia mit rund 300 Mitarbeitern hochwertige Zemente für den afrikanischen und internationalen Markt. In einer Bauzeit von weniger als zwei Jahren ist dort das modernste Zementwerk Afrikas entstanden. Der Hersteller von Sanitärtechnik und Armaturen Hansgrohe will bis Ende 2014 in zwölf afrikanischen

Ländern vertreten sein. Gegenwärtig ist das Unternehmen mit Projekten in Äthiopien, Ruanda und der Demokratischen Republik Kongo beschäftigt. Anfang 2015 will man in Nairobi die erste Verkaufsstelle in Ostafrika eröffnen. Die Handelsfirma Woermann oder die Flaschenabfüller von Krones machen schon seit vielen Jahren gute Geschäfte auf dem Schwarzen Kontinent. Vorsichtig versuchen die Solarfirmen in Ostafrika und im südlichen Afrika ins Geschäft zu kommen – werden allerdings ähnlich wie in Europa mittlerweile von chinesischen Firmen unter Druck gesetzt. Zudem sind die Auftragswerte eher gering. Im Sommer 2014 kaufte die Messe Frankfurt die Mehrheit eines südafrikanischen Messeanbieters und will das Afrika-Geschäft stark ausbauen.

Das alles sind leider nur vereinzelte Initiativen. Geschäftsbeziehungen, die trotz, nicht wegen der Politik entstanden sind und sich fortentwickeln. Die europäische Politik interessiert sich kaum für Afrika als Wirtschaftsraum. Die Deutschen sollten angesichts dieser Marktlücke endlich aufwachen und sich zum Afrika-Spezialisten der EU machen.

8 Ohne BRICS geht nix
Der Aufstieg ohne den Westen

Jeremy Maggs, Hauptmoderator der abendlichen Nachrichten-
sendung des südafrikanischen Senders eNCA ist der Claus Kleber Südafrikas. Normalerweise ruht der weiße Mittfünfziger,
ähnlich wie Kleber, in sich. Beim BRICS-Gipfel im März 2013
war er dann doch ein bisschen aufgeregt, als er das wohl wichtigste Ergebnis des Treffens verkündete: Die BRICS-Staaten haben sich geeinigt, eine Entwicklungsbank zu gründen, und das
sei, so Maggs, »das Ende von 70 Jahren westlicher Dominanz
der Weltbank und des Internationalen Währungsfonds«. Nun
sei der Süden der Welt nicht mehr finanziell vom Westen abhängig, was »vor allem dem afrikanischen Kontinent zugutekommen wird«. Der BRICS-Gipfel fand zum ersten Mal auf
dem afrikanischen Kontinent in Durban am Indischen Ozean
statt.

Schon 2016 soll die Bank ihre Arbeit aufnehmen. Die Präsidentschaft rotiert. Sicherlich wird es jedoch noch eine Dekade
dauern, bis die BRICS-Bank und die Weltbank beziehungs-
weise der Internationale Währungsfonds auf Augenhöhe agieren.
Das Ereignis ist jedoch schon jetzt historisch: Erstmals machen
sich die Schwellenländer unabhängig von den Institutionen des
Westens. Es geht nun nicht mehr nur um den Aufstieg Chinas,
sondern um den globalen Wettbewerb zwischen den Etablierten
und den Aufsteigern. Die eigene Bank ist ein Meilenstein dieses

Aufstiegs, und der nächste Schritt ist bereits angepeilt: eine eigene, von Europa und den USA unabhängige Kabelverbindung zwischen den BRICS-Ländern. Das ist ein Mammutprojekt. Im Spiel um die Vorherrschaft in der Welt ist die BRICS-Gemeinschaft eine wichtige Karte, vor allem für China. Die Regierung in Peking hatte für die Aufnahme Südafrikas in den Verbund gesorgt, mit dem Kalkül, darüber den afrikanischen Kontinent noch stärker an sich zu binden. Und das Kalkül, so scheint es, geht auf.

In den BRICS-Ländern wohnen erstaunliche 43 Prozent der Weltbevölkerung. Sie erwirtschaften derzeit etwas über 25 Prozent des weltweiten Bruttoinlandsprodukts. Mittlerweile leben über zwei Millionen Dollar-Millionäre in den BRICS-Staaten, 30 Prozent mehr als noch vor vier Jahren. Eines ist den Aufsteigern klar und wird im Westen unterschätzt: 20 Jahre chinesisches Engagement in Afrika hinterließen bereits wesentlich deutlichere Spuren als ein halbes Jahrhundert westlicher Entwicklungshilfe.

Die globale Wirtschaftskraft hat sich in den vergangenen Jahren zunehmend von den westlichen Industrienationen auf die Emerging Markets verlagert. Bei der Beraterfirma McKinsey ist man überzeugt, dass sich aufgrund zunehmender Urbanisierung der wirtschaftliche Schwerpunkt der Welt nach Osten (Asien) und Süden (Afrika und Lateinamerika) verlagern werde. Damit wächst eine Bevölkerungsgruppe von Konsumenten heran, die bis zum Jahr 2025 vier Milliarden Menschen umfassen wird – gegenüber lediglich einer Milliarde im Jahr 1990. Die Hälfte davon wird in den Emerging Markets leben und 30 Trillionen US-Dollar in die Weltwirtschaft einspeisen. Auch die neue Mittelklasse in Afrika, die den Wirtschaftsaufschwung auf dem Kontinent mitträgt, wird maßgeblich dazu beitragen.

Um diese Gruppe soll sich die neue Bank kümmern. Südafrika profitiert besonders davon. Das Land am Kap ist mit Abstand das schwächste Glied im BRICS-Verband, unterhält allerdings sehr enge Beziehungen zu China, dem mit großem Abstand stärksten BRICS-Land, und auch zu Indien, dem zweiten wichtigen Player in Asien. Die südafrikanische Regierung hatte nach dem Durban-Gipfel bereits vorsichtig angedeutet, den Hauptsitz der Bank gerne am Kap ansiedeln zu wollen. Patrice Motsepe, ein südafrikanischer Minenmagnat, der in Durban zum neuen Vorsitzenden des BRICS-Wirtschaftsrates ernannt wurde, sprach sich bereits für diesen Plan aus: »Unsere Finanzinstitute, das ist weit bekannt, sind Weltklasse.«

In der Tat sind die südafrikanischen Banken nicht nur auf dem Kontinent führend, sondern können mit denen der westlichen Nationen mithalten. Doch obwohl inzwischen klar ist, dass die Bank in Schanghai sitzen soll, möchte Südafrika innerhalb des BRICS-Verbundes unbedingt eine zentralere Rolle spielen. Als Gipfelgastgeber in Durban wird Präsident Jacob Zuma ein Jahr lang den Vorsitz der Staatengemeinschaft führen. Zuma versprach sich davon besseren Zugang zu Geld, um Afrika noch schneller zu entwickeln. Für den Kontinent gilt nichts anderes als für jeden deutschen Mittelständler: Gute Beziehungen zu der Hausbank vor Ort machen viele Investitionen einfacher. Die BRICS-Bank soll für die wichtigsten Projekte Gelder bereitstellen, ohne dass man den Westen fragen muss. Von nun an soll es nicht mehr heißen »Hilfe zur Selbsthilfe«, sondern gewissermaßen »Selbsthilfe zur Selbsthilfe«. Die BRICS-Staaten wollen ihre Krisen künftig alleine meistern.

Ihren Willen, finanziell enger zusammenzuarbeiten, zeigten die Länder schon mit einem anderen Projekt. Während des G20-Gipfels im russischen Sankt Petersburg im September 2013, kündigten sie einen gemeinsamen Stabilitätsfonds zur Abfederung möglicher Währungskrisen an. Damit sollen Einbrüche wie in der Asien-Krise 1997 vermieden werden. Ebenso wie die Rupie-Schwäche von 2013. Weil westliche Investoren an den Wachstumsaussichten der Schwellenländer zweifelten und in kurzer Zeit massiv Kapital abzogen, verlor die indische Rupie damals binnen eines halben Jahres fast ein Viertel ihres Wertes, der südafrikanische Rand büßte ein Drittel ein. Ähnlich unter

Druck steht der brasilianische Real. Ende 2014 brach sogar der russische Rubel zusammen. In Sankt Petersburg beschlossen die BRICS-Staaten daher, ihre Währungen mit einem gemeinsamen Devisentopf zu stützen. Brasilien, Russland, Indien, China und Südafrika einigten sich auf ein Fondsvolumen von rund 100 Milliarden US-Dollar. Diesmal war es Russlands Präsident Wladimir Putin, der die Botschaft verkünden durfte. China, das Land mit den weltweit höchsten Devisenreserven, wird den Großteil beisteuern, die seit 2014 größte Volkswirtschaft der Welt nach Kaufkraftparität sagte 41 Milliarden US-Dollar zu. Brasilien, Indien und Russland werden sich mit jeweils 18 und Südafrika mit fünf Milliarden US-Dollar beteiligen. Die Staats- und Regierungschefs vereinbarten, dass China bis zu 20 Milliarden US-Dollar Hilfe beantragen kann, Brasilien, Russland und Indien jeweils 18 und Südafrika 20. Der Fonds wird dazu beitragen, die Vormachtstellung des US-Dollars in der Weltwirtschaft weiter zurückzudrängen. Die BRICS-Staaten, die vom Westen lange nur als geopolitischer Debattierklub angesehen wurden, bekommen damit mehr und mehr auch geoökonomische Konturen.

Nicht nur Afrika freut sich über den Fonds und die Bank. Auch Indien braucht Hilfe, vor allem bei der Entwicklung seiner Infrastruktur. Ebenso Brasilien, das Mitte 2013 den Papstbesuch und 2014 die Fußballweltmeisterschaft erfolgreich über die Bühne gebracht hat. Nun bereitet sich das mit 200 Millionen Menschen bevölkerungsreichste Land Südamerikas auf die Olympischen Spiele 2016 vor. Die Haushaltslage ist jedoch sehr angespannt. In den BRICS-Staaten sollten in den kommenden fünf Jahren optimal rund 4,5 Billionen US-Dollar in Infrastruktur investiert werden. Das entspricht etwa den gesamten Devisenreserven der fünf Länder. Diese Finanzkraft hat die Bank natürlich nicht, aber sie kann Finanzierungen absichern und garantieren.

Wie die Bank finanziert wird, steht seit dem sechsten BRICS-Gipfel fest, der im brasilianischen Fortaleza im Juli 2014 unmittelbar nach der Fußballweltmeisterschaft stattfand. In der Anfangsphase wird sie mit 50 Milliarden US-Dollar bestückt und soll in einem zweiten Schritt auf 100 Milliarden US-Dollar aufgestockt werden. Jedes Land wird demnach erstaunlicherweise den gleichen Anteil von zehn Milliarden Dollar beisteuern. Offensichtlich ist China die Gleichberechtigung der Partner – anders als bei der amerikanisch dominierten Weltbank – wichtig. Ein anderer Vorschlag zur Finanzierung der Bank, der vorsah, den Beitrag, den jedes Mitglied zahlt, an der Wirtschaftskraft des jeweiligen Landes zu orientieren, die Stärkeren also mehr zahlen zu lassen als die Schwächeren, wurde denn auch wieder verworfen. Die Gleichberechtigung allerdings ist kaum mehr als eine Formalie. In Wirklichkeit dominiert natürlich China, das in der vergangenen Dekade genauso viel zum Wachstum der Weltwirtschaft beigetragen hat wie alle anderen BRICS-Länder zusammen.

Für eine Wirtschaftsmacht wie China sind zehn Milliarden eine kleine Summe, Südafrika stößt damit bereits an die Grenzen seiner finanziellen Möglichkeiten. Zehn Milliarden entsprechen etwa einem Fünftel der Devisenreserven Südafrikas, und es besteht die Gefahr, dass Südafrika weiter von Ratingagenturen herabgestuft wird. In dem Fall stellt sich die Frage, ob etwa China dem kleinen afrikanischen BRICS-Bruder finanziell unter die Arme greifen und dem Land am Kap einen Teil des Geldes leihen wird. Was kaum ohne eine Verschiebung der Abhängigkeitsverhältnisse möglich sein dürfte.

So lobenswert das Diktum der Gleichberechtigung ist, so sehr gefährdet es die Handlungsfähigkeit der neu geschaffenen Institution. Kritiker weisen schon jetzt darauf hin, dass der angestrebte Betrag von 50 Milliarden US-Dollar in der Anfangsphase für eine schlagkräftige Entwicklungsbank zu wenig ist. 50 Milliarden US-Dollar entsprechen gerade einmal der Summe, die die Weltbank allein während des Jahres 2012 in Form von Krediten, Fördergeldern, Kapitalinvestitionen und Garantiesummen bereitgestellt hat. 2013 verfügte die Weltbank über eine Kapitalausstattung von insgesamt 223 Milliarden US-Dollar, also mehr als viermal so viel wie das Startkapital der BRICS-Bank. Für China wäre es kein Problem, eine solche Summe zu stemmen, aber dann wäre eben die Parität innerhalb der BRICS-Gruppe nicht mehr gegeben.

Es zeichnet sich allerdings schon jetzt ab, wie China sich entscheiden wird, wenn es gilt, die Binnenparität gegen die globale Durchsetzungskraft des Instituts abzuwägen. Das zeigt allein schon ein Blick auf die Diskussion um den Standort der Bank. Die südafrikanische Regierung hatte sich stark für Johannesburg eingesetzt und tat bis zum Gipfel in Brasilien so, als sei dies schon beschlossene Sache. Johannesburg sei »geografisch vorteilhaft« für die Bank, so eines der Hauptargumente. Peking beendete die Diskussion dann kurzerhand mit der Ankündigung, dass die Bank in Schanghai angesiedelt werde. Südafrika landete unsanft auf dem Boden der Tatsachen. Auch die Inder hätten die Bank gern in ihrem Land gesehen. Der neue Premierminister Narendra Modi wurde jedoch von den Chinesen erinnert, dass sein Vorgänger Manmohan Singh dem Standort Schanghai bereits zugestimmt hatte. Ein Land, ein Wort gewissermaßen. Immerhin wird Südafrika das afrikanische Regionalzentrum der Bank bekommen und somit als Juniorpartner in der BRICS-Gemeinschaft weiterhin an Entscheidungen des Klubs mitwirken. Dennoch sicherte Außenministerin Maite Nkoana-Mashabane den andern Ländern Afrikas nicht ohne Stolz zu, dass Südafrika für Afrika kämpfen werde, vor allem für »die Förderung des Ausbaus der Infrastruktur auf dem afrikanischen Kontinent«.

Die BRICS-Bank hat während des Gipfels in Brasilien den offiziellen Namen »Neue Entwicklungsbank« bekommen, was dem neuen Selbstbewusstsein – und auch ein bisschen der Schadenfreude – der Staatsführer Ausdruck verleiht, dass die westliche Welt wirtschaftlich nicht mehr so führend ist, wie sie es einmal war. Nur leider: Auch bei manchen der Emerging Markets läuft es derzeit nicht mehr ganz so gut. Und der BRICS-Verbund selbst wird bald seine erste Belastungsprobe aushalten müssen. Dann dürften auch Äußerungen, wie die von Südafrikas ehemaligem langjährigen Finanzminister Pravin Gordhan während des 2013er-BRICS-Gipfels in Durban, ein wenig kleinlauter werden: »Die Ursprünge der Weltbank und des IWF liegen in der Zeit nach dem Zweiten Weltkrieg«, hatte der getönt und bemängelt, dass die Reformen, die stattgefunden hätten, immer noch unzureichend seien in Bezug auf die Bewältigung der aktuellen Herausforderungen. »Bestimmte Teile der Welt sind immer noch überrepräsentiert. Wir sollten die BRICS-Bank als Teil eines neuen Paradigmas sehen, Ressourcen zu teilen, und versuchen, ein Ergebnis zu erreichen, bei dem alle Beteiligten gewinnen.« Gordhans Statement entspricht etwa der politischen Meinung, die die chinesische Führung hat, die sie aber lieber andere verkünden lässt. Die Amerikaner haben das 70 Jahre lang bei der Weltbank genauso gemacht. Ob China das besser hinbekommt, muss sich erst noch zeigen.

Andererseits ist es dringend nötig, dass die etablierten globalen Institutionen Konkurrenz bekommen. Besonders seit der globalen Finanzkrise von 2008, die durch die fahrlässige Geldpolitik der USA ausgelöst wurde, ist der Ruf in den Emerging Markets nach Reformen der internationalen Systeme lauter geworden und hat nun auch Zustimmung unter den Etablierten in Europa gefunden. Viel verändert hat sich seitdem allerdings nicht. Die gefährliche Politik des billigen Geldes läuft weiter. Vor allem die USA und Großbritannien erstickten 2009 eine Debatte in der Generalversammlung der Vereinten Nationen über das globale Finanzsystem und ihre Rolle in der Weltwirtschaftskrise im Keim. Stattdessen verlagerten sie das unliebsame Thema in die Gremien von internationalen Organisationen, auf die sie wesentlich mehr Einfluss haben. Zwischen 2008 und 2010 entstand kurz der Eindruck, westliche Staaten würden Reformen innerhalb der Weltbank zulassen, was in Afrika mit großer Aufmerksamkeit beobachtet wurde. Doch daraus wurde erst einmal nichts.

Zwar hat die Weltpolitik im November 2008 immerhin von G8-Treffen auf G20-Treffen umgestellt und damit die BRICS-Staaten integriert. An den Machtverhältnissen innerhalb der Weltbank hat sich bisher wenig geändert. Reden dürfen nun viele, entscheiden tun immer noch die wenigen aus dem Westen. Nach wie vor kontrollieren die westlichen Industrienationen die Weltbank mit einer Zweidrittelmehrheit. Selbst Versuche, die Finanzsystemdebatte im Rahmen der Welthandels- und Entwicklungskonferenz der Vereinten Nationen (UNCTAD) 2012 wiederzubeleben, scheiterten. US-Diplomaten waren überzeugt, UNCTAD sei »nicht kompetent«, sich mit diesen Fragen zu beschäftigen. Stattdessen sollten die G20-Länder und der IWF das Thema aufgreifen. Und nach wie vor halten die USA den Vorsitz der Weltbank, auch wenn sie seit Jahren nach außen dafür plädieren, für die Besetzung der Topposten auch Nichtamerikaner in Erwägung zu ziehen, ähnlich wie bei anderen internationalen Organisationen. Immerhin ist der derzeitige Chef der Weltbank, Jim Yong Kim, ein Amerikaner koreanischer Herkunft. Diese Verweigerungshaltung des Westens, aufstrebenden Volkswirtschaften eine Führungsrolle in der Weltbank zu überlassen, führt nun dazu, dass die Emporkömmlinge kurzerhand ihre eigene Bank gründen.

Als Jim O'Neill, Chefvolkswirt der Investmentbank Goldman Sachs, im Jahr 2001 den Begriff BRIC schuf, hat er damit dem steigenden Selbstbewusstsein der Emerging Markets einen Namen gegeben. Sein Ziel war klar: Er hat einen neuen Markt zum Geldverdienen definiert und dafür geworben, dass man mit Goldman Sachs bei Investments in diese Regionen den richtigen Partner an der Seite hat. Um Mitspracherechte von Brasilien, China, Russland, Indien oder gar Südafrika ging es ihm nicht. Im Gegenteil. Goldman Sachs lebt davon, dass es aus dem Land kommt, in dem die Spielregeln der Weltfinanzindustrie festgeschrieben werden. Und daran ist die Investmentbank nicht ganz unbeteiligt. Erst BRICS hat für die unter diesem Kürzel zusammengefassten Länder Kommunikationskanäle geschaffen.

Mit dem wirtschaftlichen Aufstieg Afrikas war auch die Aufnahme eines afrikanischen Kandidaten Gebot der Stunde – so
wurden auf kluge Initiative Chinas aus den BRIC Ende 2010
die BRICS-Staaten. Südafrika bot sich als Wirtschaftsmacht auf
dem Kontinent an, da es ein maßgeblicher Teil des Investitions-
geflechts in Afrika ist. Südafrikanische Firmen sind schon seit
Jahrzehnten erfolgreich dabei, den Kontinent wirtschaftlich zu
durchdringen. Auch Länder wie Mexiko, die Türkei oder Südkorea hatten sich bei BRIC ins Gespräch gebracht. Sie alle sind
wirtschaftlich stärker als Südafrika und sie sind auf ihren Kon-
tinenten sehr erfolgreich – aber eben anders als Südafrika nicht
führend. Und ihre Kontinente sind bereits vertreten. Dass
BRIC ohne ein Land aus Afrika auf Dauer nicht funktionieren
kann, hat Peking richtig erkannt.

Bis die BRICS-Bank handlungsfähig ist, muss noch viel geklärt werden: Es muss entschieden werden, wie und unter welchen Bedingungen die Gelder verteilt werden und welches Land
den ersten Chef der Bank stellen soll. Die Chinesen sind als
maßgeblicher Investor in Afrika dafür bekannt, sich nicht in die
»inneren Angelegenheiten« der jeweiligen Länder einzumi-
schen. Viele Geschäfte haben sie in der Vergangenheit selbst mit
Diktatoren gemacht. Konnten die Chinesen Öl oder andere
Rohstoffe erwerben, gab es selten Bedingungen an die Länder,
»Good Governance«-Elemente vorzuweisen. Schon oft hat der
Westen den Chinesen daher vorgeworfen, nicht an der eigentli-
chen Entwicklung Afrikas interessiert zu sein, sondern nur am
Zugang zu den Rohstoffen und Absatzmärkten des Kontinents.

Die Weltbank dagegen ist schon seit Jahren dafür bekannt,
die Geldvergabe an gewisse Konditionen zu knüpfen, etwa Transparenz, Rechenschaftspflicht über ausgegebene Finanzmittel,
aber auch Umweltverträglichkeit des Projekts sowie der direkte
Einbezug der Menschen vor Ort. Hat die Weltbank den Eindruck, dass das Zielland es nicht so genau mit demokratischen
Strukturen nimmt, werden Gelder zuweilen eingefroren. Es
dürfte sehr spannend werden zu beobachten, welchen Weg die

BRICS-Bank einschlägt. Obwohl maßgeblich von Chinesen kontrolliert, gehen Beobachter derzeit davon aus, dass sie sich eher an den Werten der Weltbank orientieren wird, also nur Kredite vergeben wird, wenn auch die politischen Rahmenbedingungen stimmen. Schon eine Mischform wäre ein großer Erfolg.

Immerhin waren die ansonsten reformresistenten Manager der Weltbank so klug, kurz nach dem Gipfel in Südafrika die geplante Gründung einer BRICS-Entwicklungsbank zu begrüßen und zuzusichern, mit der neuen Institution eng zusammenzuarbeiten. Die BRICS-Länder dürften allerdings wenig Interesse an einer engen Kooperation mit der Weltbank haben, geht es ihnen doch gerade darum, an Unabhängigkeit zu gewinnen. Die Weltbank wird sich darauf einstellen müssen, dass es eine Zusammenarbeit nach ihren Spielregeln immer weniger geben wird. Der südafrikanische Präsident Zuma kündigte bereits an, die 50-Milliarden-US-Dollar-Reserven der neuen Bank seien dazu da, um Entwicklungsländer gegen zukünftige Krisen zu versichern und sie unabhängiger zu machen von helfenden Finanzspritzen aus dem Westen. Auch die brasilianische Präsidentin Dilma Rousseff ist davon überzeugt, dass die BRICS-Staaten dank ihres neuen Finanzinstituts wirtschaftlich eine wichtigere Rolle in der Welt spielen werden: »Selbst die skeptischen Stimmen erkennen den Beitrag des BRICS-Blocks im Bereich der internationalen Wirtschaft an.« Auch sie sprach sich für weitere Reformen bei Weltbank und IWF aus, damit diese beiden Überorganisationen endlich dem wachsenden Einfluss der Entwicklungsländer in der Welt gerecht würden.

Aber man darf sich nicht täuschen: Die BRICS-Länder sind derzeit noch weniger wirtschaftlich und politisch verflochten, als man angesichts all dieser Rhetorik annehmen möchte. Schon allein die politischen Systeme sind höchst unterschiedlich, von der lebendigen, aber schwankenden Demokratie in Brasilien über die Elendsdemokratie in Indien bis hin zur Boomdiktatur einer Partei in China oder der russischen Ein-Mann-Demokratie. Die Wirtschaftsleistungen der Länder klaffen wie bereits erläutert ebenfalls stark auseinander. Chinas Wirtschaft ist 18-mal größer als die Südafrikas. Auch der Handel zwischen den Ländern muss noch weiter ausgebaut werden. Die Unterschiede und Defizite mögen sich derzeit bremsend auswirken, müssen es aber nicht. Zwar haben alle fünf Länder ihre eigenen Ansichten, wie sich ein Land wirtschaftlich entwickeln soll, ihr Kitt aber ist die Opposition zu den Etablierten im Westen, und die wird eher größer. Ihre Hoffnung ist eine multipolare Weltordnung, in der die Spielregeln gemeinsam und auf Augenhöhe ausgehandelt werden.

Für die chinesische Regierung ist der BRICS-Verbund nicht zuletzt das Einfallstor, durch das sie den weltweiten Siegeszug ihrer Währung, des Yuan, vorantreiben können. Denn um des höheren Zieles willen, unabhängiger vom Westen zu werden, dürften es die anderen BRICS-Mitglieder voraussichtlich auch zulassen, dass ihre Bank in Yuan operiert – Hauptsache nicht in US-Dollar oder Euro. China arbeitet seit Jahren daran, die Vorherrschaft der beiden Weltwährungen zu unterbinden. Zwei chinesische Banken haben bereits amerikanische Banken von Platz eins und zwei der Weltspitze verdrängt. Nun, da der Westen wirtschaftlich schwächelt und sowohl der US-Dollar als auch der Euro gleich mit, bietet BRICS die Gelegenheit, den Yuan in Entwicklungsländern einzuführen. Der Großteil des Handels zwischen China und afrikanischen Ländern wird längst in Yuan abgewickelt. Die britische Standard Chartered Bank beispielsweise sagt voraus, dass bereits 2015 rund 40 Prozent des China-Afrika-Handels in Yuan abgewickelt werden.

In Ländern wie Angola, Nigeria und Tansania – alles wichtige Handelspartner Chinas – ist der Yuan bereits ein Teil der Zentralbankreserven. Die Zentralbanken anderer Länder diskutieren, wie sie den Yuan stärker einbinden. Im Afrika südlich der Sahara hat der südafrikanische Rand bisher eine starke Rolle gespielt. Doch da der zu schwach ist, um als afrikanische Leitwährung zu taugen, kauften Nigeria und Tansania im Juli 2012 sogenannte Dim Sum Bonds, also Wertpapiere in chinesischen Yuan, die außerhalb Chinas ausgegeben werden. Die Papiere hatten einen Wert von 500 Millionen Yuan und waren Teil eines 3,5-Milliarden-Yuan-Deals über drei Jahre, das sind umgerechnet rund 450 Millionen Euro. Der stellvertretende Gouverneur der chinesischen Zentralbank, Li Dongrong, ist überzeugt, dass 2018 bereits 20 Prozent aller afrikanischen Auslandsreserven in Yuan gehalten werden. Das ist sehr optimistisch, aber die Richtung stimmt.

Auch im Handel dürfte sich der Yuan mehr und mehr durchsetzen. Das Handelsvolumen zwischen Afrika und China lag 2013 bei rund 210 Milliarden US-Dollar. Bis 2020 soll es auf 400 Milliarden US-Dollar ansteigen. Derzeit werden Geschäfte meist in US-Dollar oder Euro abgewickelt und sind aufgrund der schwankenden Wechselkurse und der anfallenden Gebühren verhältnismäßig teuer. 2012 liefen lediglich 5,7 Milliarden US-Dollar des Handels zwischen Afrika und China in Yuan, 90 Prozent davon zwischen Südafrika und dem Reich der Mitte. 2015 sollen es bereits 38 Milliarden US-Dollar sein. Afrikanische Firmen handeln zunehmend gerne in Yuan, weil das die Kosten senkt. Sie folgen damit den chinesischen Firmen, die ihre Zulieferer in China mit Yuan bezahlen, ihre Schulden vor Ort tilgen und natürlich auch die eigenen Arbeiter entlohnen. »Unternehmen und Investoren auf der ganzen Welt und in Afrika sollten sich im Klaren darüber sein, was das für sie bedeutet, und sie sollten sich auf den Yuan vorbereiten«, sagt Andrew Dell, Chef der HSBC Africa. Für die afrikanischen Staaten ist der Yuan gleich eine doppelte Investition: Das chinesische Geld in afrikanischen Depots wird mehr wert, und je höher der Yuan steigt, desto günstiger sind afrikanische Exporte.

Weltweit ist der Yuan bereits jetzt das am zweithäufigsten benutzte Zahlungsmittel. 150 Länder rechnen bereits in Yuan ab. Waren 2010 nur drei Prozent des globalen Handels in Yuan, stieg die Zahl 2014 schon auf 18 Prozent. Die HSBC erwartet eine weitere Steigung auf 30 Prozent bis 2019. Schon vor Ende

2015 soll die Hälfte aller Geschäfte der Chinesen in Yuan abgewickelt werden. Außerhalb von China sind es vor allem die Franzosen und die Deutschen, die die chinesische Währung benutzen. 26 Prozent aller französischen Firmen handeln in Yuan, bei den deutschen Firmen sind es 23 Prozent, so eine Studie von HSBC. Auch die Amerikaner greifen häufiger zu der chinesischen Währung, 2013 liefen gerade mal acht Prozent der Geschäfte in Yuan, 2014 schon 22.

Im April 2013 wurde der australische Dollar die dritte Währung, die direkt in chinesische Yuan umgetauscht werden kann. Die anderen beiden Währungen sind der japanische Yen und der US-Dollar. Die chinesische Regierung war bisher zurückhaltend, den Yuan zur globalen Währung zu entwickeln. Sie scheut die freie Handelbarkeit aus der Sorge, Chinas Wirtschaft würde damit den Angriffen ausländischer Geldspekulanten ausgesetzt. Beides würde einen Kontrollverlust für die chinesische Führung bedeuten. Dazu ist die Mehrheit noch nicht bereit. Also beschränkt man sich einstweilen auf bilaterale Handelsabkommen mit ausgewählten Ländern, um Erfahrungen auf dem Gebiet der Währungspolitik zu sammeln.

Im August 2013 traf sich zum ersten Mal der neu gegründete BRICS Business Council im südafrikanischen Johannesburg. Als Gastgeber des BRICS-Gipfels im März war es die Aufgabe der Südafrikaner, dieses Treffen zu organisieren und zu leiten. Hier kristallisierten sich die Themenschwerpunkte heraus, um die »afrikanische Entwicklungsagenda voranzutreiben«, wie es der südafrikanische Präsident Jacob Zuma formulierte. Es gehe darum, »neue Modelle und Ansätze« auszuleuchten, die für weitere Entwicklung und Wachstum in den BRICS-Staaten sorgten. Oberste Priorität sei, das ist nicht überraschend, der Ausbau der Infrastruktur des Kontinents. Dabei geht es vor allem um Stromnetzwerke und Straßen, darunter der von der Afrikanischen Union anvisierte Nord-Süd-Korridor, eine durchgehende Verkehrsverbindung zwischen dem ägyptischen Kairo und dem südafrikanischen Kapstadt. Neben Rohstoffen hat die Landwirtschaft großes Potenzial auf dem Kontinent. Die UN schätzen den Wert des Agrarsektors auf eine Billion US-Dollar bis 2030. Südafrika bot an, als gutes Beispiel voranzugehen, und lud seine Kollegen ein, Investitionen in sechs Bereichen zu tätigen: Infrastruktur, Landwirtschaft, herstellendes Gewerbe, Bergbau, umweltfreundliche Technologie und Tourismus.

Südafrikas Außenministerin Maite Nkoana-Mashabane konnte die Bedeutung von BRICS nicht hoch genug hängen: »BRICS wird die Wirtschaftsmodelle, die nicht funktionieren, ändern. Das gilt selbst für die entwickelten Länder«, so die Ministerin. »BRICS wird den Wandel bringen.« Da mag sie recht haben, aber es dürfte wohl eine Generation dauern.

Der Vorsitzende des BRICS Business Council, Patrice Motsepe, mahnte zur Dringlichkeit und hob hervor, wie wichtig die BRICS-Entwicklungsbank für den afrikanischen Kontinent sei. Motsepe rief auch seine Kollegen auf, den Handel zwischen den BRICS-Staaten anzukurbeln. Jedes Land solle sich drei zentrale Industriezweige aussuchen, diese weiter ausbauen und für Investitionen und Joint Ventures öffnen. Südafrika etwa könne Flugzeuge für die nationale Airline South African Airways in Brasilien kaufen. Die Mittelstreckenmaschinen von Embraer, immerhin nach Boeing, Airbus und Bombardier der viertgrößte Flugzeughersteller der Welt, seien eine gute Alternative für den regionalen Flugverkehr in Afrika. Eine wichtige Rolle spielen auch mittelständische Betriebe, sie sollen den Boom mittragen. Die BRICS-Bank wird bei der nötigen Finanzierung helfen.

Gastgeber Zuma wurde bei dem Treffen nicht müde, die Vorteile Afrikas als Investitionskontinent anzupreisen. Die Gewinnspannen seien derzeit höher als in allen anderen Regionen der Welt. Und um schwächelnde Währungen der BRICS-Staaten abzufedern, könnten die Finanzminister enger kooperieren. Vor allem der südafrikanische Rand gab in der ersten Hälfte von 2013 stark nach und bereitete der Regierung Schwierigkeiten bei Importen.

Egal ob beim großen BRICS-Gipfel 2013 oder beim Business Council ein halbes Jahr später – viele Teilnehmer bemängelten, dass die BRICS-Idee etwas mehr Substanz braucht, damit die Staatengemeinschaft nicht lediglich als Handelsmesse zwischen den Mitgliedsstaaten endet. Deshalb wurde erörtert, wie eine übergreifende Zusammenarbeit auf dem boomenden Kontinent aussehen könnte. Eine der interessantesten Ideen ist das sogenannte BRICS-Kabel, eine neue, vom Westen unabhängige Internetverbindung, die alle BRICS-Staaten direkt miteinander verbinden soll.

Die Knotenpunkte liegen über 30 000 Kilometer voneinander entfernt, am einen Ende Wladiwostok im fernen Osten von Russland, am anderen die brasilianische Küstenmetropole Fortaleza im Nordosten des Landes. Angeschlossen an das Kabel sind auch Kapstadt in Südafrika, Chennai in Südindien und Shantou an der Küste des Südchinesischen Meeres. Von Brasilien gibt es eine Verlängerung nach Miami in Florida. Das BRICS-Kabel ist allerdings ein ambitioniertes Projekt.

Schon seit Südafrika Ende 2010 in den BRICS-Klub aufgenommen wurde, arbeiten Technikexperten an dem Projekt. Das faseroptische Kabel wird eine Gesamtlänge von rund 34 000 Kilometern haben, die Internetgeschwindigkeit soll bei bis zu 12,8 Terabits pro Sekunde liegen, was sehr hoch ist. Bei den Kosten geht man von 750 Millionen bis 1,5 Milliarden US-Dollar aus. Der Preis hängt letztendlich davon ab, wie die einzelnen Segmente zusammengefügt werden können und welche Internetgeschwindigkeit die Investoren anvisieren.

Wenn es einmal fertig ist, wird das Kabel das längste seiner Art auf der Welt sein. An dem letzten Teilstück des BRICS-Kabels wird bereits gebaut. Ende 2015 soll es ans Netz angeschlossen werden.

»Bis dahin haben wir die Verträge mit den Investoren unter Dach und Fach«, sagt Thylan Chetty, Geschäftsführer von Imphandze, einer südafrikanischen Investmentfirma, die das BRICS-Netzwerk vorantreibt. Die Herstellung und Installation der Kabel soll weniger als zwei Jahre in Anspruch nehmen. Es wird 21 afrikanischen Ländern direkten Zugang zu schnellem Internet und Datentransfer geben. Derzeit ist Afrika noch über neun Unterwasserkabel mit Nordamerika, Europa und Asien verbunden. Fünf weitere Kabel sind 2014 hinzugekommen. Die südafrikanische Kommunikationsministerin Dina Pule: »Die Kabel werden dazu beitragen, die Verbindung zu unseren neuen Handelspartnern zu verbessern. Wir erwarten niedrige Kosten und bessere Qualität unserer Internetdienste.« Ohne schnelle verlässliche Internetinfrastruktur, das weiß auch die Ministerin, leidet der weitere wirtschaftliche Aufschwung auf dem Kontinent. Die mangelnde Infrastruktur, darunter die Telekommunikation, kostet jedes Jahr rund zwei Prozent Wirtschaftswachstum.

In Afrika haben in den vergangenen Jahren immer mehr Menschen Zugang zum Internet bekommen. Waren 2006 nur 2,4 Prozent der Afrikaner online, waren es 2010 bereits 12,8 und 2013 sogar 21,3 Prozent. Dennoch: Etwa vier Fünftel aller Afrikaner müssen immer noch ohne das Netz auskommen. Das zu ändern wäre der erste sichtbare Erfolg von BRICS und würde allen Staaten, die in Afrika Geschäfte machen, zugutekommen.

Erste große Fortschritte hat es bereits ohne BRICS gegeben, nur leider ist immer Europa mit im Spiel, was bisweilen zu Komplikationen führt. Im Mai 2012 ging das WACS-Kabel (West Africa Cable System) ans Netz. Zum ersten Mal wurden Namibia, Togo sowie die beiden Kongos an ein Unterseekabel angeschlossen, das Kommunikation in Hochgeschwindigkeit erlaubt. WACS hat eine Länge von 14 000 Kilometern und verbindet Großbritannien und Südafrika, mit zwölf Stationen entlang der Westküste Afrikas. Dort verlaufen allerdings noch vier weitere Kabel mit verschiedenen Bandbreiten, die Afrika mit Europa verbinden. Stück für Stück wurden sie in den vergangenen zehn Jahren auf dem Meeresboden verlegt.

Vor der Ostküste Afrikas liegt ebenfalls schon ein Gewirr von Kabeln, darunter das Eastern Africa Submarine Cable System

(EASSy), das Südafrika mit dem Sudan verbindet. Das Kabel wurde unter anderem von der Weltbank finanziert und ging 2010 ans Netz. Aber wichtig für die Internetverbindung zwischen Afrika und Europa sowie Afrika und Asien ist das Seacom-Kabel, an dem ein Großteil der Internetnutzer in Südafrika hängt.

Es ist allerdings störanfällig, und das hat einen Grund, den man in Afrika und den BRICS-Ländern nicht gerne sieht. Zuletzt war das Kabel im März 2014 unterbrochen. Nicht nur am Kap, sondern in weiten Teilen Afrikas südlich der Sahara funktionierte das Internet kurz überhaupt nicht und danach tagelang nur sehr langsam. Nutzer hatten Schwierigkeiten, Internetseiten außerhalb des Kontinents aufzurufen. Die zuständigen Betreiber des Kabels leiteten den Internetverkehr kurzerhand auf andere Kabel um. Dort kam es dann ebenfalls zu Engpässen. Was war passiert? Die Verbindung war vor der Küste Ägyptens »beschädigt« worden. Die Reparatur dauerte mehrere Tage. Zwischenzeitlich vermeldete die ägyptische Presse die Verhaftung von drei verdächtigen Personen. »Wir glauben nicht, dass die Schäden an unserem System durch Sabotage verursacht wurden. Das Kabel liegt in großer Tiefe auf dem Meeresboden weit vom Ufer entfernt. Aber wir haben festgestellt, dass dort auch große Schiffe auf der Reede liegen. Wir vermuten daher, dass der Anker von einem dieser Schiffe das Kabel durchtrennt hat«, ließ Seacom über einen Sprecher verbreiten.

Das Kabel wurde vor Ägypten verlegt, weil der europäische Landungspunkt im südfranzösischen Marseille liegt. Und es ist genau diese Abhängigkeit von Europa, die den BRICS-Staaten ein Dorn im Auge ist. Der Datenaustausch zwischen Asien, Afrika und Südamerika soll nicht mehr über Europa laufen. Ähnlich wie in anderen Wirtschaftsbereichen möchten die Emerging Markets für ihre eigene Kommunikation zuständig sein.

Internetautonomie – die Befürworter überschlagen sich förmlich in ihren Lobeshymnen: »Das Kabel wird eine engere wirt-

schaftliche Zusammenarbeit zwischen den BRICS-Staaten er-
möglichen. Es wird Handel und Investitionen stimulieren«, so
Andrew Mthembu, der Geschäftsführer von i3 Africa, der Pro-
jektfirma des BRICS-Kabels. Die neuen Routen würden zur
Verbesserung der Anbindung an den Rest der Welt beitragen
und zu stabilerer Kommunikation führen. »Für den einfachen
Mann auf der Straße bedeutet dies: bessere Kommunikation für
weniger Geld.«

Nur leider: Noch haben potenzielle Investoren das Geld
nicht auf den Tisch gelegt, um das Großprojekt zu realisieren.
Es soll jedoch schon Verhandlungen mit Interessenten aus
Großbritannien, den USA, Mauritius und den BRICS-Brüdern
China, Indien und Russland geben. Ein Vorvertrag steht, doch
weder die Chinesen noch die Russen haben ihn bisher unterzeichnet.

Das BRICS-Konstrukt dürfte nicht zuletzt auch das Vehikel
sein, mit dem China den afrikanischen Kontinent immer weiter
vom Westen weglotst und zu sich heranzieht. Der Anknüp-
fungspunkt dabei ist Südafrika. Das »S« von BRICS, das viele
Kommentatoren aus westlichen Industrieländern, aber auch
Indien gern unter den Tisch fallen lassen oder zumindest klein-
schreiben. Ist das Land am Kap doch im Vergleich das kleinste
BRICS-Mitglied. Südafrikas Wirtschaft entspricht etwa einem
Viertel der Wirtschaft von Russland, dem zweitschwächsten
BRICS-Mitglied. Oder, wie manche etwas spöttisch hervor-
heben: Südafrika habe die Wirtschaftskraft der sechstgrößten
Provinz Chinas.

Nur China, der Patenonkel des »S«, achtet genau darauf, dass
immer von BRICS gesprochen wird. Und das hat seinen Grund.
Zwischen keinen anderen BRICS-Staaten ist der wirtschaftliche, aber auch politische Austausch so eng wie zwischen China
und Südafrika. Das Land am Kap sieht sich gerne international
als Repräsentant des afrikanischen Kontinents, auch wenn Nigeria es längst als führende Wirtschaftsnation in Afrika abgelöst

hat – bei Investitionsfragen verstehen sich die südafrikanischen Regierungs- und Wirtschaftsvertreter als Türsteher zum neuen wirtschaftlichen Boomkontinent Afrika.

Und das Kalkül der Chinesen, Afrika über das »S« an sich zu binden, scheint aufzugehen: »Es waren die Chinesen, die das Potenzial Afrikas entdeckt und den Kontinent somit auf die globale Tagesordnung gesetzt haben«, sagt der Afrika-Chef des Wirtschaftsprüfungsunternehmens KPMG, Moses Kgosana. »Ohne diesen Impuls würde die Welt heute Afrika immer noch als den verlorenen Kontinent sehen. Wir sollten den Chinesen dankbar sein.«

»Als unsere Exporte in die Märkte Europas und die USA in den vergangenen Jahren zurückgingen, haben wir uns den BRICS-Ländern zugewandt«, sagte Jerry Matjila, General Director des südafrikanischen Außenministeriums. »Deshalb hat unser Land den ökonomischen Druck überlebt und wurde von den BRICS-Staaten aufgefangen.«

Doch die Nähe zu China bringt Südafrika bisweilen durchaus in politisch heikle Situationen, auch wenn in Regierungskreisen die BRICS-Mitgliedschaft als diplomatischer Höhepunkt seit Ende der Apartheid gefeiert wird. Skeptiker sehen Südafrika als verlängerten Afrika-Arm der neuen Großmacht China. Und 2011 tappte die südafrikanische Regierung dann selbst in ein PR-Desaster, als sie dem Dalai Lama kein Visum für die Einreise nach Südafrika erteilte. Der ehemalige Erzbischof und Friedensnobelpreisträger Desmond Tutu hatte das tibetische Oberhaupt, ebenfalls ein Friedensnobelpreisträger, zu den Feierlichkeiten seines 80. Geburtstags eingeladen. Das südafrikanische Außenministerium gab sogar zu, die »strategische Partnerschaft mit dem größten Handelspartner Südafrikas« sei wichtig, damit sich die wirtschaftliche Rezession am Kap nicht ausweite. Man wollte die Chinesen nicht verärgern und sich nicht mit einem Besuch des Dalai Lama in die inneren Angelegenheiten Chinas einmischen.

Ein Jahr später urteilte dann das höchste Berufungsgericht

Südafrikas, die Nichterteilung des Visums sei »unrechtmäßig« gewesen und die zuständige Innenministerin habe »unverhältnismäßig ihre Entscheidung verzögert«. Innenministerin war damals Nkosazana Dlamini-Zuma, eine Exfrau des amtierenden südafrikanischen Präsidenten Jacob Zuma, die Mitte 2012 als erste Frau zur Kommissionsvorsitzenden der Afrikanischen Union gewählt wurde. Und das Verdikt »unrechtmäßig« bleib denn bestenfalls ein rhetorisches, in der Praxis änderte sich nichts: Auch 2014 griff im Fall des Dalai Lama die BRICS-Treue zwischen China und Südafrika gleich wieder: Erneut bekam das religiöse Oberhaupt der Tibeter kein Visum. Das chinesische Außenministerium bedankte sich artig. Wieder eine Entscheidung ohne den Westen. Eine Entscheidung zudem, die vielen im Westen nicht passt. Daran werden wir uns wohl gewöhnen müssen. Nobelpreisträger, die überwiegend aus dem Westen kommen, haben allerdings bereits reagiert. Sie wollen sich nicht mehr in Südafrika treffen.

Zusammenfassung

Von nun an ist Afrika ein wichtiger Spieler der wirtschaftlichen Globalisierung. Bestenfalls wird es sogar einer ihrer Motoren. In jedem Fall ist Afrika selbstverständlich gleichberechtigt auf globaler Ebene. Die internationale Politik kommt an Afrika damit nicht mehr vorbei. Afrika hat nun das Gewicht, das ihm längst zusteht, als nach Asien zweigrößter Kontinent der Welt mit 54 Ländern und 1,1 Milliarden Menschen. Aber Größe allein genügt nicht, wie wir inzwischen wissen. Afrika muss etwas haben, das es mit der Welt verknüpft. Und das ist jetzt der Fall: Die Bodenschätze Afrikas sind wichtig für die Welt. Nun wächst der Kontinent mit über fünf Prozent jährlich, angetrieben von einzelnen Ländern, in denen die Wirtschaft boomt. Das sind die beiden Lokomotiven des Kontinents, Nigeria und Südafrika, die Ölländer wie Angola, Algerien oder Sudan, aber auch die aufsteigenden Staaten wie Kenia, Ghana oder Äthiopien. Die Überraschung: Die Länder wachsen nunmehr so schnell, dass die Welt den Menschen in Afrika ihre Produkte verkaufen kann und dass es sich nun sogar lohnt, Produkte in Afrika herzustellen. Eine kaufkräftige Mittelschicht von inzwischen 300 Millionen Menschen ist bereits entstanden, jährlich kommen fünf Millionen dazu. 2020 wird ihre Kaufkraft nach Berechnungen des McKinsey Global Institute bereits 1400 Milliarden US-Dollar betragen. Ein großer neuer Markt entsteht. Und das bedeutet mehr Wohlstand, bessere Arbeit, mehr Krankenhäuser und mehr Schulen für die Afrikaner.

Auf dieser Grundlage entfalten die einzelnen Faktoren des Afrika-Booms ihre Wirkung, auch wenn sie für sich genommen gar nicht so spektakulär sind. Doch in der Mischung fügen sie sich, wie dieses Buch zeigt, zu einem spektakulären Aufschwung zusammen, der Afrika aufsteigen lässt, die Welt gerechter macht und der Weltwirtschaft hilft.

Es hat lange gedauert, doch nun ist die Konstellation für Afrika günstig. Nachdem die Kämpfe untereinander ausgefochten wurden, sind die afrikanischen Führungseliten bereit, in der Lage, aber auch gezwungen, etwas für den Aufbau ihrer Länder zu tun. Das war in den vergangenen Jahrzehnten eher die Ausnahme. Denn nachdem die Länder von den westlichen Kolonialmächten in die Unabhängigkeit entlassen wurden, kämpften die lokalen Klans, Parteien und unterschiedlichen religiösen Ethnien erbittert um die Vorherrschaft. Angola oder der Kongo sind Länder, die besonders davon betroffen waren. Im geteilten Sudan halten die Kämpfe bis heute an. In den meisten Ländern herrscht nun Frieden, wie etwa in Liberia und Sierra Leone. Erst nachdem ein Klan, eine Partei über die andere gesiegt hat, hatten die Gewinner Zeit, sich um ihr Land zu kümmern.

Die meisten vormals labilen Demokratien stabilisieren sich seitdem. Die meisten autoritären Systeme mögen nicht gerecht sein, und es mag ihnen an Mitbestimmung mangeln, stabil sind sie ebenfalls. In den vergangenen 200 Jahren war Afrika nie friedlicher als heute. Die Gesundheitsversorgung ist noch unzureichend, wie bei der Ebola-Krise in Westafrika offensichtlich wurde, sie hat sich jedoch bereits stark verbessert. Länder wie Nigeria, die Ebola in den Griff bekamen, zeigen, was Afrika in Zukunft in diesem Bereich hinbekommen kann. Immer mehr Kinder erhalten eine Schulbildung. Den größten Schub jedoch macht fast überall auf dem Kontinent die Infrastruktur. Jedes Jahr werden inzwischen Milliarden investiert, mehr Menschen an den Strom angeschlossen, und es können mehr Menschen auf sanierten Zuglinien und neu gebauten Straßen reisen. Neue Megastädte entstehen überall auf dem Kontinent. Denn die Menschen haben in den Städten ein besseres Leben. Schon 2035 werden nach internationalen Schätzungen 50 Prozent aller Afrikaner in Städten leben. Güter und Bodenschätze können durch neue Häfen, Straßen und Brücken viel schneller und billiger transportiert werden. Das ist entscheidend für das wirtschaftliche Wachstum des Kontinents. In den kommenden 20 Jahren sind diesbezüglich noch unvorstellbare Entwicklungen zu erwarten.

Die mobile Vernetzung der Afrikaner ist ebenfalls ein entscheidender Faktor für den Afrika-Boom. Nirgends wuchs der Smartphone-Kundenmarkt in der vergangenen Dekade schneller als in Afrika. Westlichen Schätzungen zufolge wird es bereits 2015 eine Milliarde Mobilfunkkunden in Afrika geben. Noch in dieser Dekade werden eigene Internetkabel Afrika direkt mit den anderen BRICS-Staaten vernetzen. Anders als noch vor zehn Jahren können Afrikaner nun auch in sehr abgelegenen Gegenden ihre Bankgeschäfte erledigen, einkaufen oder mit Produkten handeln. Sie können sich mit Ärzten beraten. Die Bauern werden vor Unwettern gewarnt und darüber informiert, welchen Preis die Großhändler für ihre Produkte zahlen. Sie können sich mit Menschen vernetzen, die die gleichen Probleme haben, um sich auszutauschen oder sogar gemeinsam dagegen zu protestieren. Oder sie kommunizieren einfach nur besser mit der Verwaltung. Afrika ist inzwischen weltweit führend, was mobile Geldtransaktionen betrifft. Bleibt das Wachstum konstant, wird es 2016 auf dem Kontinent bereits Transaktionen im Wert von 160 Milliarden US-Dollar geben. Man kann also durchaus von einer Informationsrevolution sprechen, denn in keiner anderen Weltregion wurden Menschen so schnell von so niedrigem Standard auf so hohes Hightech-Niveau katapultiert.

In diesem vielversprechenden Umfeld werden immer mehr Unternehmen in Afrika gegründet. Der Kontinent hat das größte Wachstum an Start-ups weltweit. Gut ausgebildete Afrikaner versuchen nun ihr Glück zu Hause und gehen auf Jobsuche nicht mehr ins Ausland, etwa nach Europa oder in die USA.

Die Demografie spielt auch zugunsten des afrikanischen Aufschwungs. Die Vereinten Nationen gehen davon aus, dass der Anteil der afrikanischen Bevölkerung an der Weltbevölkerung Anfang des 22. Jahrhunderts von 14 Prozent auf 35 Prozent gestiegen sein wird. Das ist in gar nicht so weiter Ferne wie es klingt. Die heute Geborenen sind dann 85 Jahre alt. Der Anteil Europas an der Weltbevölkerung wird dann von rund elf Prozent heute auf knapp sieben gesunken sein. Die Bevölkerung Afrikas wird jung sein, die Europas alt.

Aus einer auch an globalen Standards gemessenen mächtigen Mittelschicht bildet sich schon heute eine Zivilgesellschaft selbstbewusster Aufsteiger, die ihre Regierungen, übrigens auch die nicht demokratischen, immer stärker herausfordern. Die Geduld oder gar die Gleichgültigkeit gegenüber der Politik wird geringer. Die Politiker Afrikas müssen nun schneller handeln. Ihre Wähler können über große Distanzen hinweg kommunizieren, sich zusammenschließen und ihre Erfahrungen austauschen.

Afrikas Politiker spüren, dass sie Nationalstolz oder gar nationaler Egoismus allein nicht mehr weiterbringt. Sie kooperieren international auf dem Kontinent und schaffen damit Synergien. Das ist ein weiterer wichtiger Faktor für den Afrika-Boom. So entstand die Afrikanische Union, die zwar schon 2002 gegründet wurde, jedoch ihre Macht erst in den letzten Jahren entwickeln konnte und in den nächsten Jahren noch stark ausweiten wird. Die afrikanischen Politiker haben inzwischen verstanden, dass sie regional zusammenarbeiten müssen, wenn es etwa darum geht, das Eisenbahnnetz Ostafrikas wieder aufzubauen und zu erweitern. Das Gleiche gilt für das Stromnetz. Die Stromtrassen des Grand-Inga-Staudamms im Kongo sollen von Ägypten bis Südafrika reichen. Aber auch wenn es um Korruption geht oder um eine schnelle medizinische Eingreiftruppe, die Seuchen schon im frühen Stadium bekämpft.

Für all ihre großen Infrastrukturvorhaben brauchen die Afrikaner internationale Hilfe – und auch hier hat sich Grundlegendes verändert. Die Hilfe kam traditionell von den westlichen Industrienationen und von der Weltbank. Doch das Geld im Westen ist knapp, und die politischen Auflagen sind zu streng. Sie sind aus westlicher Sicht, aber auch aus der Sicht vieler Afrikaner sinnvoll. Es ist jedoch auch das gute Recht der Afrikaner, sich durch sie bevormundet zu fühlen. Was sie wollen, müssen sie untereinander aushandeln. Sie können jedenfalls inzwischen erstmals in ihrer Geschichte wählen, mit wem sie zu welchen Bedingungen zusammenarbeiten. Das Verhältnis zu den ehemaligen Kolonialherren ist kompliziert geblieben. Obwohl das Ende der Demütigungen schon Jahrzehnte zurückliegt, neigt der Westen heute immer noch dazu, der neuen Generation afrikanischer Politiker zu sagen, was richtig und was falsch ist. Es wird noch eine oder gar zwei Generationen dauern, bis sich das Verhältnis normalisiert hat und sich Afrika und der Westen auf Augenhöhe begegnen.

Angesichts dieses schwierigen Verhältnisses trifft es sich gut, dass die Chinesen und andere Asiaten, aber auch die Südamerikaner gerade auf der Suche nach Bodenschätzen und Bauaufträgen sind und sich deshalb um Afrika bemühen. Sie haben nicht nur das Geld, sondern auch das Know-how, die Infrastruktur aufzubauen, die man braucht, um Öl, Gas und Erze zu fördern. Und sie haben große Erfahrung in der Frage, wie man Hunderte Millionen Menschen in wenigen Dekaden aus der Armut hebt. Das gilt vor allem für China, aber auch für Indien und für Südkorea. Kein anderes Land der Welt kann und will so viel Geld in Afrika investieren wie China.

Der chinesische Boom befeuert nun den afrikanischen. Denn China exportiert seit Langem mehr in die Welt, als es einkauft. Da internationale Geschäfte noch immer überwiegend in US-Dollar abgewickelt werden, nehmen die Chinesen mehr US-Dollar ein, als sie ausgeben. Mittlerweile haben sie mit über vier Billionen US-Dollar sehr hohe Devisenreserven angehäuft. Es macht also keinen Sinn, noch mehr US-Dollar-Anleihen zu kaufen. Stattdessen war und ist es sinnvoller, dafür Bodenschätze und Land zu kaufen, vor allem in Afrika. Das ist der wichtigste Grund und nicht etwa Großherzigkeit, warum China bereits 2012 der größte Investor in Afrika geworden ist. Und es geht nicht mehr nur um Infrastruktur und Bodenschätze. Bereits 15 Prozent der chinesischen Investitionen gehen in die lokale Produktion. Damit ist China der größte Investor in afrikanische Produktionsanlagen weltweit. Die Chinesen können großzügig sein, was die Rentabilität der Investition betrifft. Das in Afrika investierte Geld soll nicht nur eine wirtschaftliche Rendite bringen, sondern auch eine politische. Peking ist bei der Finanzierung nicht kleinlich, denn so entstehen politische Allianzen, die China braucht, um mitbestimmen zu können, wie die neuen internationalen Spielregeln aussehen.

Chinas Vorstoß hat wiederum einen globalen Wettbewerb um Afrika entfacht. Südkorea, Japan, aber auch Indien wollen den Afrika-Boom nicht verpassen. Südkoreanische Unternehmen haben Milliarden in Afrika investiert, in Schiffsbau, petrochemische Anlagen, Öl- und Gasförderungsprojekte sowie Kraftwerke. Die Japaner sind ebenfalls stark engagiert. Und die Inder bauen sogar bereits Lastwagen in Südafrika. Der Vorstoß der Asiaten bringt wiederum die Brasilianer und die Russen unter Zugzwang. Die Brasilianer sind beim Infrastrukturbau aktiv, die Russen im Bereich der Kernenergie. Für sie ist vor allem Südafrika ein willkommener Partner in Zeiten westlicher Sanktionen. Aber auch die Europäer fragen sich inzwischen, ob sie nicht einen Fehler machen, Afrika zu ignorieren. Und selbst die Amerikaner, die den Kontinent in den vergangenen beiden Jahrzehnten sehr vernachlässigt haben, wollen nicht zu denjenigen gehören, die den Afrika-Boom verschlafen.

2014 war das Jahr des Erwachens für die Europäer und die Amerikaner. Im Frühjahr 2014 haben die Europäer über 50 afrikanische Präsidenten und Premierminister nach Brüssel eingeladen, und Washington zog im Sommer mit einer Einladung nach. Europa hatte dies schon sporadisch gemacht, die USA zum ersten Mal. Damit folgen sie dem Beispiel Japans und Chinas, die solche Afrika-Gipfel bereits seit einer Dekade veranstalten.

Selbst die Weltbank bekommt nun Konkurrenz. Die BRICS-Staaten einigten sich im Frühsommer 2014, eine Konkurrenzbank aufzubauen. Dieser mächtigste nicht westliche Klub vertritt 43 Prozent der Weltbevölkerung. Das sind gut drei Milliarden Menschen. Schon Anfang der nächsten Dekade werden sie die Mehrheit der Weltbevölkerung stellen. Schätzungen gehen davon aus, dass die fünf Schwellenländer bereits 2050 die G8-Länder an Wirtschaftskraft überflügeln werden. In den G8 sind 14 Prozent der Weltbevölkerung repräsentiert. Dann spätestens wird die Ausbeutung Afrikas durch den Westen endgültig Geschichte sein. Sie begann 1488 mit der Umsegelung des Kaps der Guten Hoffnung durch den portugiesischen Seefahrer und Entdecker Bartolomeu Dias und endete in Afrika gut 500 Jahre später 1994 mit dem Ende der Apartheid in Südafrika. Die Nord-Süd-Abhängigkeit zog sich jedoch noch über knapp zwei Dekaden hin.

Wir erleben derzeit den Beginn einer Phase einer nicht westlich dominierten multipolaren Weltordnung. Deren wichtigste Eigenheit ist, dass die Nord-Süd-Abhängigkeit durch die Süd-Süd-Kooperation ergänzt, wenn nicht sogar ersetzt wird, in der Afrika eine zentrale Rolle spielt. Man kann also durchaus von einem epochalen Umbruch sprechen. Das historische Datum ist das Jahr 2012. In diesem Jahr haben die globalen Investitionen der Schwellenländer zum ersten Mal die Investitionen der Industrieländer übertroffen. Im Zentrum dieser Süd-Süd-Kooperation stehen China und Afrika.

Der Verbund hat seinen Durchbruch nicht nur aus eigener Kraft geschafft, sondern er ist auch der Schwäche des Westens zu verdanken. Spätestens seit der Weltwirtschaftskrise 2008 ist der Westen mit seinen eigenen wirtschaftlichen Missständen beschäftigt. Die Jahrhunderte zuvor war der Westen noch stark genug, Afrika durch Kolonialismus, Sklaverei und Rassentrennung zu unterdrücken und zum Teil sogar durch Entwicklungshilfe und das westlich dominierte Finanzsystem in Schach zu halten.

Das war nicht immer so: Vor über 500 Jahren tauschten sich Afrika und Europa auf Augenhöhe aus. Im 15. Jahrhundert waren diplomatische Missionen aus Subsahara-Afrika bei europäischen Königshäusern gang und gäbe. Sie kamen aus Äthiopien, aber auch aus dem Kongo, Benin und dem Senegal. Bei diesen Treffen begegneten sich Gleiche. Im 18. Jahrhundert forderten die Aufklärer Denis Diderot, Baron de Montesquieu und Jean-Jacques Rousseau zwar die universellen Menschenrechte. An der Abschaffung der inzwischen üblich gewordenen Sklaverei in den französischen Kolonien war ihnen jedoch nicht gelegen. Zum Zeitpunkt der Unabhängigkeitserklärung der Vereinigten Staaten von Amerika 1776 lebten dort mehr als 460 000 Sklaven, die meisten kamen aus Afrika. Erst Ende des 19. Jahrhunderts wurde die Sklaverei allmählich abgeschafft, zuletzt im US-Bundesstaat Alabama, wo bis 1926 noch Afroamerikaner in einem System der Zwangsarbeit gehalten wurden. 1948 wurde dann die Rassentrennung in den US-Streitkräften von Präsident Harry S. Truman aufgehoben. Die zivile Rassentrennung wurde jedoch erst 1964 abgeschafft. In Südafrika sogar erst 1994, also vor gerade einmal 20 Jahren. Es sollte dann noch eineinhalb Dekaden dauern, bis 2008 erstmals ein Politiker afroamerikanischer Herkunft zum Präsidenten der Vereinigten Staaten gewählt werden konnte. Die Aufstände in der US-Kleinstadt Ferguson im Sommer 2014 zeigen zwar, dass der unterschwellige Rassismus noch ein Problem ist. Das gilt auch für Südafrika. Dennoch sind die größten antizivilisatorischen Hürden gegen den Aufstieg Afrikas inzwischen beseitigt. Der westliche Rassismus war bisher wohl das größte Hindernis eines Aufschwungs auf dem Schwarzen Kontinent.

Der Afrika-Boom ist also kein Wunder. Er lässt sich in wenigen Sätzen zusammenfassen und erscheint dann als eine nachvollziehbare, vernünftige Entwicklung mit großer Perspektive:

Nach dem Ende der Kolonialzeit und der Bürgerkriegszeit herrscht mehr Frieden denn je in Afrika. Die Gesundheitsversorgung wird besser, und die Infrastruktur wird nun endlich aufgebaut. Die günstige neue Mobilfunktechnologie erleichtert es den Menschen und dem Staat, sich zu vernetzen, was wiederum dazu führt, dass immer mehr Unternehmer und Unternehmen entstehen. Eine neue Mittelschicht wächst heran, die immer mehr konsumiert. Und die günstige Demografie bedeutet immer mehr junge arbeitsfähige Menschen, die den Aufschwung gestalten. Gleichzeitig entsteht eine Zivilgesellschaft, die die Regierungen vor sich hertreibt und sie auch zwingt, sich regional und kontinental zu vernetzen. Das Geld dazu kommt von ausländischen Investoren, die sich für Afrikas Bodenschätze und den Absatzmarkt interessieren. Die Afrikaner können sich erstmals unter vielen Bewerbern aussuchen, mit wem sie zusammenarbeiten. Dabei entsteht mehr und mehr eine Süd-Süd-Kooperation, in der China, Indien und Brasilien eine zentrale Rolle spielen. Der Rassismus klingt ab und macht es den Afrikanern leichter denn je, sich international zu vernetzen. Das sind die Zutaten des Afrika-Booms.

Wenn es den Afrikanern gelingt, genug Arbeitsplätze und genug Stromkraftwerke und andere Infrastruktur zu schaffen – und danach sieht es gegenwärtig aus –, dann wird der Afrika-Boom sehr lange anhalten. Dann wird Afrika in den kommenden beiden Jahrzehnten Asien als die Fabrik der Welt ablösen. So wie in den Jahrhunderten zuvor Amerika Europa abgelöst hat und wiederum von Asien abgelöst wurde. Jedes Mal konnten sich die Etablierten nicht vorstellen, dass die Aufsteiger dies schaffen würden. Und jedes Mal wurde es die große Überraschung eines Jahrhunderts.

Danksagung

Wir danken zunächst unseren Frauen, Catherine Moat und Anke Redl für ihre klugen Ratschläge und ihre Geduld, wenn wir wieder schreiben mussten. Ihre Biographien sind eng mit diesem Buch verknüpft. Catherine Moat ist Südafrikanerin. Anke Redl lebte bis zu ihrem 10. Lebensjahr in Kenia und seitdem in Hongkong und Peking.

Dieses Buch wäre nie zustande gekommen, wenn nicht ein kleines Team die unzähligen Daten und Informationen über den Kontinent mit über einer Milliarde Menschen gesichtet, zusammengefasst und überprüft hätte. Wir danken dafür Dr. Katharina Ahr, Hermann Bessonov, Christian Höger, Nicki Richter, Le-Hoa Tran, Vermie Vigilia, Ning Wang, Bianca Winkler, Qiang Zhaohui und Zhang Wei und vor allem Jörn Petring, der das Buchprojekt durch schwierige Zeiten gesteuert hat.

Ganz besonders danken wir Sonja Banze für das wie stets brillante Lektorat. Martin Janik vom Carl Hanser Verlag für sein Gespür für neue Themen, sein Vertrauen in uns und seine Geduld mit uns. Und ohne Daniela Hildenbrands ebenso präzise wie gut gelaunte Koordination und Korrektur wäre das Buch dreimal so lang, total unübersichtlich und würde wahrscheinlich erst 2018 erscheinen.

Andreas und Frank Sieren
Peking, Johannesburg, Januar 2015

Register